职业教育精品系列教材

电子技能一体化教程

主　编　钟伟东　杨耀雄
副主编　吕秋珍　黄柳琴　何　娟　刘高社

北京理工大学出版社
BEIJING INSTITUTE OF TECHNOLOGY PRESS

内容提要

本书参照工学一体化课程开发技术规范编写而成，以真实的工作任务为载体，把企业典型工作任务转化为具有学习价值的任务。全书共10个项目，20个学习任务，分为基础篇和提高篇，其中基础篇项目有：ESD防护及电子元件焊接基本操作，并联型直流稳压电源的制作与调试，小信号放大器的制作与调试，串联型直流稳压电源与差分放大器的制作与调试和反相放大器的制作与调试；提高篇项目有：声控电源的设计与制作，正弦波振荡器的设计与制作，电机正、反转定时控制器的设计与制作，TDA2030双声道功放的设计与制作和波形发生器的设计与制作。每个项目具有清晰的工作步骤和工作流程。

本书结构新颖、条理清晰，可作为职业院校电子、自动化、机电一体化等专业的电子技能教材，也可供从事电子技术开发的技术人员参考使用。

版权专有　侵权必究

图书在版编目（CIP）数据

电子技能一体化教程/钟伟东，杨耀雄主编.—北京：北京理工大学出版社，2022.12重印

ISBN 978-7-5682-3428-3

Ⅰ.①电⋯　Ⅱ.①钟⋯　②杨⋯　Ⅲ.①电子技术-教材　Ⅳ.①TN

中国版本图书馆CIP数据核字（2016）第290800号

出版发行 / 北京理工大学出版社有限责任公司
社　　址 / 北京市海淀区中关村南大街5号
邮　　编 / 100081
电　　话 / （010）68914775（总编室）
　　　　　（010）82562903（教材售后服务热线）
　　　　　（010）68944723（其他图书服务热线）
网　　址 / http：//www.bitpress.com.cn
经　　销 / 全国各地新华书店
印　　刷 / 定州启航印刷有限公司
开　　本 / 787毫米×1092毫米　1/16
印　　张 / 15　　　　　　　　　　　　　　　　责任编辑 / 陈莉华
字　　数 / 342千字　　　　　　　　　　　　　　文案编辑 / 张　雪
版　　次 / 2022年12月第1版第3次印刷　　　　　责任校对 / 王素新
定　　价 / 42.00元　　　　　　　　　　　　　　责任印制 / 边心超

图书出现印装质量问题，请拨打售后服务热线，本社负责调换

前言
FOREWORD

  随着企业的管理观念、经营模式和生产方式不断创新，企业员工不但要具备专业能力，还要具备良好的沟通能力和团队合作能力，才能胜任本职工作。电子技能是电子、自动化、制冷、机电等专业的基础课。传统的教材主要是以理论和模拟性实验为主，与企业的真实任务存在较大的差距，读者学习后往往不能很快适应企业的工作任务。电子电路的知识比较抽象、涉及面比较广，导致读者入门难、提升难，从而严重影响学习兴趣和热情，因而在学习内容和教材形式上需要进行改革。为了满足企业对技能型人才的需求，编者结合电子技术领域内各专业岗位综合职业能力的要求编写了本教材。

  本书参照工学一体化课程开发技术规范编写而成，深入企业调研，认真分析、对比、总结电子电工类专业各岗位的典型工作任务，以真实的工作任务为载体，把企业典型工作任务转化为具有学习价值的任务。读者可在完成任务的过程中学习万用表与示波器的使用、电路设计与制作、PCB设计与焊接工艺等具有实用性的知识与技能，培养综合职业能力。

  本书共10个项目，20个学习任务，分为基础篇和提高篇，其中基础篇项目有：ESD防护及电子元件焊接基本操作、并联型直流稳压电源的制作与调试、小信号放大器的制作与调试、串联型直流稳压电源与差分放大器的制作与调试和反相放大器的制作与调试；提高篇项目有：声控电源的设计与制作，正弦波振荡器的设计与制作，电机正、反转定时控制器的设计与制作，TDA2030双声道功放的设计与制作和波形发生器的设计与制作。每个项目具有清晰的工作步骤和工作流程。

  本书由钟伟东、杨耀雄担任主编，吕秋珍、黄柳琴、何娟、刘高社担任副主编。本书在编写过程中参考了不少国内外出版的相关专业的教材和资料,在此谨向作者们致以谢意。

由于编者水平有限、时间仓促,书中难免存在疏漏和不足之处,敬请读者批评指正,并提出宝贵意见。

编 者

目录 CONTENTS

基 础 篇

项目一 ESD 防护及电子元件焊接基本操作 ············ 2
    任务 1-1   ESD 管理与防护 ············ 3
    任务 1-2   基本元件焊接操作 ············ 10

项目二 并联型直流稳压电源的制作与调试 ············ 27
    任务 2-1   整流滤波电路 ············ 28
    任务 2-2   并联型直流稳压电源 ············ 45

项目三 小信号放大器的制作与调试 ············ 58
    任务 3-1   共发射极基本放大电路 ············ 59
    任务 3-2   分压式偏置放大电路 ············ 71

项目四 串联型直流稳压电源与差分放大器的制作与调试 ············ 83
    任务 4-1   串联型直流稳压电源 ············ 84
    任务 4-2   串联型直流稳压电源与差分放大器 ············ 92

项目五 反相放大器的制作与调试 ············ 103
    任务 5-1   ±12 V 双电源电路 ············ 104
    任务 5-2   LM358 反相放大器 ············ 115

提 高 篇

项目六 声控电源的设计与制作 ………………………………………………… 132
  任务 6-1 声控电源的设计 ………………………………………………… 133
  任务 6-2 声控电源的制作与调试 ………………………………………… 154

项目七 正弦波振荡器的设计与制作 …………………………………………… 161
  任务 7-1 正弦波振荡器的设计 …………………………………………… 162
  任务 7-2 正弦波振荡器的制作与调试 …………………………………… 171

项目八 电机正、反转定时控制器的设计与制作 ……………………………… 175
  任务 8-1 电机正、反转定时控制器的设计 ……………………………… 176
  任务 8-2 电机正、反转定时控制器的制作与调试 ……………………… 190

项目九 TDA2030 双声道功放的设计与制作 …………………………………… 196
  任务 9-1 TDA2030 双声道功放的设计 …………………………………… 197
  任务 9-2 TDA2030 双声道功放的制作与调试 …………………………… 206

项目十 波形发生器的设计与制作 ……………………………………………… 212
  任务 10-1 波形发生器的设计 ……………………………………………… 213
  任务 10-2 波形发生器的制作与调试 ……………………………………… 227

基 础 篇

项目一　ESD 防护及电子元件焊接基本操作

● 学习目标

(1)能按照企业的 ESD 管理与防护要求完成学习任务。
(2)能正确使用和维护电烙铁。
(3)能按照电子产品的安装要求对直插元件引脚进行成型。
(4)能熟练拆装直插元件。
(5)能熟练拆装 SMT 片状元件和 SOP、QFP 封装集成电路。
(6)能对元件焊接情况进行评价和检测。

● 学习内容

(1)ESD 管理与防护知识。
(2)电烙铁的使用及维护。
(3)直插元件的成型及拆装。
(4)拆装 SMT 片状元件和 SOP、QFP 封装集成电路。

● 项目要求

(1)熟悉企业对电子产品的 ESD 管理与防护要求。
(2)按照焊接工艺要求在 PCB 板上正确安装直插元件及拆装 SMT 片状元件和 SOP、QFP 封装集成电路。

● 项目分析

　　为完成 ESD 防护及电子元件焊接基本操作项目的要求，在完成学习任务过程中首先要熟悉企业对电子产品的 ESD 管理与防护的要求，其次通过在 PCB 板上完成焊接直插元件、SMT 片状元件和 SOP、QFP 封装集成电路的学习任务，从而掌握元件的基本操作技能，所以此项目分解成两个学习任务：任务 1—1　ESD 管理与防护；任务 1—2　元件焊接基本操作。

任务 1-1　ESD 管理与防护

● 任务要求及实施

➡ 一、任务要求

按照企业的 ESD(Electro-Static Discharge：静电放电)管理与防护要求对电子元件或产品进行管理和防护。

➡ 二、任务实施

静电在人们的日常生活中可以说是无处不在，人们的身上和周围都带有很高的静电电压——几千伏甚至几万伏，但平时可能体会不到。人走过化纤地毯时的静电大约是 35 000 V，翻阅塑料说明书时的静电电压大约是 7 000 V，对于一些敏感仪器来讲，这个电压可能会是"致命"的危害，因此，在生产、组装与维修过程中一定要做好 ESD 的防护和管理工作，避免 ESD 对电子产品或设备造成危害。

请根据所学知识完成以下问题：
(1)ESD 的含义是：
_____
_____
_____。
(2)静电的产生形式有_____、_____、_____。
(3)静电放电的主要形式有_____、_____。
(4)请写出如图 1-1-1 和图 1-1-2 所示的 ESD 标志的意义。

图 1-1-1　　　　　　　　　图 1-1-2

(5) 接地系统常分为_____、_____、_____。
(6) 静电接地电阻的阻值一般要求不大于_____Ω。
(7) 工作接地的交流工作安全接地阻值一般小于_____Ω。

● 相关知识

一、ESD 基础知识

1. ESD 含义

处于不同静电电位的两个物体间的静电电荷的转移称为静电放电，主要有接触放电和电场击穿放电两种形式。

2. 静电的产生

静电就是物体上多余的电荷，它所产生的效应包括带电体之间力的作用和电场。常见的静电产生形式有：接触分离、摩擦、剥离、断裂、传导、感应、通电和关电等，如图 1-1-3～图 1-1-5所示。

图 1-1-3　跑动时，肢体摩擦产生静电

图 1-1-4　纸张摩擦产生静电

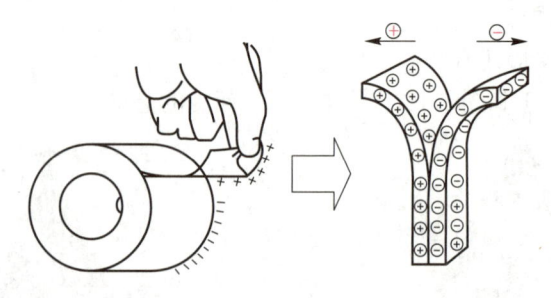

图 1-1-5　物质原有的电荷平衡被打破，两边带上极性相反的电荷

3. 静电对元器件、设备的损害

(1) 静电吸附灰尘，降低元器件绝缘电阻(缩短寿命)。
(2) 静电放电(ESD)破坏，造成电子元器件失效。

(3)静电放电产生的电磁场对电子元器件造成电磁干扰。

(4)引起突发性失效(概率为10%),使得零件突然失效。

(5)引起潜在性失效(概率为90%),使得零件电参数微变,使用寿命变短。此故障难以检测,因此危害性更大。

例如:在20世纪70年代,西欧一家著名的电视机制造厂每日可生产1 000部电视机,其中生产总故障率中的60%是由静电引起的,因此每年要付出近千万美元的赔偿保证金。1979年此公司被一家日本公司接收,在采取高标准的品质管理和防静电措施之后,每日可生产2 000部电视机,且只有总累积故障率中的2%是由静电引起的。

4. 人体对ESD的敏感程度

观察图1-1-6可知,当静电电压在100~500 V时,就可损坏电子元器件,当电压达到3 000 V左右时人体皮肤将会有明显的感觉,当电压达到4 500 V时将能听到声音,当电压达到8 000 V以上将能明显观察到。

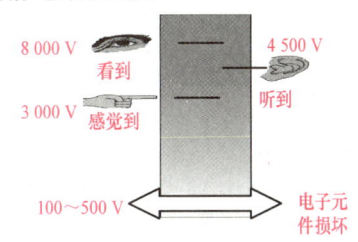

图1-1-6 人体对ESD的敏感程度

5. 常见ESD标志

(1)ESD敏感符号如图1-1-7所示。三角形内有一斜杠跨越过手,表示电子电气设备或组件容易受到ESD损害。

(2)ESD防护符号如图1-1-8所示。与ESD敏感符号的不同在于有一圆弧包围着三角形,且没有一斜杠跨越过手,表示器具被设计为可对ESD敏感组件和设备提供ESD防护。

图1-1-7 ESD敏感符号

图1-1-8 ESD防护符号

(3)ESD等级标志及各等级对应的电压值,如图1-1-9和表1-1-1所示。

图1-1-9 ESD等级标志

表1-1-1 ESD各等级对应的电压值

序号	电压范围/V	ESD等级
1	250	1
2	250~500	1A
3	500~1 000	1B
4	1 000~2 000	1C
5	2 000~4 000	2
6	4 000~8 000	3A
7	≥8 000	3B

二、ESD 防护工具及穿戴要求

1）常见的静电防护用品

常见的静电防护用品，如图 1-1-10～图 1-1-13 所示。

图 1-1-10　防静电衣、帽
（表面阻抗为 $10^6 \sim 10^9$ Ω）

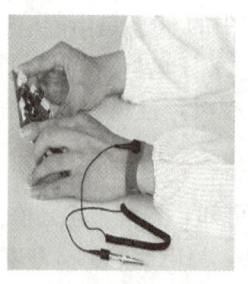

图 1-1-11　防静电腕带
（电阻为 10^6（1±10%）Ω）

图 1-1-12　防静电鞋
（表面阻抗＜10^6 Ω）

图 1-1-13　防静电手套、指套
（表面阻抗为 $10^6 \sim 10^9$ Ω）

2）静电防护用品的穿戴要求

静电防护用品的穿戴要求：一是要与人体有效地接触；二是要覆盖内部的衣物；三是防静电布片之间要相互导通。

（1）防静电工作服穿着要求，如图 1-1-14 所示。

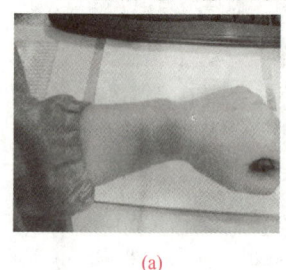

(a)　(b)　(c)　(d)

图 1-1-14　防静电工作服穿着要求
(a)不符合要求（袖子超过手腕）；(b)符合要求（袖子不超过手腕）；(c)符合要求；(d)符合要求

（2）防静电手腕带佩戴要求，如图 1-1-15 所示。

图 1-1-15　防静电手腕带佩戴要求

防静电手腕带佩戴要求：一是用导电性材料做成的手腕带须固定在手腕上并接地；二是手腕带不松缓，要与皮肤直接接触；三是必须加进 1 MΩ 的限流电阻，防止作业人员在电气漏电时触电；四是手腕导线外层绝缘要耐击穿，防止漏电。

（3）防静电鞋穿着要求，如图 1-1-16 所示。

防静电鞋表面阻抗要小于 10^6 Ω，穿着时要与皮肤直接接触。

图 1-1-16　防静电鞋穿着要求

（4）防静电手套佩戴要求，如图 1-1-17 所示。防静电手套可防止手汗污染器件，但普通的手套和手指套有静电风险，所以要使用防静电的手套和手指套。

防静电手套佩戴要求：一是手指不能裸露在外；二是需要定期进行检查防静电手套是否有损坏。

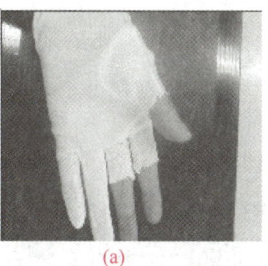

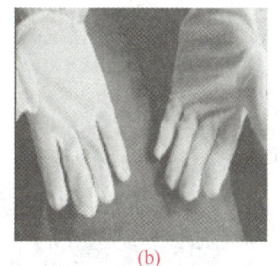

图 1-1-17　防静电手套佩戴要求
(a)不符合要求(手指裸露在外)；(b)符合要求(手指不裸露在外)

三、ESD 防护材料及防护要求

1. 常见的 ESD 防护材料

常见的 ESD 防护材料如图 1-1-18 所示。

基础篇

图 1-1-18　常见的 ESD 防护材料
(a)包装袋；(b)IC 管；(c)储存盒；(d)防静电地板漆；(e)防静电地板漆；(f)防静电台垫

2. 设备接地防护要求

设备接地防护要求如图 1-1-19 所示。

要用带安全接地的插头

需夹在鳄鱼夹的中间

图 1-1-19　设备接地防护要求

3. 产品修理防护要求

产品修理防护要求如图 1-1-20 所示：一是修理台面及设备都需要接好相对应的地线；二是在修理台面上的 PCB 板需要垫好防静电气泡袋；三是产品不能叠放，否则容易压坏。

图 1-1-20　产品修理防护要求

拓展知识

接地系统

1. 安全保护接地

安全保护接地就是将电气设备不带电的金属外壳部分与接地体之间作良好的金属导通连接。当没有进行安全保护接地的电气设备绝缘损坏时,其外壳有可能带电,如果人体触及电气设备的外壳就有可能被电击伤甚至造成生命危险。

2. 工作接地

工作接地是将电力系统中的某一点(通常是指中性点)直接或经特殊设备(如消弧线圈、阻抗电阻等)与大地作金属连接,称为工作接地。主要有降低人体的接触电压、迅速切断故障、降低电气设备和电力线路的设计绝缘水平等作用,交流工作安全接地电阻应小于 4 Ω。

3. 静电接地

将带静电物体或有可能产生静电的物体与大地构成电气回路的接地称为静电接地。静电接地电阻一般要求不大于 10 Ω。

成果展示与评价

由小组推荐代表就任务的完成情况作必要的介绍和总结,然后以组为单位进行评价。

1. 小组工作总结

_____
_____

2. 学习任务评价

完成表 1-1-2 的填写。

表 1-1-2　任务评价评分表

评价项目	项目内容	评分标准	分值	自我评价（20%）	小组评价（30%）	教师评价（50%）
学习态度	参与度	小组成员积极参与总结活动	30			
	团队合作	小组成员分工明确、合理、团队意识较强	30			
	汇报表现	总结汇报简明扼要、重点突出、表达流利、思路清晰	40			
学生姓名			小计			
评价教师			总分			

任务1-2　基本元件焊接操作

● 任务要求及实施

➡ 一、任务要求

按照焊接工艺的流程和要求，在 PCB 板上正确拆装直插元件、SMT 片状元件和 SOP、QFP 封装集成电路。

➡ 二、任务实施

1. 认识焊接工具

(1) 常用的电烙铁可分为_____电烙铁和_____电烙铁，并在横线上写出它们之间的不同之处。

_____

_____

_____

(2) 根据提供的资料，请写出 900M 系列常用烙铁头的主要类型。

_____

_____

_____

(3) 请根据如图 1-2-1 所示的烙铁头图片，从左至右写出它们的类别。

A_____；B_____；C_____；D_____

图 1-2-1　烙铁头

(4)请简单描述烙铁头常用的维护方法。
_____
_____
_____
_____

(5)电烙铁的握法有哪几种?
_____
_____
_____

2. 线头镀锡

(1)安装电子产品常用的装配工具有哪些?
_____
_____
_____
_____

(2)请按照技术规范对所提供的导线进行镀锡,并记录镀锡过程中所遇到的问题。
_____
_____
_____
_____
_____

3. 直插元件焊接

(1)轴向引线元件的安装方式主要有_____、_____、_____、_____、_____。

(2)径向引线元件的安装方式主要有_____、_____、_____、_____、_____。

(3)焊接直插元件的五步法包括哪五步?
_____
_____
_____
_____

(4)请在如图 1-2-2 所示的万能电路板上焊接直插元件(用不同种安装方式共安装 5 个)。

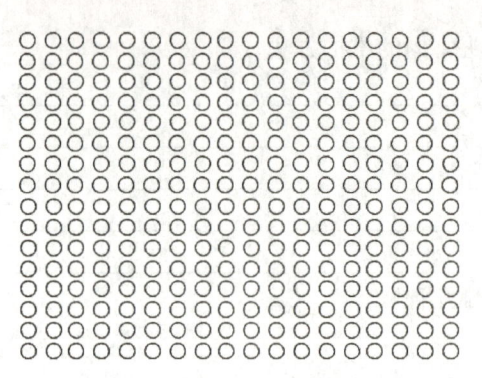

图 1-2-2　万能电路板

4. SMT 片状元件焊接

(1)请根据所学知识，写出拆装 SMT 片状元件及 SOP、QFP 封装集成电路的过程。

_____
_____
_____
_____
_____
_____

(2)在如图 1-2-3 所示的 PCB 板上拆装 SMT 片状元件及 SOP、QFP 封装集成电路(反复训练)。

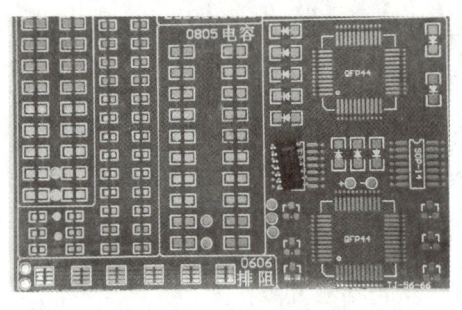

图 1-2-3　PCB 板

(3)记录在焊接过程中所遇到的问题及解决办法。

_____
_____
_____
_____
_____

项目一　ESD防护及电子元件焊接基本操作

● 相关知识

➡ 一、手工焊接基本技能

在学习手工焊接的过程中常用的基本工具有电烙铁和热风枪，拆装小元件时常用电烙铁，而拆装引脚数较多的 SMT 片状元件、BGA 封装集成电路则用热风枪居多。

1. 常用电烙铁的种类

常用的电烙铁有外热式电烙铁和内热式电烙铁，由于内热式烙铁发热快、热利用率高，所以得到了普遍的应用。

(1) 外热式电烙铁，如图 1-2-4 所示。由于烙铁头安装在烙铁芯里面，故称为外热式电烙铁。烙铁芯是电烙铁的主要部件，它是将电热丝平行地绕制在一根空心瓷管上，中间用云母片绝缘，并引出两根导线与 220 V 交流电源连接。常用的外热式电烙铁规格有 25 W、45 W、75 W 和 100 W 等，功率越大烙铁头的温度也就越高。

(2) 内热式电烙铁，如图 1-2-5 和图 1-2-6 所示。由于烙铁芯安装在烙铁头里面，因而发热快、热利用率高，因此称为内热式电烙铁，由于内热式电烙铁有升温快、重量轻、耗电低、体积小、热效率高的特点，因而得到了普遍的应用。

图 1-2-4　外热式电烙铁 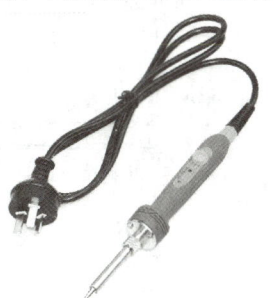　　　图 1-2-5　内热式电烙铁 　　　图 1-2-6　936 电烙铁 (内热式)

2. 900M 系列常用烙铁头

900M 系列常用烙铁头，如表 1-2-1 所示。

(1) 刀形烙铁头型号有：900M-T-K、900M-T-SK。

(2) 一字形烙铁头型号有：900M-T-S3、900M-T-0.8D、900M-T-1.2D、900M-T-1.6D、900M-T-2.4D、900M-T-3.2D。

(3) 马蹄形烙铁头型号有：900M-T-1C、900M-T-2C、900M-T-3C、900M-T-4C、900M-T-0.8C、900M-T-0.5C、900M-T-3CF、900M-T-4CF。

(4) 圆头烙铁头型号有：900M-T-SB、900M-T-B、900M-T-LB、900M-T-2B。

(5) 特尖烙铁头型号有：900M-T-SI (弯头)、900M-T-I、9000M-T-S4。

(6) 弯形烙铁头型号有：900M-T-H、900M-T-1.8H。

(7) 槽形烙铁头型号有：900M-T-R。

13

表 1-2-1　烙铁头型号对照表

烙铁头名称	烙铁头型号	烙铁头形状
刀形	900M-T-K	
一字形	900M-T-2.4D	
马蹄形	900M-T-3CF	
圆头	900M-T-B	
特尖	900M-T-SI	
弯形(扁头)	900M-T-H	
槽形	900M-T-R	

3. 烙铁头的维护保养

(1)停用前在烙铁头沾锡面加适量的锡，防止烙铁头被氧化。

(2)烙铁头不能长时间停留在过高温度，否则易使烙铁头表面电镀层龟裂。

(3)在焊接时，不要给烙铁头加以太大的压力摩擦焊点，此过程并不会改变导热性能，反而会使烙铁头受损。

(4)不要用粗糙的材料或锉刀摩擦烙铁头。

(5)如果表面已氧化不沾锡，视需要可以用600♯的金刚砂布小心摩擦并用乙丙醇或相似的溶液清理，加温到200 ℃后立即加适量的锡。

(6)不要使用含氯或含酸过高的助焊剂。

4. 烙铁的握法

烙铁的握法，如图1-2-7所示。

(1)正握法：适用于中功率烙铁或带弯头烙铁的操作。

(2)反握法：适用于大功率烙铁的操作。

(3)握笔法：适用于操作台上焊接印制板等组件的操作。

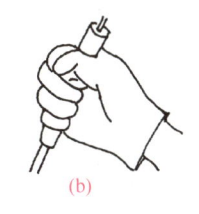

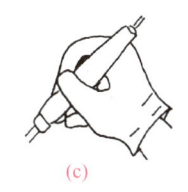

图 1-2-7　烙铁的握法

(a)正握法；(b)反握法；(c)握笔法

5. 936 恒温电烙铁的使用步骤

(1)确认石棉潮湿。

(2)清除发热管表面杂质。

(3)确认烙铁螺丝锁紧无松动，电源线完好无损。

(4)确认 220 V 电源插座插好。

(5)将电源开关切换至 ON 位置。

(6)调整温度设定旋钮至 300 ℃，待加热指示灯熄灭后，开始使用。

(7)如温度超过范围则必须停止使用，并送请维修。

6. 常用的装配工具

常用的装配工具，如表 1-2-2 所示。

表 1-2-2　装配工具

工具名称	主要用途	图　示
螺丝刀	主要用于制作过程中松紧螺丝，按用途可分为一字螺丝刀、十字螺丝刀等	
尖嘴钳	主要用于夹持零件、导线，及弯折零件引脚，可配合斜口钳用于拔线	
斜口钳	常用来剪断导线、零件引脚，可配合尖嘴钳用于拔线	
平头钳	用来剪断较粗的导线或金属线	
镊子	主要用于夹持小的元器件，辅助焊接，弯曲电阻、电容、导线，主要有以下两种：尖头镊子和弯头镊子。使用过程中不要把镊子对准人的眼睛或其他部位，以免带来伤害	
剥线钳	剥线钳适用于塑料、橡胶绝缘电线、电缆芯线的剥线	
吸锡器	吸锡器可分为普通吸锡器和电热吸锡器，普通吸锡器应配合电烙铁一起使用，电热吸锡器可以直接拆焊，部分电热吸锡器还附带烙铁头，换上即可作为烙铁进行焊接用	

二、手工焊接工艺

1. 直插元件引线成形加工

通常直插元件引线成形加工分为轴向引线元件的成形加工和径向引线元件的成形加工。

1)轴向引线元件的成形加工

轴向引线元件主要有电阻、整流二极管、稳压二极管、电感等,其安装方式主要有水平安装和立式安装,如图1-2-8和图1-2-9所示。

图1-2-8　水平安装　　　　　　　　图1-2-9　立式安装

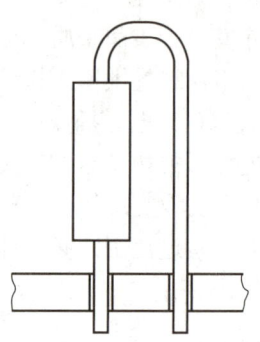

(1)水平安装引线的加工步骤。

①用镊子在离元件封装点2~3 mm处夹住其某一引脚,用力将元件引脚弯成一定的弧度。

②用相同方法对元件的另一个引脚进行加工成形,元件引脚两边要对称。

(2)立式安装引线的加工步骤。

用镊子或尖嘴钳在离元件封装点3~4 mm处,夹住其某一引脚,将引线弯成半圆形状。

2)径向引线元件的成形加工

径向引线元件主要有发光二极管、电解电容、热敏电阻、瓷片电容、三极管等,其安装方式主要有立式安装和卧式安装,在特殊场合可采用倒式安装,如图1-2-10~图1-2-12所示。

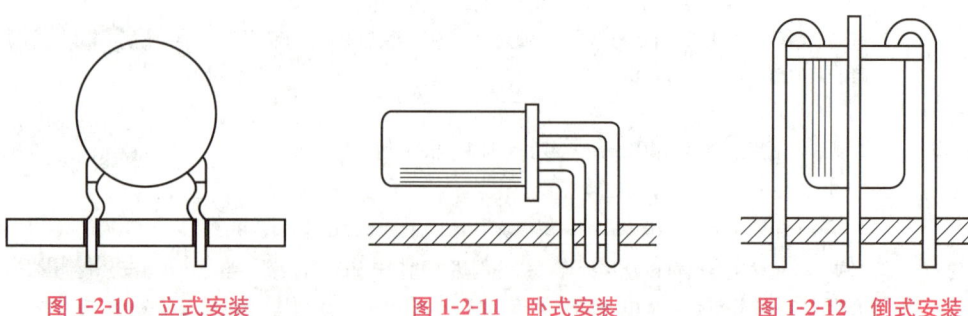

图1-2-10　立式安装　　　　图1-2-11　卧式安装　　　　图1-2-12　倒式安装

2. 元件焊接及线头镀锡

1)手工镀锡

清除铜导线表面的锈，在导线上涂点松香或焊宝，然后用烙铁头为导线加热，同时熔化焊锡丝，镀锡要均匀，不能损伤导线，如图 1-2-13 和图 1-2-14 所示。

图 1-2-13　未镀锡线头　　　　图 1-2-14　已镀锡线头

2)手工焊接直插元件

(1)焊接直插元件的方法——五步法，如表 1-2-3 所示。

表 1-2-3　焊接直插元件的五步法

步　骤	图　示	焊接方法
第一步 准备		首先准备好元件及相关材料，然后把电烙铁及锡丝分别放置被焊元件的两侧
第二步 预热		用烙铁头给焊盘和引脚同时预热，烙铁头同时要碰到焊盘和引脚，烙铁头与焊盘成 40°±5°角
第三步 加锡熔化		在烙铁头对面加锡
第四步 移开锡丝		当焊盘上的锡达到 3/4 时，便可以移开锡丝
第五步 移开电烙铁		当锡过渡到焊盘边缘时，烙铁以 70°角离开

(2)印制电路板上常见的各种焊点缺陷及产生的原因，如表 1-2-4 所示。

表 1-2-4　焊点缺陷及产生的原因

形状及名称	现象	产生原因
虚焊	焊锡与元件引脚或与铜箔之间有明显的界线	元件引脚氧化导致与电路板接触不良或助焊剂质量不好引起元件不牢固
焊料过多	焊点呈凸形	焊接时加锡过多
焊料过少	焊接面积小于焊盘的 80%，焊料未形成平滑的过度面	锡丝撤离过早、助焊剂不足、焊接时间不够
松香焊	焊点中夹有松香渣	助焊剂过多或失效
不对称	焊锡未流满焊盘	焊料流动性不好、助焊剂不足或质量差、加热不足
松动	元件引脚不牢固	焊锡未凝固前元件引脚移动造成空隙或引脚未清洁
拉尖	焊点出现尖端或有明显的毛刺	助焊剂不够、加热时间过长或电烙铁撤离角度不当
桥接	相邻导线相连或焊点之间连接在一起	焊锡过多或烙铁头撤离方向不当
焊盘翘起	焊盘与印制板上的导线分离	焊接时间长、温度过高，超出 PCB 板的耐热温度

3）手工焊接 SMT 片状元件

SMT（Surface Mounted Technology）中文翻译为表面组装技术，是电子组装行业里较为流行的一种技术和工艺，其主要特点是组装密度高、电子产品体积小、重量轻。

（1）拆装片状元件。

①片状元件安装步骤。

步骤一　先预热再上锡。电烙铁与焊接面之间的角度保持在 45°左右即可，如图 1-2-15 所示。

步骤二　加焊锡。当温度达到焊料的熔化温度时应立即送上焊锡丝，如图 1-2-16 所示。

步骤三　移焊锡。当焊锡与焊盘充分接触后，抽去焊锡丝，如图 1-2-17 所示。

项目一　ESD防护及电子元件焊接基本操作

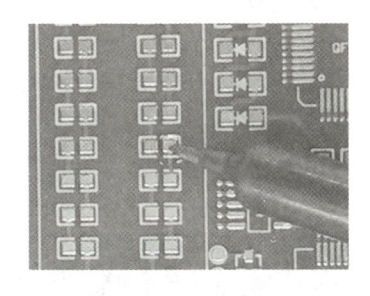

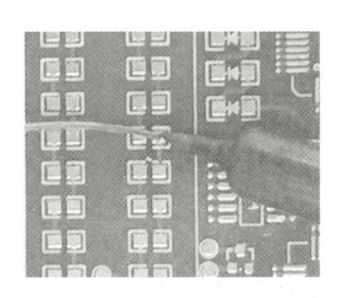

图 1-2-15　预热　　　　　　图 1-2-16　加焊锡　　　　　　图 1-2-17　移焊锡

步骤四　移电烙铁。动作应快速连贯,焊接时间以一个焊点焊 1 s 为合适,时间过长焊点表面容易老化或形成锡渣,焊点没有光泽,如图 1-2-18 所示。

步骤五　夹元件。用防静电镊子夹在需焊接元件的中间部位,把元件放到焊盘上,根据实际情况应当调整元件位置,用镊子夹取元件时用力需适当,不能用力过猛,防止元件损坏或掉落,如图 1-2-19 所示。

步骤六　熔焊点。加热焊点时间不能过长,否则会引起焊点老化或形成锡渣。如加热时间过短,则会造成焊锡不润湿、表面不光滑或虚焊,如图 1-2-20 所示。

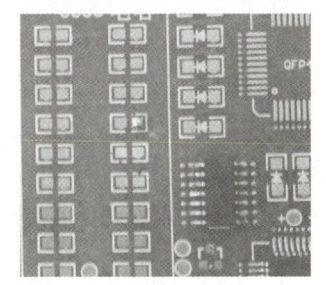

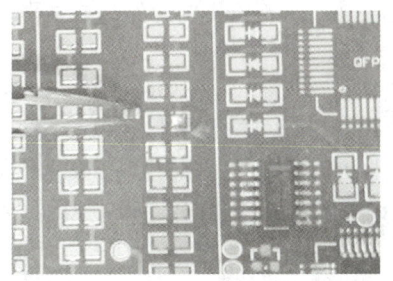

图 1-2-18　移电烙铁　　　　　图 1-2-19　夹元件　　　　　　图 1-2-20　熔焊点

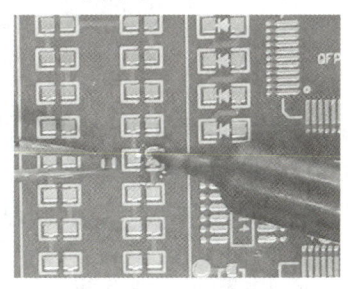

步骤七　放置元件。元件放入焊盘时必须紧贴主板的表面插入,并使元件处在整个安装位置的中间,当元件与焊盘之间的焊锡完全充分润湿后,移开电烙铁,如图 1-2-21 所示。

步骤八　焊接元件的另一引脚,如图 1-2-22 所示。

步骤九　检查。如焊接完成后发现有倾斜或高低现象时,应先把焊点熔化,再用镊子夹住元件中间进行调整,如图 1-2-23 所示。

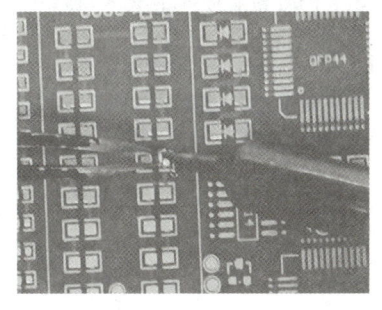

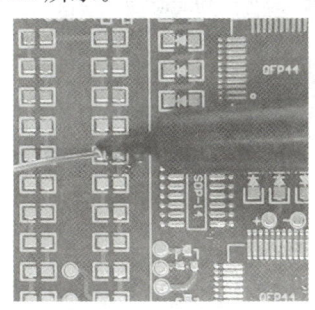

图 1-2-21　放置元件　　　　图 1-2-22　焊接元件的另一引脚　　　　图 1-2-23　检查

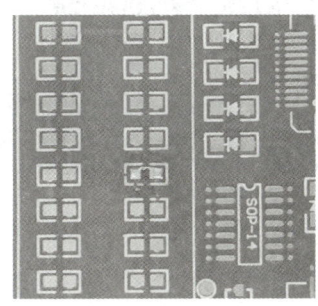

19

②片状元件拆卸步骤。

步骤一 在元件两引脚处焊点加锡，使两端焊点焊锡处于熔化状态，在焊锡熔化状态下，用镊子夹取元件并移走元件，如图1-2-24和图1-2-25所示。

步骤二 用吸锡带吸除焊锡。将吸锡带放在焊点上，然后用电烙铁加热吸锡带，使焊锡熔化后自动流向吸锡带，去除焊锡，如图1-2-26所示。

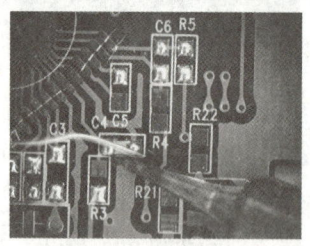

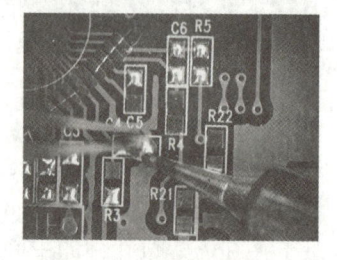

图 1-2-24 加锡　　　　图 1-2-25 夹取元件　　　　图 1-2-26 除锡

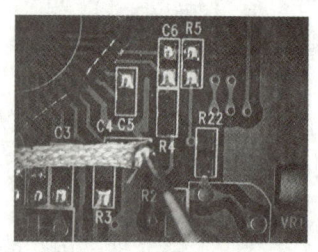

> **小贴士**
>
> 焊点标准：焊点光滑、有光泽并呈现出良好的连续性，没有明显的针孔、气泡或空隙。

(2)拆装 SOP 封装集成电路。SOP 封装衍生出很多封装，常见的有 SSOP(Shrink SOP)、TSOP(Thin SOP)和 TSSOP(Thin Shrink SOP)封装，SSOP 与 SOP 封装的区别在于引脚的间距不同，其中 SOP 封装集成电路的引脚间距为 1.27 mm，SSOP 封装集成电路的引脚间距为 0.65 mm。

①安装 SSOP 封装集成电路的步骤(用马蹄形烙铁头)。

步骤一 把 SOP 封装集成电路的引脚对准 PCB 板上的焊盘，如图 1-2-27 所示。

步骤二 在集成电路的对角处用焊锡固定，锡量不可过多，如图 1-2-28 所示。

步骤三 加适量的焊宝或松香，用烙铁头拖动引脚上的焊锡，焊接完成后再用洗板水清洗 PCB 板，如图 1-2-29 所示。

图 1-2-27 对位　　　　图 1-2-28 固定集成电路　　　　图 1-2-29 加锡拖焊

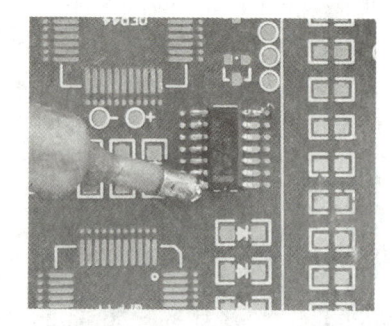

②拆卸 SSOP 封装集成电路的步骤(增加焊锡熔化拆卸法)。

步骤一 在待拆卸的集成电路的引脚上增加焊锡，使各引脚的焊点连接起来，如图 1-2-30 和图 1-2-31 所示。

步骤二 用电烙铁给引脚加热，两列引脚轮流加热，待焊锡完全熔化后，用尖镊子撬动集成电路，直到拆下为止，如图1-2-32所示。

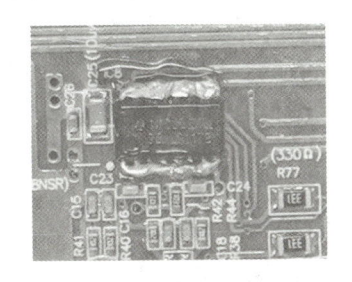

图1-2-30 第一列加锡　　图1-2-31 第二列加锡　　图1-2-32 拆卸

③安装LQFP（薄型集成电路、四边引线扁平）封装集成电路的步骤。

步骤一 按照集成电路的放置方向，使集成电路的引脚对准焊盘，然后用手压住，如图1-2-33所示。

步骤二 用焊锡固定集成电路的对角，如图1-2-34所示。

步骤三 给集成电路的四边加上适量的焊锡，如图1-2-35所示。

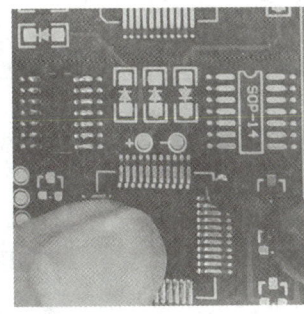

图1-2-33 对位　　图1-2-34 固定集成电路　　图1-2-35 四边加锡

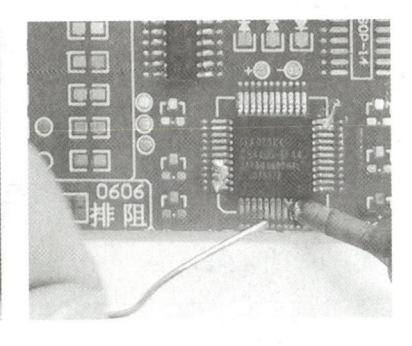

步骤四 加适量的焊宝或松香，用烙铁头拖动引脚上的焊锡，如图1-2-36所示。

步骤五 清洗PCB板上的焊宝或松香，如图1-2-37所示。

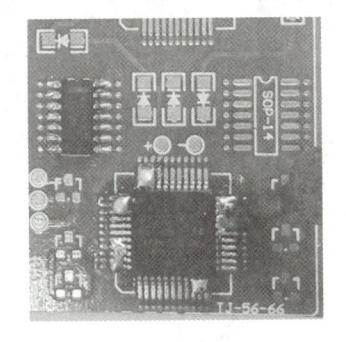

图1-2-36 加锡拖焊　　图1-2-37 检查清洗

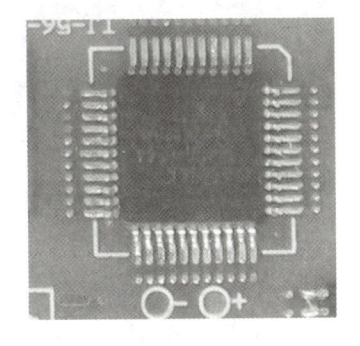

基础篇

◆ 拓展知识

BGA 封装集成电路引脚排列，如图 1-2-38 所示，封装集成电路左上角的标志就是识别引脚的标志点，从这个标志点开始，逆时针的一排为 A、B、C、D、E、F……依次排列，但没有 I、O、Q、S、X、Z 字母，若排到 I 则直接跳过 I，用 J 来表示。标志点顺时针一排为 1、2、3、4、5、6……依次排列。如果字母排到 Y 还未排完，则可以用字母 AA、AB、AC……来表示。

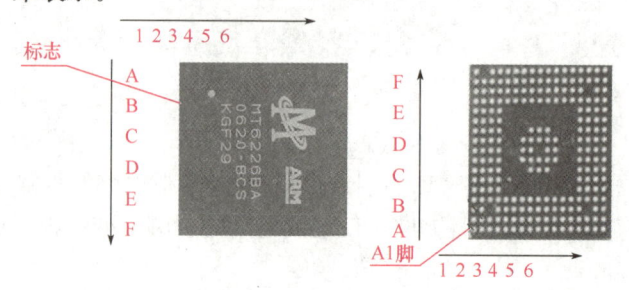

图 1-2-38　BGA 封装集成电路引脚

➡ 一、BGA 封装集成电路拆、装工具及其作用

1. 安泰信 8586 热风枪

安泰信 8586 热风枪（风枪与电烙铁一体），如图 1-2-39 所示。

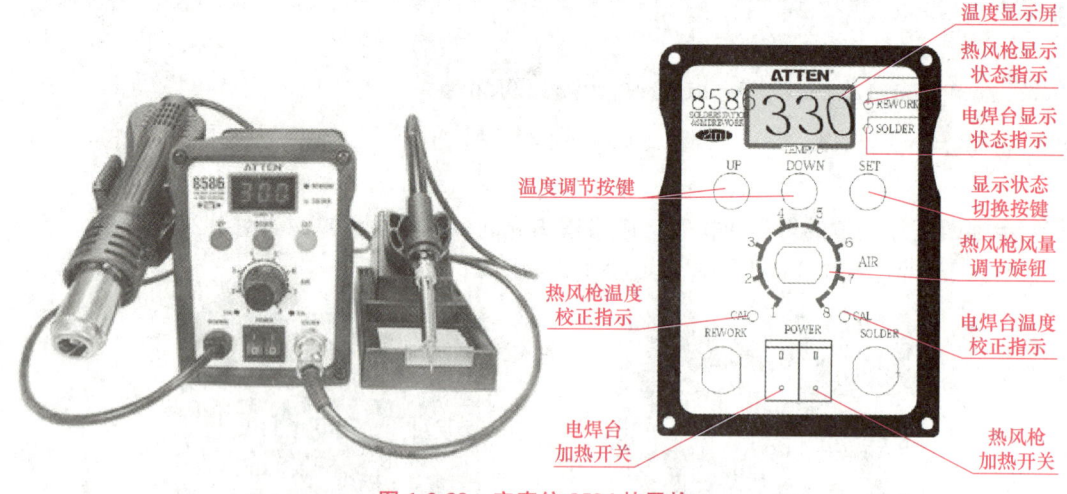

图 1-2-39　安泰信 8586 热风枪

2. 其他相关工具或材料

其他相关工具或材料，如图 1-2-40 所示。

3. 拆装工具或相关材料的作用

（1）热风枪：用于拆卸和安装 BGA 封装集成电路。

项目一　ESD 防护及电子元件焊接基本操作

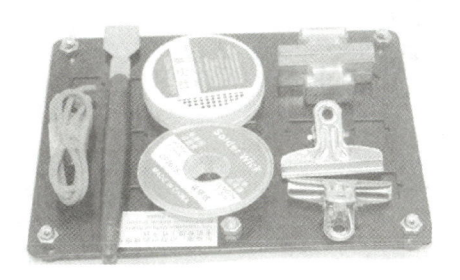

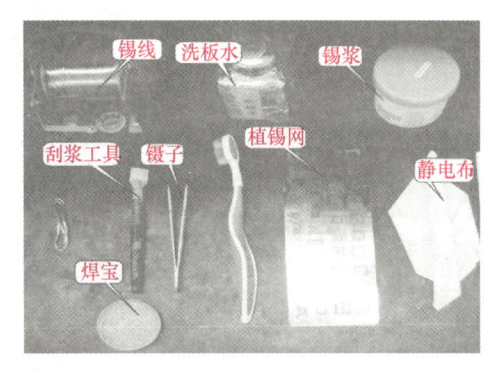

图 1-2-40　其他相关工具或材料

(2) 电烙铁：用以清理 BGA 封装集成电路及 PCB 板上的余锡。
(3) 镊子：焊接时便于将 BGA 封装集成电路固定。
(4) 刮浆工具：用于刮除锡浆。
(5) 无水酒精或洗板水：用以清洁 PCB 板，洗板水对松香、助焊剂等有极好的溶解性，是首选的清洁剂。
(6) 植锡网：用于 BGA 封装集成电路的植锡。
(7) 小刷子：用以清洗 BGA 封装集成电路及 PCB 板上的杂质。
(8) 锡浆：用于植锡，建议使用瓶装的进口锡浆，稍干的锡浆比较理想。
(9) 静电布：清除元件、植锡网上的杂质等。

二、拆装 BGA 封装集成电路全过程

1. 拆卸 BGA 封装集成电路

拆卸 BGA 封装集成电路，如图 1-2-41 所示。
(1) 把电路板固定在维修台上(不能夹伤元件)。
(2) 确定 BGA 封装集成电路位置之后，在其上面放适量助焊剂，既可防止干吹，又可帮助集成电路底下的焊点均匀熔化，不会伤害旁边的元件。
(3) 将风枪温度调至 350 ℃ 左右，风速开关调至 "4"，在集成电路上方约 1.5 cm 处来回吹，直到集成电路底下的锡珠完全熔化，用金属镊子在集成电路的一角轻轻撬动，并将集成电路从电路板上分离。

图 1-2-41　拆卸 BGA 封装集成电路

(4) BGA 集成电路取下后，集成电路的引脚上和电路板上都有余锡。此时，在电路板上加足量的助焊剂，用电烙铁将板上多余的焊锡去除，并且适当上锡使电路板的每个焊点都光滑圆润(不能用吸锡带将焊点吸平)，再用洗板水将集成电路和电路板上的助焊剂洗干净，如图 1-2-42 所示。

23

图 1-2-42 清除集成电路和电路板上的余锡

> **小贴士**
> 拆卸 BGA 封装集成电路时，要注意观察是否会影响周边的元件。

2. 植锡

植锡，如图 1-2-43～图 1-2-49 所示。

图 1-2-43 清理余锡

图 1-2-44 清洗 BGA 封装集成电路

图 1-2-45 固定 BGA 封装集成电路

图 1-2-46 上锡浆

图 1-2-47 吹焊成球

图 1-2-48 夹取集成电路

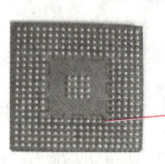

焊球大小均匀，光泽

图 1-2-49 检查

3. 安装 BGA 封装集成电路

安装 BGA 封装集成电路，如图 1-2-50 所示。

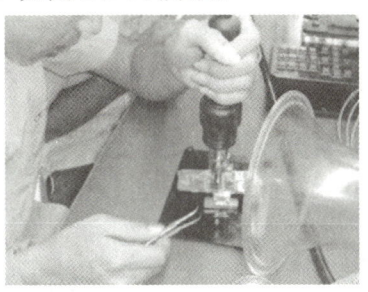

图 1-2-50　固定集成电路并加热

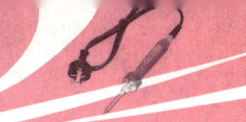

1）固定 BGA 封装集成电路

在 BGA 封装集成电路的引脚上加适量的助焊剂，用热风枪轻吹，使助焊剂均匀分布于集成电路的表面，然后用镊子将植好锡珠的 BGA 封装集成电路按拆卸前的位置放好。

2）加热

把热风枪的风量和温度调节至合适的位置（风速为"4"，温度为 350 ℃），给集成电路加热，当看到集成电路往下一沉且四周有助焊剂溢出时，说明锡球已和电路板上的焊点熔合在一起，这时可以用镊子轻轻晃动集成电路，在表面张力的作用下，BGA 封装集成电路会自动对准位置。

> **小贴士**
>
> 　　在加热过程中切勿用力按动 BGA 封装集成电路，否则会使焊锡外溢，极易造成脱脚和短路，焊接完成后用洗板水将电路板洗干净即可。

成果展示与评价

由小组推荐代表就任务的完成情况作必要的介绍、成果展示和总结，然后以组为单位进行评价。

1. 小组的成果展示方案

_____

_____

_____

2. 小组工作总结

_____

_____

_____

3. 学习任务评价

完成表 1-2-5 的填写。

表 1-2-5　任务评价评分表

评价项目	项目内容	评分标准	分值	自我评价（20%）	小组评价（30%）	教师评价（50%）
实操技能	线头镀锡	镀锡均匀、导线无损伤	5			
	直插元件成形与焊接	元件成形符合要求、焊点光亮无虚焊	10			
	SMT 片状元件的焊接	焊接步骤正确，元件安装端正，焊点光滑、有光泽并呈现出良好的连续性，没有明显的针孔、气泡或空隙	15			
	SOP 封装集成电路的焊接	焊接步骤正确，元件安装端正、方向正确，焊点光滑、有光泽并呈现出良好的连续性，没有明显的针孔、气泡或空隙	15			
	LQFP 封装集成电路的焊接	焊接步骤正确，元件安装端正、方向正确，焊点光滑、有光泽并呈现出良好的连续性，没有明显的针孔、气泡或空隙	15			
安全文明操作	操作是否符合安全操作规程	每错一处扣 1 分，发生短路得 0 分	10			
学习态度	参与度	小组成员积极参与总结活动	10			
	团队合作	小组成员分工明确、合理、团队意识较强	10			
	汇报表现	总结汇报简明扼要、重点突出、表达流利、思路清晰	10			
学生姓名			小计			
评价教师			总分			

4. 学习任务综合评价

完成表 1-2-6 的填写。

表 1-2-6　任务综合评价表

评价内容	评分标准	评价等级			
		A	B	C	D
学习任务一	A. 学习任务评价成绩为 90~100 分 B. 学习任务评价成绩为 80~89 分 C. 学习任务评价成绩为 60~79 分 D. 学习任务评价成绩为 0~59 分				
学习任务二	A. 学习任务评价成绩为 90~100 分 B. 学习任务评价成绩为 80~89 分 C. 学习任务评价成绩为 60~79 分 D. 学习任务评价成绩为 0~59 分				
活动总结					

项目二　并联型直流稳压电源的制作与调试

◉ 学习目标

(1) 能按要求选择适当的元件组装稳压电源。
(2) 能检测整流二极管、发光二极管的质量。
(3) 能按要求选择发光二极管的限流电阻。
(4) 能熟练写出直流稳压电源的工作过程和工作原理。
(5) 能用示波器测量输出波形并在坐标纸上绘制波形。

◉ 学习内容

(1) 整流二极管的单向导电性。
(2) 稳压二极管的使用方法。
(3) 发光二极管的使用方法。
(4) 电解电容在电源电路中的作用。
(5) 二极管等元件的检测方法。
(6) 用示波器测量波形。
(7) 多种整流电路输出电压的计算。
(8) 在坐标纸上绘制波形。

◉ 项目要求

用 12 V 交流电源变压器、整流二极管、稳压二极管和发光二极管等元件在 PCB 板上安装和调试并联型直流稳压电源，使电源输出为 12 V 的平滑波形。

◉ 项目分析

为完成并联型直流稳压电源的制作与调试，首先要熟悉整流滤波电路的工作过程及其工作原理，其次了解稳压二极管在直流电源电路中的稳压作用，所以在此项目中分解成两个学习任务：任务 2—1　整流滤波电路；任务 2—2　并联型直流稳压电源。

任务 2-1　整流滤波电路

● 任务要求及实施

➡ 一、任务要求

用 12 V 交流电源变压器、整流二极管、电解电容和发光二极管等元件在 PCB 板上组装桥式整流滤波电路，要求电路输出平滑的波形。

➡ 二、任务实施

1. 引导问题

整流滤波电路由电源变压器将 220 V 的交流电转换成低压（12 V）交流电，并经过二极管整流转换为脉动直流，再通过滤波电容器滤除其中的交流成分，最终得到波动较小、较为平滑的直流电，并为负载提供所需的直流电压（电阻和发光二极管）。

下面通过几个问题来认识整流滤波电路的结构。

(1) 观察图 2-1-1，写出变压器由哪些部分组成。

_____、_____、_____、_____。

(2) 观察图 2-1-2，写出整流滤波电路由哪些元件组成。

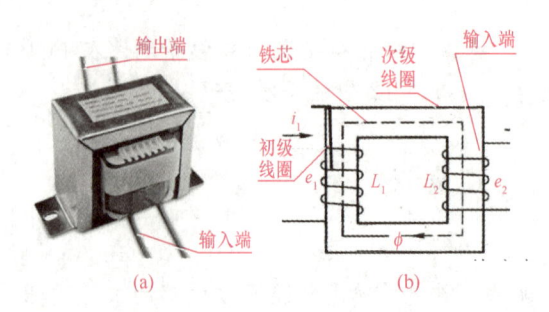

_____、_____、_____、_____

_____、_____、_____、_____。

图 2-1-1　变压器实物图及内部结构
(a) 变压器实物；(b) 变压器内部结构

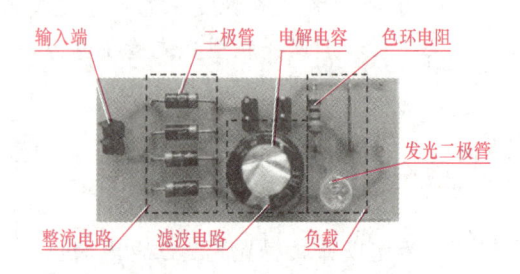

图 2-1-2　整流滤波电路板实物

(3)绘制整流滤波电路的方框图，应包括以下4个部分：
①电源变压器；②整流电路；③滤波电路；④负载。

2. 分析整流滤波电路的原理

观察如图 2-1-3 所示的整流滤波电路，完成以下问题。

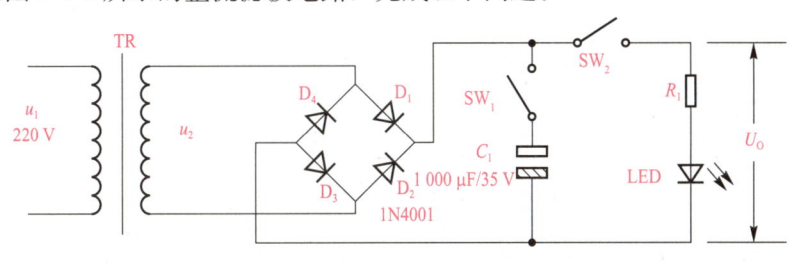

图 2-1-3　整流滤波电路

(1)整流滤波电路主要由哪些元件组成？并说明其在电路中的主要作用(写出各元件名称和参数)。

元件编号：_____，名称：_____，型号或参数：_____，作用：_____。
元件编号：_____，名称：_____，型号或参数：_____，作用：_____。
元件编号：_____，名称：_____，型号或参数：_____，作用：_____。
元件编号：_____，名称：_____，型号或参数：_____，作用：_____。
元件编号：_____，名称：_____，型号或参数：_____，作用：_____。
元件编号：_____，名称：_____，型号或参数：_____，作用：_____。

(2)电路中的元件 D_1 具有_____性，有_____个 PN 结，共有_____个极，分别是_____极和_____极；用字母_____表示阳极(正极)，用字母_____表示阴极(负极)。

(3)在电路中电容 C_1 主要起到_____的作用(在开关 SW_1 闭合的情况下)。

(4)整流滤波电路中的负载由_____和_____组成，其中 R_1 的作用是_____，其阻值大小为_____。

(5)在下列横线上写出电阻 R_1 阻值的计算方法。

_____
_____
_____

3. 组装整流滤波电路

(1)参照图 2-1-3，列出所需的材料清单并填入表 2-1-1 中(注意：SW$_1$ 和 SW$_2$ 用排针代替)。

表 2-1-1　组装整流滤波电路的材料清单

序号	名称	规格	数量/个	序号	名称	规格	数量/个
1				7			
2				8			
3				9			
4				10			
5				11			
6				12			

其他材料和工具：
_____
_____
_____

(2)主要元件的识别与检测。

①整流二极管。

电路符号：_____

正、负极判断方法：_____

质量检测方法：_____

②发光二极管。

电路符号：_____

正、负极判断方法：_____

质量检测方法：_____

③电阻。

电路符号：_____

读数值：_____

质量检测方法：_____

测量值：_____

④电解电容。

电路符号：_____

读数值：_____

正、负极判断方法：_____

质量检测方法：_____

(3)参照图 2-1-3 和图 2-1-4，在 PCB 板上组装整流滤波电路(其中 SW$_1$ 和 SW$_2$ 用排针代替，电阻 R_2 直接用导线代替，VDZ 不安装)。

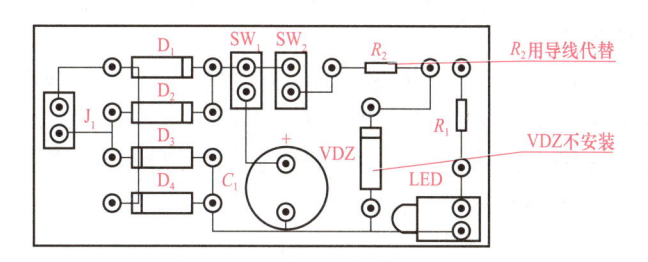

图 2-1-4　整流滤波电路装配图

(4)焊接完成后，检查电路是否存在虚焊、短路等故障，并做好相关记录。
_____
_____
_____
_____

4. 调试整流滤波电路

1)调试前准备

请根据如图 2-1-3 所示电路，完成以下问题：

(1)简单描述当断开电路中的 SW$_1$ 时，电路的工作原理。
_____
_____
_____
_____

(2)简单描述当闭合电路中的 SW$_1$、SW$_2$ 时，电路的工作原理。
_____
_____
_____
_____

(3)当断开 SW$_1$、闭合 SW$_2$ 时，设变压器的次级输出电压有效值为 U_2，列出输出电压 U_0 与 U_2 的关系。
_____
_____
_____
_____

(4)当闭合 SW$_1$ 和 SW$_2$ 时，设变压器的次级输出电压有效值为 U_2，列出输出电压 U_0 与 U_2 的关系。
_____
_____
_____
_____

2）调试整流滤波电路

步骤一　接通 220 V 交流电源，把变压器的输出端接至整流滤波电路的输入端。

提示：变压器的主要参数为 220 V/12 V。

步骤二　闭合开关 SW_1、SW_2，当红色 LED 正常发亮时，说明电路工作正常，否则电路工作不正常，需进一步排除电路的故障。

> **小贴士**
>
> 　　如电路中的某个整流二极管接反或开路将会导致输出电压不足或只有一半，此时纠正二极管接法便可排除故障。

3）用万用表测量电路的输出电压

当闭合 SW_2、断开 SW_1 时，输出电压 U_O 为_____ V。

当闭合 SW_1 和 SW_2 时，输出电压 U_O 为_____ V。

4）总结

试比较电路输出电压的理论值和实际测量值，并记录在调试电路的过程中所遇到的问题及解决方法。

_____
_____
_____
_____
_____

相关知识

一、变压器

变压器是一种电感器，利用电磁感应的原理来改变交流电压，它由初级线圈、次级线圈和铁芯（磁芯）组成，主要用于电压变换、电流变换、隔离等设备中。

1. 电源变压器的选用

在通常情况下，要根据所接负载需要的功率、电压、电流等实际情况进行电源变压器的选择，电源变压器的主要参数有输出功率和输出电压等。

2. 电源变压器的检测

当变压器出现故障时的主要体现为开路、短路或线圈阻值变小等，在检测变压器的质量时可通过万用表的"$R×1$"挡，分别测量变压器初级和次级线圈的阻值。一次绕组的阻值为几十欧到几百欧，二次绕组的阻值为几欧到几十欧，由于变压器功率越大，使用的导线越粗，因此它的阻值就越小，反之，阻值就越大。在断开与其他元件连接的情况下，若测

得线圈的阻值为零或无穷大,则说明线圈已短路或开路。如阻值变小,则说明有部分线圈短路。

二、二极管

1. 二极管的结构和特性

1)二极管的结构和符号

半导体二极管又称晶体二极管,简称二极管(Diode)。在半导体二极管内部有一个PN结和两个引线端子,外部用塑料、玻璃或金属等材料作为管壳封装而成。从P区引出的电极称为正极(阳极),从N区引出的电极称为负极(阴极)。在电路中常用V、VD或D来表示。其结构、电路符号以及常见外形如图2-1-5和图2-1-6所示。

图 2-1-5 二极管的结构与电路符号
(a)结构;(b)电路符号

图 2-1-6 常见的二极管外形
(a)整流二极管1N4001;(b)开关二极管1N4148;(c)发光二极管

2)二极管的单向导电性

二极管的主要特性就是单向导电性,当给它正向电压时就导通,反之则截止。

(1)正向导通。当PN结加上正向电压,即P区接电源正极,N区接电源负极时,PN结处于导通状态,灯泡H有电流通过,被点亮,如图2-1-7所示。

图 2-1-7 二极管接正向电压

(2)反向截止。当PN结加上反向电压,即P区接电源负极,N区接电源正极时,PN结处于截止状态,灯泡H无电流通过,不能被点亮,如图2-1-8所示。

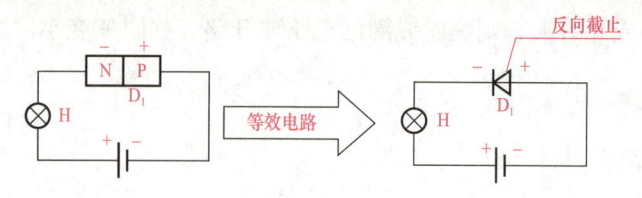

图 2-1-8　二极管接反向电压

3）二极管的伏安特性

加在二极管两端的电压和通过二极管的电流之间的关系称为二极管的伏安特性。

（1）正向特性。从图 2-1-9 可以看出，当二极管加正向电压时，存在一个"死区"，对于硅二极管，其范围为 0～0.5 V；对于锗二极管，其范围为 0～0.2 V。只有在正向电压超过 0.5 V（锗二极管为 0.2 V）时，二极管才能进入导通状态。使二极管开始导通的临界电压称为开启电压。二极管导通后，通过的电流与两端电压之间呈非线性关系。

（2）反向特性。从图 2-1-9 可以看出，当二极管加反向电压时，反向电流很小，而且基本不随电压大小变化，这一电流称为二极管的反向饱和电流。当反向电压增加到某一值时，反向电流急剧增大，这种现象称为反向击穿，所对应的电压称之为反向击穿电压。锗二极管的反向饱和电流及反向击穿电压与硅二极管略有不同。

2. 二极管的分类和主要参数

（1）二极管的分类及用途。二极管的种类繁多，一般情况下，二极管按材料可分为：锗二极管、硅二极管；按外壳封装可分为：玻璃封装二极管、塑料封装二极管、金属封装二极管；按用途可分为：整流二极管、开关二极管、稳压二极管、发光二极管、检波二极管和光电二极管等，它们的用途如表 2-1-2 所示。

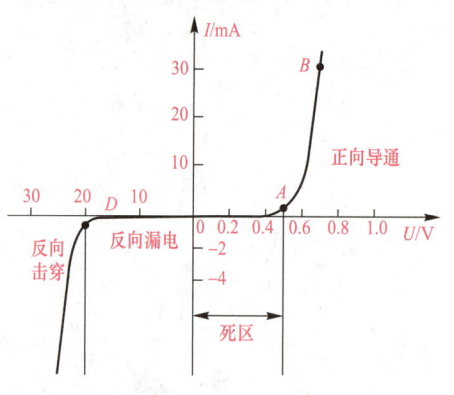

图 2-1-9　二极管的伏安特性曲线（硅管）

表 2-1-2　部分二极管的用途

名称	外形特征	电路符号	主要特性说明	一般用途
整流二极管	采用塑封结构	▶┤	工作电流比普通二极管大，1N 系列塑封整流二极管的 $I_F \geqslant 1$ A	整流电路
发光二极管	一般采用玻璃塑封结构	▶┤	导通电压范围较大，为 1.5～2.5 V，当加反向电压时，二极管截止不发光。通常情况下，当二极管工作电流增大时，其发光亮度增大	用于电源指示等

（2）二极管的主要参数，如表 2-1-3 和表 2-1-4 所示。

表 2-1-3　二极管的主要参数

参数	符号	说明
最大整流电流	I_{FM}	二极管在正常使用时允许通过的最大电流。使用时，不允许超过此值，否则将会烧坏二极管
反向饱和电流	I_R	给二极管加反向偏置电压的情况下，通过二极管的反向电流，此电流值越小，表明二极管的单向导电性能越好
最大反向工作电压	U_{RM}	二极管正常工作时所能承受的最大反向电压的值，使用二极管时不允许超过此值
最高工作频率	f_{RM}	二极管工作的上限频率，当实际工作频率高于最高工作频率时将导致二极管来不及关断，此时的二极管将等效为一个电容，大小为该二极管的势垒电容与扩散电容之和。因为电容的特性是通交隔直，所以超过最高工作频率的二极管相当于一直导通，从而失去单向导电的特性

表 2-1-4　普通整流二极管的参数

型号	最高反向工作电压/V	最大整流电流/A	最大峰值浪涌电流/A	最大反向漏电流/A	正向压降/V
1N4001	50	1	30	5	1
1N4002	100	1	30	5	1
1N4003	200	1	30	5	1
1N4004	400	1	30	5	1
1N4005	600	1	30	5	1
1N4006	800	1	30	5	1
1N4007	1 000	1	30	5	1
1N5391	50	1.5	50	5	1.5
1N5392	100	1.5	50	5	1.5
1N5393	200	1.5	50	5	1.5
1N5398	800	1.5	50	5	1.5
1N5399	1 000	1.5	50	5	1.5
1N5401	50	3	200	5	1
1N5402	100	3	200	5	1
1N5403	150	3	200	5	1
1N5404	200	3	200	5	1

3. 二极管的识别与检测

1）二极管极性的表示方法

通常情况下，标记二极管的极性有以下几种方法：

(1)在二极管的负极用一条色带标志，如整流二极管，如图 2-1-10(a)所示。

(2)发光二极管的外形结构如图 2-1-10(b)所示，其中，引脚较长的为正极，引脚较短的为负极，即长正短负。也可通过发光二极管的内部结构去判断，面积较小的为正极，较大的为负极。

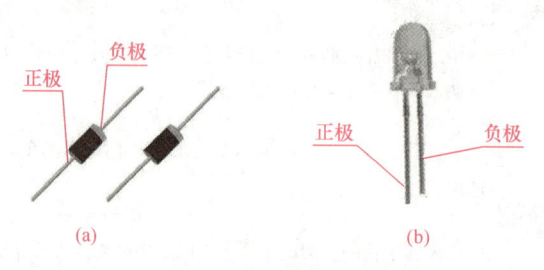

图 2-1-10 二极管极性的表示方法
(a)整流二极管；(b)发光二极管

2)用万用表检测二极管质量的方法

(1)数字式万用表测量法。

把数字式万用表的量程调到二极管挡位，红表笔接二极管的正极，黑表笔接二极管的负极，这时显示的是二极管的正向压降，若是硅管，则显示范围为 0.5～0.7 V；若是锗管，则显示范围为 0.15～0.3 V；如显示 0，则表示二极管短路；显示 1，则表示二极管开路。

(2)指针式万用表测量法。

步骤一　先将万用表量程置于"$R \times 100$"或"$R \times 1k$"挡。

步骤二　测量二极管的正向电阻，测量方法如图 2-1-11 所示。

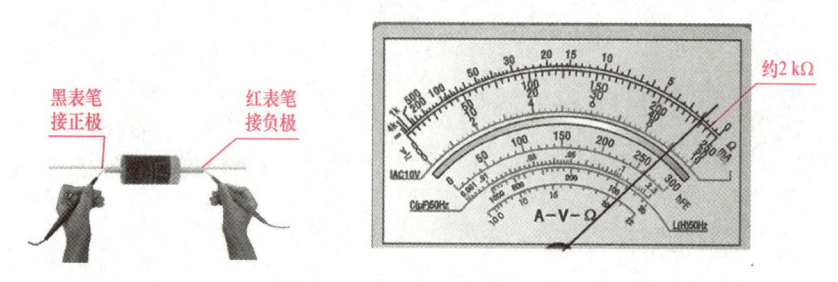

图 2-1-11　测量二极管正向电阻

步骤三　测量二极管的反向电阻，测量方法如图 2-1-12 所示。

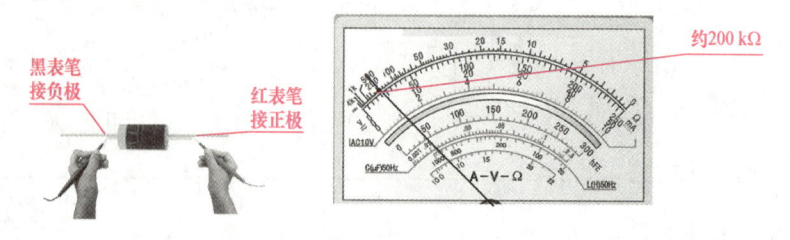

图 2-1-12　测量二极管反向电阻

> **小贴士**
> 由于二极管为非线性元件，所以用万用表的"$R\times 100$"或"$R\times 1k$"挡进行测量时，所测数据也不一样。

4. 二极管的相关整流电路

1）半波整流电路

整流二极管是一种将交流电转变为脉动直流电的半导体器件，常用的型号有1N4001、1N4002、1N4007等。半波整流电路是一种最简单的整流电路，如图2-1-13所示。电路主要由电源变压器TR、整流二极管D_1和负载电阻R_L组成。

变压器次级电压u_2是一个方向和大小都随时间变化的正弦波电压，它的波形如图2-1-14所示。在$0\sim t_1$时间内，u_2为正半周，变压器上端为正、下端为负，此时二极管加正向电压而导通，u_2通过二极管D_1加在负载电阻R_L上；在$t_1\sim t_2$时间内，u_2为负半周，变压器次级下端为正、上端为负，二极管D_1加反向电压不导通，R_L上无电压。其他周期如此类推，交流电的负半周就被"削"掉，只有正半周通过R_L，在R_L上仅获得一个单一方向的电压，其负载上的电压u_{R_L}的最大值$u_{R_L}=0.45U_2$（U_2为u_2的有效值），从而达到了整流的目的，但是负载电压u_{R_L}，以及负载电流的大小还随时间变化而变化，因此，通常称它为脉动直流。

图2-1-13 半波整流电路　　图2-1-14 半波整流波形

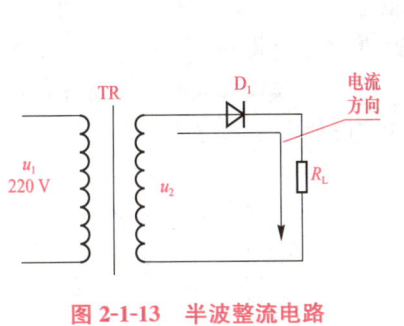

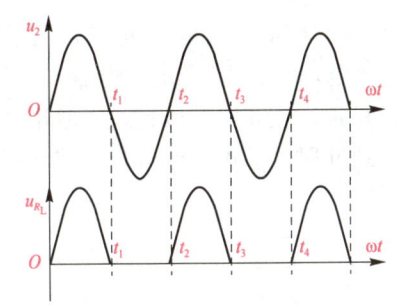

2）桥式整流电路

桥式整流电路如图2-1-15所示，是使用最多的一种整流电路。这种电路，将二极管连接成桥式结构，具有全波整流电路的优点，同时在一定程度上克服了半波整流电路的缺点。桥式整流电路的工作原理如下：

在u_2的正半周（$0\sim t_1$），对D_1、D_3加正向电压，D_1、D_3导通；对D_2、D_4加反向电压，D_2、D_4截止。电路由D_1、R_L、D_3构成回路，在R_L上形成上正下负的半波整流电压。在u_2的负半周（$t_1\sim t_2$），对D_2、D_4加正向电压，D_2、D_4导通，对D_1、D_3加反向电压，D_1、D_3截止。电路由D_2、R_L、D_4构成回路，同样在R_L上形成上正下负的半波整流电压，负载上的电压最大值为$U_{R_L}=0.9U_2$（U_2为u_2的有效值），桥式整流电路的波形及其工作过程如图2-1-16和图2-1-17所示。

图 2-1-15　桥式整流电路

图 2-1-16　桥式整流电路的波形

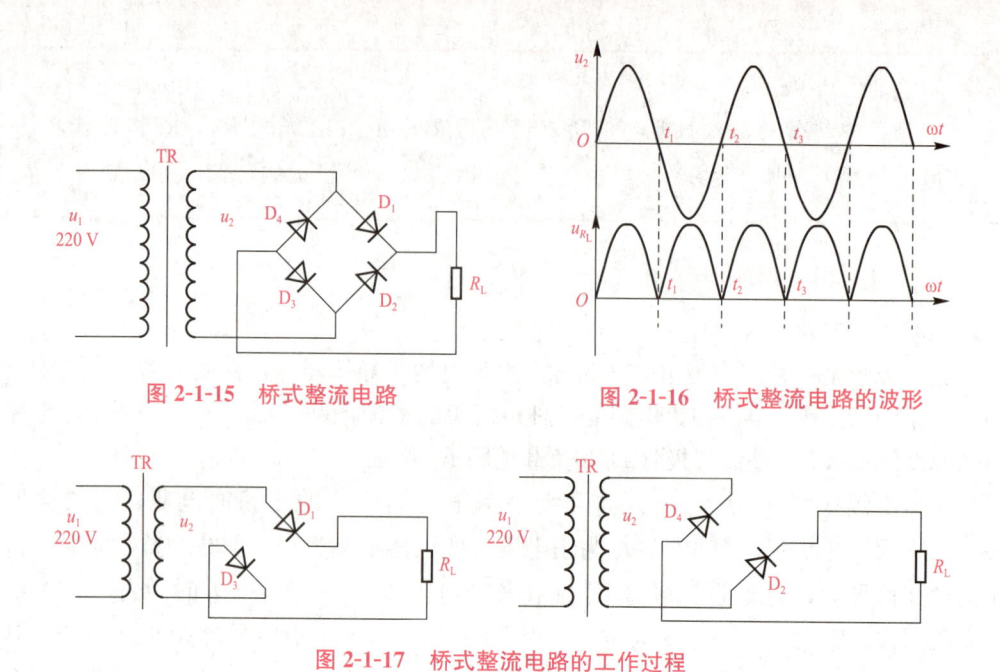

图 2-1-17　桥式整流电路的工作过程

3）桥式整流电容滤波电路

（1）电路工作原理。接通电源前，电容 C_2 两端的电压为零，当接通电源后，二极管 D_1、D_3 导通，D_2、D_4 截止，电容 C_2 快速充电，电容 C_2 两端的电压随着 u_2 的增大而升高，并达到 u_2 的峰值。当输入电压 u_2 下降到低于电容两端电压时，D_1、D_3 截止，电容 C_2 通过 R_L 放电，u_{R_L} 下降。由于电容 C_2 放电速度比充电慢得多，故 u_{R_L} 下降比较慢。当下半周期到来时，且输入电压超过电容电压时，D_2、D_4 导通，D_1、D_3 截止，电容又重复充电和放电的过程。桥式整流电容滤波电路及其波形如图 2-1-18 所示。

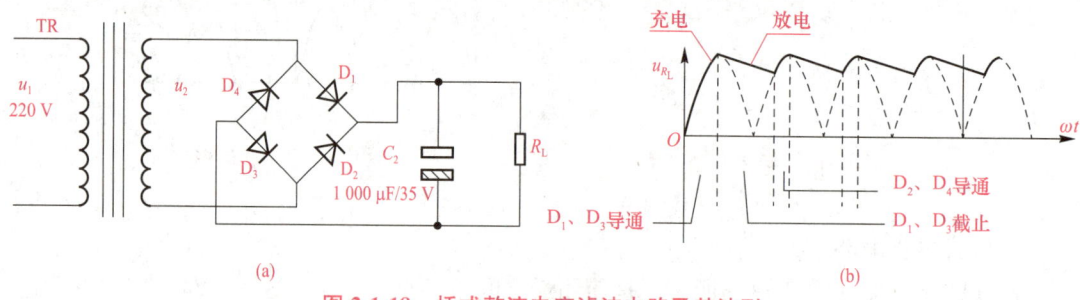

图 2-1-18　桥式整流电容滤波电路及其波形
（a）电路；（b）波形

（2）电压和电流的估算，如表 2-1-5 所示。

表 2-1-5　电压和电流的估算

整流形式	输入交流电压 (U_2 为有效值)	整流电容滤波电路的输出电压 负载开路	整流电容滤波电路的输出电压 带负载	整流元件的电压和电流 最大反向电压	整流元件的电压和电流 电流
桥式整流电容滤波	$\sqrt{2}U_2$	$\sqrt{2}U_2$	$1.2U_2$	$\sqrt{2}U_2$	$0.5I_{R_L}$

(3)滤波电容的选择。滤波电容一般应该满足$R_LC(3\sim5)\geqslant T$（T为脉动电压的周期），可以根据表2-1-6所示的负载电流大小进行选择。

表2-1-6　滤波电容的选择

负载电流	1 A 左右	0.5 A 左右	100 mA 以下
滤波电容	2 000 μF	1 000 μF	500 μF

> **小贴士**
>
> 电容的参数选择要注意两个方面，一是电容量的大小，二是额定耐压的大小。仅从滤波效果来看，电容越大，滤波效果越好，输出电压越高，但可能引起浪涌电流过大而损坏整流二极管。

5. 整流元件的选择和应用

选用整流二极管时，重点考虑其最大整流电流、最大反向工作电流、最高工作频率及反向恢复时间等参数。

在普通稳压电源电路中使用的整流二极管，只要按照电路的要求选择最大整流电流和最大反向工作电压符合要求的整流二极管（如1N系列）即可，最高工作频率及反向恢复时间可不考虑。

在开关稳压电源的整流电路中使用的整流二极管，要选用工作频率较高、反向恢复时间较短的整流二极管，可以使用高效快速恢复二极管、高效超快速恢复二极管（SRD）和肖特基势垒整流二极管（如V系列和1SR系列）。

6. 发光二极管

1）发光二极管的主要参数和分类

（1）极限参数的意义。

①允许功耗P_M：允许加在发光二极管两端的正向电压与流过它的电流之积的最大值。若超过此值，则会导致发光二极管发热、损坏。

②最大正向电流I_{FM}：允许加在发光二极管两端的最大的正向电流。超过此值，发光二极管可能被击穿而导致损坏。

③最大反向电压U_{RM}：允许加在发光二极管两端的最大反向电压。超过此值，发光二极管可能被击穿而导致损坏。

（2）发光二极管的分类

①按发光二极管发光颜色进行分类。

按发光管发光颜色可分成红色、橙色、绿色（又细分为黄绿、标准绿和纯绿）、蓝色等。另外，有的发光二极管中包含两种或3种颜色的芯片。

②按发光二极管出光面特征进行分类。

圆形灯按直径可分为ϕ2 mm、ϕ3 mm、ϕ4.4 mm、ϕ5 mm、ϕ8 mm、ϕ10 mm及ϕ20 mm等。

③按发光强度和工作电流进行分类。

按发光强度和工作电流可分为普通亮度的发光二极管(发光强度＜10 mcd);高亮度的发光二极管(发光强度在 10～100 mcd);超高亮度的发光二极管(发光强度＞100 mcd)。

一般发光二极管的工作电流在十几毫安至几十毫安,而低电流发光二极管的工作电流在 2 mA 以下(亮度与普通发光二极管相同)。

由于发光二极管具有最大正向电流 I_{FM}、最大反向电压 U_{RM} 的限制,使用时,应保证不超过此值。为安全起见,实际电流 I_F 应在 $0.6I_{FM}$ 以下,应让可能出现的反向电压 U_R＜$0.6U_{RM}$。

超高亮度发光二极管有 3 种颜色,然而 3 种发光二极管的压降都不相同。其中红色的压降为 2.0～2.2 V,黄色的压降为 1.8～2.0 V,绿色的压降为 3.0～3.2 V,正常发光时的额定电流均为 20 mA,白色发光二极管的正向压降与其他发光二极管的正向压降不同,白色发光二极管的正向压降为 3.5 V 左右,需要正向工作电流≥15 mA 时,才能使其正常发光。

2) 发光二极管限流电阻的计算方法

(1) 普通的红色发光二极管正向压降 U_{LED} 约为 2 V,电流可设为 10～20 mA。

(2) 根据限流电阻 R 的计算公式 $R=(U-U_{LED})/I_F$(其中 U 为电压,U_{LED} 为发光二极管的正向压降),当 $U=5$ V、$I_F=15$ mA 时,可计算出 $R=200$ Ω。

发光二极管实物、电阻实物与应用电路如图 2-1-19 所示。

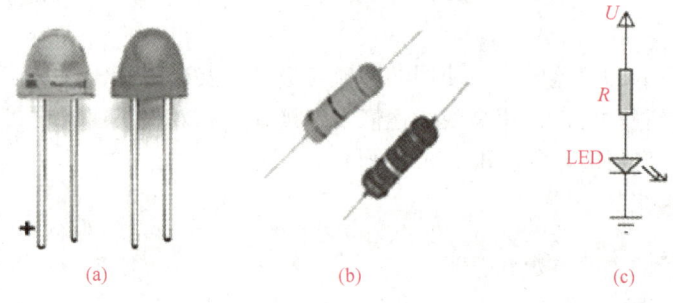

图 2-1-19 发光二极管实物、电阻实物与应用电路
(a)发光二极管实物;(b)电阻实物;(c)应用电路

➡ 三、电容器

1. 电容器的主要参数与标注方法

1) 容量

电容器储存电荷的能力称为电容量,简称容量。电容器的容量基本单位是法拉(简称法),用 F 表示,法这一单位太大不常用,常用单位为微法(μF)、纳法(nF)和皮法(pF)。其单位之间的换算关系如下:

$$1 \text{ F} = 10^3 \text{ mF} = 10^6 \text{ μF} = 10^9 \text{ nF} = 10^{12} \text{ pF}$$

2) 标称容量和允许误差

电容器的外壳表面上标出的电容量值,称为电容器的标称容量。标称容量也分许多系

列，常用的是 E6、E12 和 E24，这 3 个系列的设置方式与电阻器相同。

3)额定电压(耐压)

额定电压是指在规定温度范围内，可以连续加在电容器上而不损坏电容器的最大直流电压或交流电压的有效值，又称耐压。如果电路故障造成加在电容器上的工作电压大于额定电压时，则电容器将被击穿。常用的固定电容器工作电压有 10 V、16 V、25 V、50 V、100 V 和 2 500 V 等。

4)电容容量的标注方法

(1)直接标注法，如图 2-1-20 所示。

(2)数码标注法。一般用 3 位数字表示电容容量的大小，其单位为 pF。其中第一、第二位为有效数字，第三位表示倍乘数，即表示有效值后"0"的个数，如图 2-1-21 所示。

图 2-1-20 电容容量直接标注法

图 2-1-21 电容容量数码标注法

5)电容器的简易检测

电容器的常见故障有击穿短路、断路、漏电或电容量变化等。可以用指针式万用表来判别电容器的好坏。

2. 固定电容器的检测方法

用指针式万用表的电阻挡，通过测量电容器的电阻，根据指针摆动的情况判断其质量。

(1)检测容量较小的电容器时，可选用万用表的"$R\times 10k$"挡，用两表笔任意接触电容器的两引脚。正常情况下，阻值应为无穷大；若测得的阻值小或为零，则说明电容器漏电或短路。

(2)检测电解电容器的具体方法。

①针对不同容量的电解电容器选用合适的量程。一般情况下，1~47 μF 之间的电解电容器可选用"$R\times 1k$"挡；47~1 000 μF 之间的电解电容器可选用"$R\times 100$"挡。

②将万用表红表笔接负极，黑表笔接正极。在刚接触的瞬间，万用表指针即向右偏转较大幅度，然后逐渐向左回转，直到停在某一位置，说明该电容能正常使用，此时的阻值便为电解电容器的正向电阻，此值越大，说明漏电电流越小，电容器性能越好。

> **小贴士**
>
> 在使用中，必须要注意电解电容器的极性，在电路中一定要正确安装，否则可能引起电解电容器击穿或爆炸。

● **拓展知识**

一、变容二极管

变容二极管的电路符号如图 2-1-22 所示，变容二极管属于反偏压二极管，改变其 PN 结上的反向偏压，即可改变 PN 结电容量。反向偏压越高，结电容越小，反向偏压与结电容之间的关系是非线性的。

1. 变容二极管的特性参数

（1）最高反向工作电压 U_{RM}：是指加在变容二极管两端的反向电压的最大值。

图 2-1-22 变容二极管的电路符号

（2）反向击穿电压 U_B：在施加反向电压的情况下，使变容二极管击穿的电压。

（3）结电容 C：是指在一特定的反偏压下，变容二极管内部 PN 结的电容。

（4）结电容变化范围：在工作电压范围内结电容的变化范围。

（5）电容比：是指结电容变化范围内的最大电容与最小电容之比。

（6）Q 值：是变容二极管的品质因数，反映了对回路能量的损耗。

2. 变容二极管的应用领域

变容二极管主要用于调谐、限幅、开关、倍频等电路，如目前在电视机内大量使用的电子调谐器中就使用了变容二极管。变容二极管还可解决具有较高故障率的收音机调谐问题。

二、数码管

数码管是一种半导体发光器件，数码管可分为七段数码管和八段数码管，区别在于八段数码管比七段数码管多一个用于显示小数点的发光二极管单元 DP（Decimal Point），其基本单元是发光二极管。

1. 单位、双位数码管的外部结构

单位、双位数码管的外部结构如图 2-1-23 所示。

(a)　　　　(b)　　　　(c)　　　　(d)

图 2-1-23 数码管外部结构
(a)LDS-3161AH-B；(b)LDS-3191BK-B；(c)LDS-5261AK-B；(d)LDS-8201BH-B

42

2. 单位数码管的内部结构

数码管按照极性可分为共阳极数码管和共阴极数码管。

单位共阳极数码管的内部结构如图 2-1-24 所示。

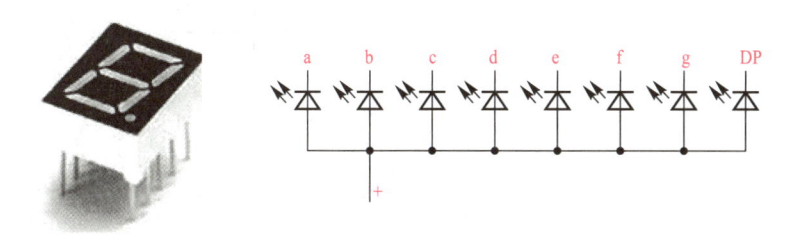

图 2-1-24　单位共阳极数码管的内部结构

单位共阴极数码管的内部结构如图 2-1-25 所示。

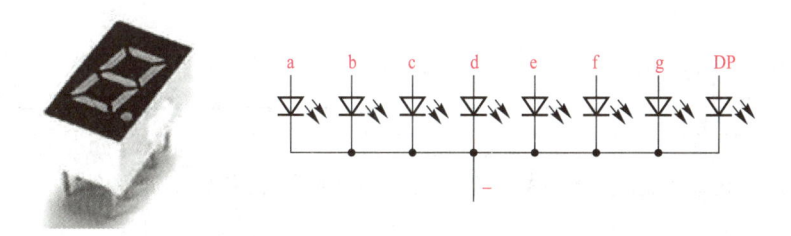

图 2-1-25　单位共阴极数码管的内部结构

4 位共阳极数码管的内部结构如图 2-1-26 所示。

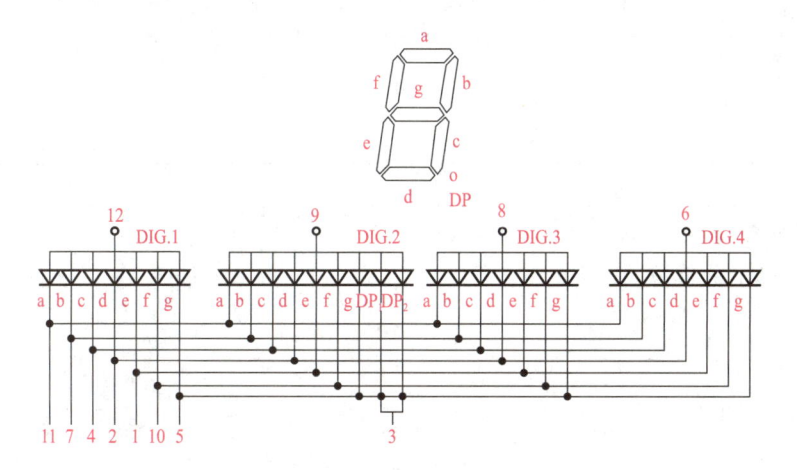

图 2-1-26　4 位共阳极数码管的内部结构

3. 数码管型号的意义

数码管型号的意义，如图 2-1-27 所示。

```
LDS 3 1 0 2 AR
```

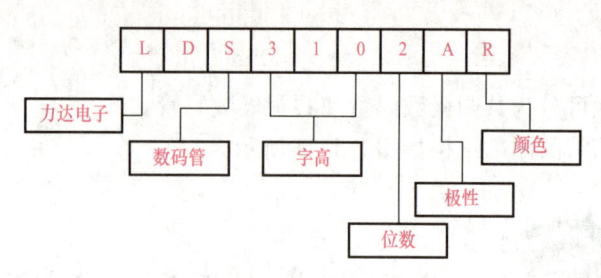

图 2-1-27　数码管型号的意义

> **小贴士**
> 极性：共阴 A、C、E………；共阳 B、D、F…………
> 颜色：E 表示普红，H 表示高红，S 表示超高，R 表示红色，B 表示蓝色………

成果展示与评价

由小组推荐代表就任务的完成情况作必要的介绍、成果展示和总结，然后以组为单位进行评价。

1. 小组成果展示方案

_____
_____
_____

2. 小组工作总结

_____
_____
_____

3. 学习任务评价

完成表 2-1-7 的填写。

表 2-1-7　任务评价评分表

评价项目	项目内容	评分标准	分值	自我评价(20%)	小组评价(30%)	教师评价(50%)
实操技能	元件检测	按要求对所有元件进行识别与检测	10			
	硬件电路制作	电路板测试成功	10			
	电路调试	能按要求调试电路	30			
工艺	元件布局	布局合理、美观	5			
	焊点	无虚焊、连锡、起刺	5			

续表

评价项目	项目内容	评分标准	分值	自我评价(20%)	小组评价(30%)	教师评价(50%)
安全文明操作	操作是否符合安全操作规程	每一处错扣1分，发生短路得0分	10			
学习态度	参与度	小组成员积极参与总结活动	10			
	团队合作	小组成员分工明确、合理、团队意识较强	10			
	汇报表现	总结汇报简明扼要、重点突出、表达流利、思路清晰	10			
学生姓名			小计			
评价教师			总分			

任务2-2　并联型直流稳压电源

任务要求及实施

一、任务要求

用12 V交流电源变压器、整流二极管、电解电容、发光二极管和稳压二极管等元件在PCB板上安装和调试并联型直流稳压电源，使电源输出为12 V的稳定直流电压。

二、任务实施

1. 引导问题

并联型直流稳压电源由整流滤波电路输出平滑的直流电压，在12 V稳压二极管的作用下，使输出电压基本保持在12 V左右，从而为负载提供稳定电压。

下面通过几个问题来认识并联型直流稳压电源的组成。

(1)观察如图2-2-1所示电路，写出并联型直流稳压电源由哪些元件组成：

_____、_____、_____、_____、
_____、_____、_____、_____。

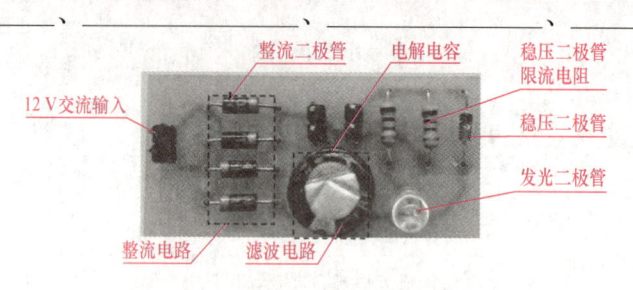

图 2-2-1　并联型直流稳压电源的实物

(2)根据任务要求,并结合如下选项,绘制并联型直流稳压电源电路的方框图。
①220 V交流输入；②稳压电路；③整流滤波电路；④负载；⑤电源变压器。

2. 分析并联型直流稳压电源的原理

观察如图 2-2-2 所示的并联型直流稳压电源电路,完成以下问题。

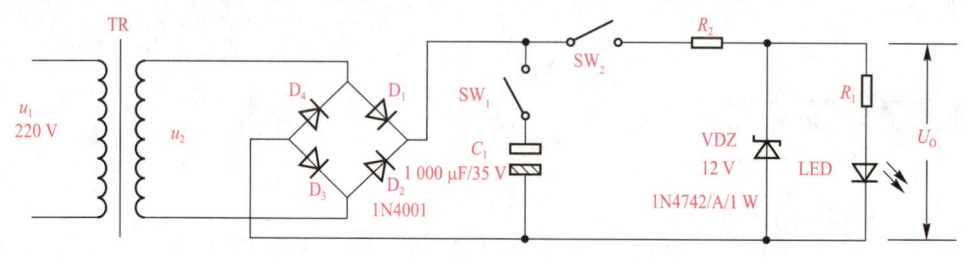

图 2-2-2　并联型直流稳压电源电路

(1)并联型直流稳压电源电路主要由哪些元件组成？说明其在电路中的主要作用(写出各元件名称和参数)。

元件编号：_____,名称：_____,型号或参数：_____,作用：_____。
元件编号：_____,名称：_____,型号或参数：_____,作用：_____。
元件编号：_____,名称：_____,型号或参数：_____,作用：_____。
元件编号：_____,名称：_____,型号或参数：_____,作用：_____。
元件编号：_____,名称：_____,型号或参数：_____,作用：_____。
元件编号：_____,名称：_____,型号或参数：_____,作用：_____。

(2)并联型直流稳压电源电路中的元件 VDZ 通常工作在_____区,从而使电路输出 12 V 的稳定电压,其共有_____个极,分别是_____极和_____极。

(3)稳压电源电路中的电阻 R_2 的作用是_____，其阻值大小为_____。

(4)在下列横线上写出电阻 R_2 的计算方法，其中稳压二极管的型号为 1N4742/A/1 W，最小工作电流为 0.5 mA。

_____
_____
_____
_____

(5)请根据如图 2-2-2 所示的电路，简单描述稳压电路的工作过程。

_____
_____
_____
_____

3. 组装并联型直流稳压电源

(1)参照图 2-2-1，列出所需的材料清单并填入表 2-2-1 中。

表 2-2-1　组装并联型直流稳压电源的材料清单

序号	名称	规格	数量/个	序号	名称	规格	数量/个
1				7			
2				8			
3				9			
4				10			
5				11			
6				12			

其他材料和工具：

_____
_____

(2)主要元件的识别与检测。

①整流二极管。

电路符号：_____

正、负极判断方法：_____

质量检测方法：_____

②发光二极管。

电路符号：_____

正、负极判断方法：_____

质量检测方法：_____

47

③稳压二极管。

电路符号：_____

正、负极判断方法：_____

质量检测方法：_____

④电解电容。

电路符号：_____

读数值：_____

正、负极判断方法：_____

质量检测方法：_____

⑤电阻。

电路符号：_____

读数值：_____

质量检测方法：_____

测量值：_____

(3)参照如图 2-2-3 所示的装配图和如图 2-2-2 所示的电路，在 PCB 板上组装稳压电源（在任务 2—1 中完成的 PCB 板上加装电阻 R_2 和稳压二极管 VDZ 即可）。

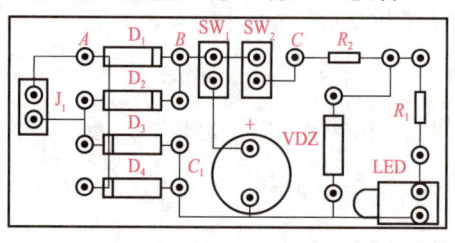

图 2-2-3　并联型直流稳压电源的电路装配图

(4)焊接完成后，检查电路是否存在虚焊、短路等故障，并做好相关记录。

_____
_____
_____

> **小贴士**
> 稳压二极管接必须反向并联在负载 R_L 两端，否则不起稳压作用。

4. 调试并联型直流稳压电源电路

(1)调试稳压电源电路。

①接通电源，短接 SW_1 和 SW_2，当 LED 能正常发亮时，用万用表测量输出电压 U_O。

_____
_____
_____

②接通电源，断开 SW$_1$ 及 SW$_2$，用示波器观测 A 点和 B 点的波形，并记录在表 2-2-2 和表 2-2-3 中。

表 2-2-2　A 点波形记录表

记录 A 点波形	示波器读数		
	时间挡位	周期读数	峰峰值
	幅度挡位		

表 2-2-3　B 点波形记录表

记录 B 点波形	示波器读数		
	时间挡位	周期读数	峰峰值
	幅度挡位		

③接通电源，短接 SW$_1$ 并断开 SW$_2$，用示波器观测 C 点的波形，并记录在表 2-2-4 中。

表 2-2-4　C 点波形记录表

记录 C 点波形	示波器读数		
	时间挡位	周期读数	峰峰值
	幅度挡位		

(2)记录在调试电路的过程中所遇到的问题及解决方法。

● 相关知识

➡ 一、稳压二极管

1. 稳压二极管的工作特性

稳压二极管(Zener diode)又称齐纳二极管，简称稳压管，在电路中能起稳定电压的作用，可用"VDZ"表示，其外形和电路符号，如图 2-2-4 所示。

稳压二极管的正向特性与普通的硅二极管相同，只是它的反向击穿特性显得更为陡直，它通常工作在反向击穿区，由于采用特殊工艺制造，因此其工作在反向击穿状态下都不会损坏。从图 2-2-5 所示的伏安特性曲线可以看出稳压二极管的稳压特性，当稳压二极管加反向工作电压时，如果通过稳压二极管的反向电流在一定范围内变化时($I_{Zmin} \sim I_{Zmax}$)，稳压二极管两端的反向电压则基本保持不变；如果反向电流超过一定值，则稳压二极管可能会损坏。因此，在电路中必须串联一个限流电阻。

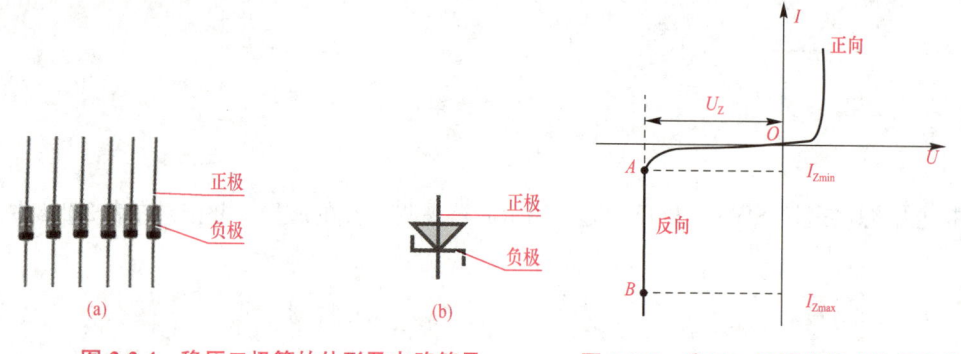

图 2-2-4 稳压二极管的外形及电路符号
(a)稳压二极管的外形；(b)稳压二极管的电路符号

图 2-2-5 稳压二极管的伏安特性曲线

2. 稳压二极管的主要参数与检测方法

(1)主要参数。

①稳定电压 U_Z。U_Z 就是 PN 结的反向击穿电压，它随工作电流和温度的不同而略有变化。

②稳定电流 I_Z。I_Z 是指稳压二极管工作在稳定电压下的电流。它通常有一定的范围，即 $I_{Zmin} \sim I_{Zmax}$。

③动态电阻 r_Z。r_Z 是指稳压管两端电压变化量 ΔU_Z 与通过的电流变化量 ΔI_Z 之比，这个数值随工作电流的不同而改变。通常工作电流越大，动态电阻越小，稳压性能就越好。

$$r_Z = \frac{\Delta U_Z}{\Delta I_Z}$$

④额定功率 P_Z。稳压二极管的稳定电压 U_Z 与最大稳定电流 I_{Zmax} 的乘积，称为稳压二极管的额定功率。在使用中若超过这个数值，稳压二极管则会被烧毁。

⑤常用的稳压二极管参数，如表 2-2-5 所示。

表 2-2-5　常用的稳压二极管参数

型　号	额定功率/W	额定电压/V	最大稳定电流/mA	可代换型号
1N720	0.25	18	13	2CW20B、2CW64/B、2CW64-18
1N721	0.25	20	12	2CW65-20、2DW12I、BWA65
1N722	0.25	22	11	2CW20C、2DW12J
1N723	0.25	24	10	WCW116、2DW13A
1N724	0.25	27	9	2CW20D、2CW68、BWA68/D
1N962	0.50	9.5～11	45	2CW137
1N963	0.50	11～11.5	40	2CW138、HZ12A-2
1N4734/A	1	5.6	162	2CW103-5V6
1N4735/A	1	6.2	146	1W6V2、2CW104-6V2
1N4736/A	1	6.8	138	1W6V8、2CW104-6V8
1N4737/A	1	7.5	121	1W7V5、2CW105-7V5
1N4738/A	1	8.2	110	1W8V2、2CW106-8V2
1N4739/A	1	9.1	100	1W9V1、2CW107-9V1
1N4740/A	1	10	91	2CW286-10V、B563-10
1N4741/A	1	11	83	2CW109-11V、2DW6
1N4742/A	1	12	76	2CW110-12V、2DW6A
1N4743/A	1	13	69	2CW111-13V、2DW6B、BWC114D
1N4744/A	1	15	57	2CW112-15V、2DW6D
1N4745/A	1	16	51	2CW112-16V、2DW6E
1N4746/A	1	18	50	2CW113-18V、1W18V
1N4747/A	1	20	45	2CW114-20V、BWC115E
1N4748/A	1	22	41	2CW115-22V、1W22V
1N4749/A	1	24	38	2CW116-24V、1W24V
1N4750/A	1	27	34	2CW117-27V、1W27V
1N4751/A	1	30	30	2CW118-30V、1W30V、2DW19F
1N4752/A	1	33	27	2CW119-33V、1W33V
1N4753	0.5	36	13	2CW120-36V、1/2W36V

(2)稳压二极管的检测方法(正、反向电阻检测法)。

把指针式万用表置于"$R \times 1k$"挡位，测量正向电阻时，黑表笔接稳压二极管的正极，红表笔接稳压二极管的负极；测量反向电阻时，两表笔的接法正好相反。正常情况下，稳压二极管的正向电阻为几千欧，反向电阻为几百千欧。

(3)并联型直流稳压电源的电路特点。

并联型直流稳压电源的电路(见图 2-2-6)结构简单、成本低，但输出电流较小、带负

51

载能力差、输出电压不可调、稳压性能差，一般在要求不高的产品中使用。

3. 稳压二极管在电路中的工作原理

当输入电压U_1升高或负载R_L阻值变大时，将导致输出电压U_O增大，稳压二极管的反向电压U_Z也随之上升，从而引起流过稳压管的电流I_Z急剧加大，流过R_S的电流亦增加，导致R_S两端电压升高，从而抵消了输出电压U_O的波动，其稳压过程如图2-2-7所示。反之，如果输入电压U_1降低或负载R_L阻值变小时，输出电压U_O也基本保持不变。

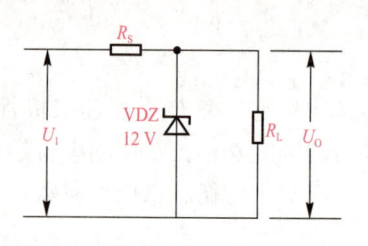

图2-2-6　并联型直流稳压电源电路

U_1升高或R_L变大 → U_O升高 → I_Z变大 → I_{R_S}变大 → U_{R_S}升高 → U_O不变

图2-2-7　并联型直流稳压电源的稳压过程

4. 稳压二极管限流电阻的计算方法

在稳压二极管电路中串接的限流电阻要满足两个必要条件，一是要能为稳压二极管提供正常的工作电流，因为稳压二极管工作时需要保持一个最小稳定电流I_{Zmin}，当低于这个最小稳定电流时稳压二极管将起不到稳压作用；二是当输入电压升高时要能保护稳压二极管不因过流而损坏，限流电阻阻值的计算方法如下：

当$U_1=U_{Smin}$、$I_L=I_{Lmax}$（I_L为负载的电流）时，R_S取最大值，根据公式可得：

$$R_S < \frac{U_{Smin} - U_Z}{I_{Zmin} + I_{Lmax}}$$

当$U_1=U_{Smax}$、$I_L=I_{Lmin}$时（I_L为负载的电流）时，R_S取最小值，根据公式可得：

$$R_S > \frac{U_{Smax} - U_Z}{I_{Zmax} + I_{Lmin}}$$

所以限流电阻R_S的取值范围为：

$$\frac{U_{Smax} - U_Z}{I_{Zmax} + I_{Lmin}} < R_S < \frac{U_{Smin} - U_Z}{I_{Zmin} + I_{Lmax}}$$

例： 当稳压电路的输入电压的变化范围为16～18 V，负载电流变化范围为5～20 mA，而稳压二极管的稳压值$U_Z=12$ V，稳压电流$I_{Zmin}=0.5$ mA、$I_{Zmax}=76$ mA时，求限流电阻R的阻值。

根据题意可知：$U_Z=12$ V、$U_{Smax}=18$ V、$U_{Smin}=16$ V、$I_{Zmin}=0.5$ mA、$I_{Zmax}=76$ mA、$I_{Lmin}=5$ mA、$I_{Lmax}=20$ mA。

根据上面公式可得：

$$\frac{18-12}{0.076+0.005} < R_S < \frac{16-12}{0.0005+0.02}$$

$$74\ \Omega < R_S < 195\ \Omega$$

故$R=100\ \Omega$或$200\ \Omega$都可以。

二、AT7328 示波器介绍及测量步骤

AT7328示波器前操作面板如图2-2-8所示。

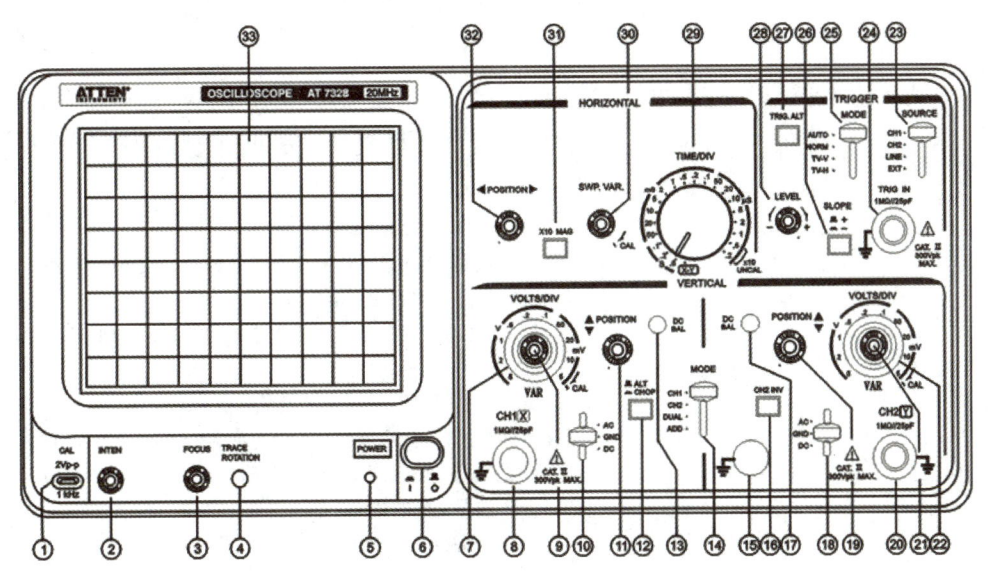

图 2-2-8　AT7328 示波器前操作面板

1. AT7328 示波器前操作面板功能

AT7328 示波器前操作面板功能，如表 2-2-6 所示。

表 2-2-6　示波器前操作面板功能表

类别	编号	按键或旋钮的功能	功能说明
垂直轴	⑧	CH1(X 轴)输入	Y_1 通道输入端，在 $X-Y$ 模式下，作为 X 轴输入端
	⑳	CH2(Y 轴)输入	Y_2 通道输入端，在 $X-Y$ 模式下，作为 Y 轴输入端
	⑩、⑱	AC-GND-DC 输入耦合选择	AC：交流耦合；GND：输入信号与放大器断开，垂直放大器输入端接地；DC：直流耦合
	⑦、㉒	垂直衰减调节	调节垂直偏转灵敏度(5 mV/div~5 V/div，共分 12 挡)
	⑨、㉑	垂直微调	微调灵敏度≥2.5 倍标示值，在校正位置时，灵敏度校正为标示值
	⑬、⑰	CH1 和 CH2 的平衡调试指示	用于衰减器的平衡调试
	⑪、⑲	垂直位置调节	调节光迹在屏幕上的垂直位置
	⑭	垂直方式选择(CH1 与 CH2 放大器的工作模式)	CH1 或 CH2：通道 CH1 或通道 CH2 单独显示；DUAL：两个通道同时显示；ADD：显示两个通道的代数和，即 CH1+CH2(若按下 CH2 INV 按钮，则为代数差，即 CH1−CH2)
	⑫	ALT/CHOP	双踪显示时，若放开此键，则表示通道 CH1 与通道 CH2 交替显示(通常用于扫描速度较快的情况下)；若此键按下，则通道 CH1 与通道 CH2 同时断续显示(通常用于扫描速度较慢的情况下)
	⑯	CH2　INV	CH2 INV：通道 CH2 的信号反向，当此键按下时，通道 CH2 的信号以及通道 CH2 的触发信号同时反向

53

续表

类　别	编　号	按键或旋钮的功能	功能说明
触发	㉔	外部触发信号输入端子	用于外部触发信号的输入。当使用该功能时，开关应设置在 EXT 位置上
	㉓、㉗	触发源选择	选择内(INT)触发或外(EXT)触发： CH1：当垂直方式选择开关⑭设定在 DUAL 或 ADD 状态时，选择通道 CH1 作为内部触发信号源； CH2：当垂直方式选择开关⑭设定在 DUAL 或 ADD 状态时，选择通道 CH2 作为内部触发信号源； TRIG ALT：当垂直方式选择开关⑭设定在 DUAL 或 ADD 状态，而且触发源选择开关㉓选在通道 CH1 或通道 CH2 上时，若按下此键，则以交替选择通道 CH1 和通道 CH2 作为内触发信号源； LINE：选择交流电源作为触发信号； EXT：外部触发信号接于㉔作为触发信号源
	㉖	极性选择	触发信号的极性选择。"＋"为上升沿触发；"－"为下降沿触发
	㉘	触发电平调节	显示一个同步稳定的波形，并设定一个波形的起始点。向"＋"旋转时触发电平向上移；向"－"旋转时触发电平向下移
	㉕	触发方式选择	选择触发方式： AUTO：自动，当没有触发信号输入时，扫描方式为自动模式； NORM：常态，当没有触发信号输入时，光迹在待触发状态(并不显示)； TV-V：电视场，适用于观察一场的电视信号； TV-H：电视行，适用于观察一行的电视信号
时基	㉙	水平扫描速度选择	扫描速度可以分为 20 挡，从 0.2 μs/div 到 0.5 s/div。当设置到 X−Y 位置时可用作 X−Y 示波器
	㉚	水平微调	微调水平扫描时间，使扫描时间被校正到与面板上的 TIME/DIV 一致。TIME/DIV 扫描速度可连续变化，顺时针旋转到底为校正位置，整个延时可达 2.5 倍甚至更大
	㉜	水平位置调节	调节光迹在屏幕上的水平位置
	㉛	扫描扩展	按下时扫描速度扩展 10 倍
其他	①	CAL	提供峰峰值为 2 V，频率为 1 kHz 的方波信号，用于校正 10∶1 探头的补偿电容器和检测示波器垂直与水平的偏转因数
	⑮	GND	示波器机箱的接地端子
	⑥	电源	主电源开关，当此开关开启时发光二极管⑤发亮
	②	亮度调节	调节光迹或亮点的亮度
	③	聚焦调节	调节光迹或亮点的清晰度
	④	轨迹旋转	半固定电位器用来调整水平轨迹与刻度线的平行
	㉝	滤色片	使波形显示效果更舒适

2. 示波器校准步骤

（1）打开电源开关，电源指示灯亮，待出现扫描线后，使用亮度、聚焦调节按钮，使扫描线清晰可见。

（2）调节轨迹旋转旋钮，使扫描线与水平刻度线平行。

（3）将输入耦合选择开关置于"GND"位置，使用水平位置或垂直位置调节旋钮，使扫描线与水平刻度线重叠，再将输入耦合选择开关置于"AC"位置。

（4）触发源选择 CH1，触发方式选择 AUTO。

（5）将通道 CH1 的探头接至校准信号输出端（校准信号：峰峰值为 2 V，频率为 1 kHz 的方波信号）。

（6）旋转触发电平调节旋钮，显示一个同步稳定的波形。

（7）将垂直衰减调节开关调至 0.5 V/div，观察方波的峰峰值，如峰峰值为 2 V 即 4 div，说明垂直轴已校准，如峰峰值不是 2 V，可通过调节垂直微调旋钮进行校准。

（8）将水平扫描速度选择开关调至 0.5 ms/div，观察方波的周期，如周期为 1 ms 即 2 div，说明时基已校准，如周期不是 1 ms，可通过调节水平微调旋钮进行校准。

（9）通道 CH2 的校准可参考通道 CH1 的校准步骤。

3. 用示波器测量交流信号的步骤

（1）在校准示波器的基础上，把示波器的探头接至被测量信号的输出端。

（2）将输入耦合选择开关置于"AC"位置。

（3）触发源选择 CH1，触发方式选择 AUTO。

（4）使用触发电平调节旋钮，使其能显示一个同步稳定的波形。

（5）适当调整垂直衰减调节开关和水平扫描速度选择开关，使其能显示完整的波形。

（6）绘制波形并记录相关参数。

拓展知识

稳压二极管的应用

如图 2-2-9 所示，在电视机的过压保护电路中，115 V 是电视机主供电压，当这个电压过高时，稳压二极管导通，导致三极管 VT_1 导通，其集电极电位变为低电平，此信号通过待机控制线的控制使电视机进入待机保护状态。

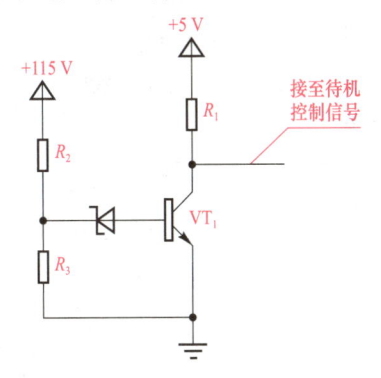

图 2-2-9　电视机的过压保护电路

成果展示与评价

由小组推荐代表就任务的完成情况作必要的介绍、成果展示和总结,然后以组为单位进行评价。

1. 小组成果展示方案

_____

_____

_____

2. 小组工作总结

_____

_____

_____

3. 学习任务评价

完成表 2-2-7 的填写。

表 2-2-7 任务评价评分表

评价项目	项目内容	评分标准	分值	自我评价(20%)	小组评价(30%)	教师评价(50%)
实操技能	元件检测	按要求对所有元件进行识别与检测	5			
	硬件电路制作	电路板测试成功	15			
	电路调试	能按要求调试电路	15			
	电路测试	能正确使用示波器测量输出波形并读取相关参数	15			
工艺	元件布局	布局合理、美观	5			
	焊点	无虚焊、连锡、起刺	5			
安全文明操作	操作是否符合安全操作规程	每一处错扣1分,发生短路得0分	10			
学习态度	参与度	小组成员积极参与总结活动	10			
	团队合作	小组成员分工明确、合理、团队意识较强	10			
	汇报表现	总结汇报简明扼要、重点突出、表达流利、思路清晰	10			
学生姓名			小计			
评价教师			总分			

4. 学习任务综合评价

完成表 2-2-8 的填写。

表 2-2-8　任务综合评价表

评价内容	评分标准	评价等级			
		A	B	C	D
学习任务一	A. 学习任务评价成绩为 90～100 分 B. 学习任务评价成绩为 80～89 分 C. 学习任务评价成绩为 60～79 分 D. 学习任务评价成绩为 0～59 分				
学习任务二	A. 学习任务评价成绩为 90～100 分 B. 学习任务评价成绩为 80～89 分 C. 学习任务评价成绩为 60～79 分 D. 学习任务评价成绩为 0～59 分				
活动总结					

项目三　小信号放大器的制作与调试

● 学习目标

　　(1)能按要求选择适当的元件组装小信号放大器。
　　(2)能检测晶体三极管的质量，并判断三极管的3个电极。
　　(3)能根据三极管3个电极的电位判断三极管的工作状态。
　　(4)能画出三极管放大电路并分析其工作原理。
　　(5)能掌握三极管的开关特性。
　　(6)能估算出分压式偏置放大电路的静态工作点及其动态参数。

● 学习内容

　　(1)三极管的结构和电路符号及分类。
　　(2)三极管的电流分配关系。
　　(3)三极管的电流放大作用。
　　(4)三极管的伏安特性曲线。
　　(5)三极管主要参数和型号的命名方式。
　　(6)三极管的质量检测及3个电极的判断。
　　(7)三极管工作状态的判定。
　　(8)分压式偏置放大电路的静态工作点及其动态参数的估算。

● 项目要求

　　用晶体三极管、发光二极管等元件制作小信号放大器，采用12 V的直流电源和信号发生器对电路进行调试，用示波器测量电路的输入和输出波形。

● 项目分析

　　为完成小信号放大器的制作与调试，首先要熟悉基本三极管放大电路的工作过程及其工作原理，其次还要掌握分压式偏置放大电路的工作原理及其静态工作点和各种动态参数的估算，所以此项目分解成两个学习任务：任务3—1　共发射极基本放大电路；任务3—2　分压式偏置放大电路。

项目三　小信号放大器的制作与调试

任务 3-1　共发射极基本放大电路

● 任务要求及实施

➡ 一、任务要求

用晶体三极管、发光二极管、电阻等元件在 PCB 板上安装和调试共发射极基本放大电路，采用 12 V 的直流电源和信号发生器对电路进行调试，并用示波器测量电路的输入和输出波形。

➡ 二、任务实施

1. 引导问题

采用三极管放大电路能将微弱的电信号转变为较强的电信号，从而推动各式各样的负载进行工作。

观察图 3-1-1，写出共发射极基本放大电路主要由哪些元件组成：
_____、_____、_____、
_____、_____、_____。

2. 分析共发射极基本放大电路的原理

认真观察图 3-1-1 和图 3-1-2，然后完成以下问题。

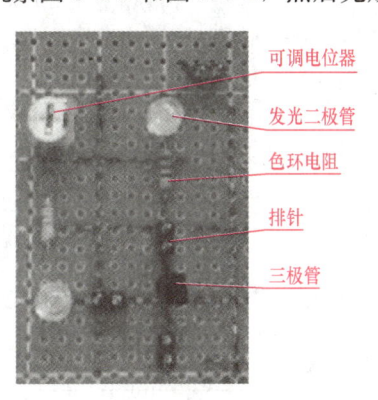

图 3-1-1　共发射极基本放大电路的实物 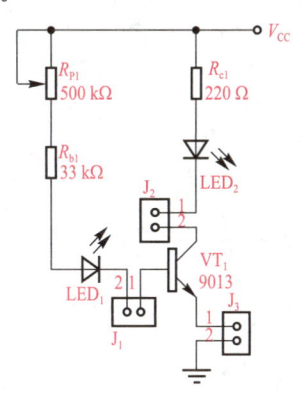　　图 3-1-2　共发射极基本放大电路

(1) 放大电路主要由哪些元件组成？并说明其在电路中的主要作用（写出各元件名称和

59

参数)。

元件编号：_____，名称：_____，型号或参数：_____，作用：_____。

元件编号：_____，名称：_____，型号或参数：_____，作用：_____。

元件编号：_____，名称：_____，型号或参数：_____，作用：_____。

元件编号：_____，名称：_____，型号或参数：_____，作用：_____。

元件编号：_____，名称：_____，型号或参数：_____，作用：_____。

> **小贴士**
>
> 在如图 3-1-2 所示电路中 J_1、J_2、J_3 为排针，当不需要测量基极、集电极和发射极电流时，可用短路帽分别将 1 脚和 2 脚短接。当需要测量基极、集电极和发射极电流时，只需将电流表的表笔与排针串联即可。

(2)电路中的 VT_1 元件有_____个 PN 结，分别是_____结和_____结；共有_____个极，分别是_____极、_____极和_____极，它们分别用字母_____、_____、_____表示。

(3)电路中 VT_1 元件的工作状态有_____、_____和_____ 3 种，请在横线上写出它们对应的工作条件。

_____

_____

3. 组装共发射极基本放大电路

(1)参照图 3-1-2，列出所需的材料清单并填入表 3-1-1 中。

表 3-1-1　组装共发射极基本放大电路的材料清单

序号	名称	规格	数量/个	序号	名称	规格	数量/个
1				7			
2				8			
3				9			
4				10			
5				11			
6				12			

其他材料和工具：

_____

_____

(2)主要元件识别与检测。

①三极管。

电路符号：_____

3个电极的判断方法：_____

质量检测方法：_____

②发光二极管。

电路符号：_____

正、负极判断方法：_____

质量检测方法：_____

③电阻。

电路符号：_____

读数值：_____

质量检测方法：_____

测量值：_____

④可调电位器。

电路符号：_____

读数值：_____

(3)参照图 3-1-1 和图 3-1-2，在图 3-1-3 上绘制装配图，并在 PCB 板上组装电路。

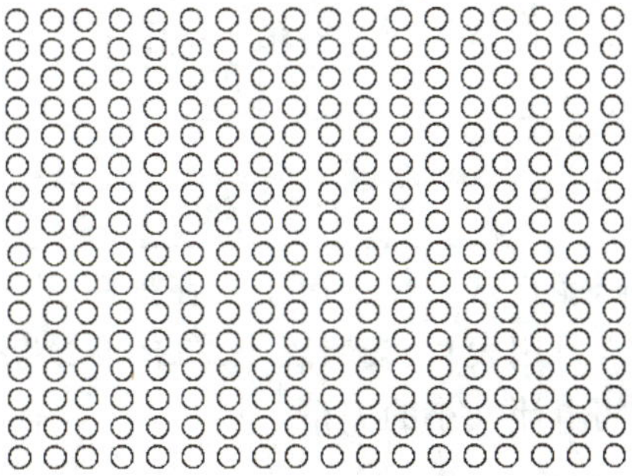

图 3-1-3　共发射极基本放大电路的装配图

(4)焊接完成后，检查电路是否存在虚焊、短路等故障，并做好相关记录。

_____

_____

_____

_____

4. 调试放大电路

(1)调试准备。接通 5 V 直流电源，将电位器 R_{P1} 阻值调至最大，发光二极管 LED$_1$ 不亮，发光二极管 LED$_2$ 微亮；将电位器 R_{P1} 调至中间位置，发光二极管 LED$_1$ 微亮，发光二极管 LED$_2$ 较亮；将电位器 R_{P1} 从中间位置慢慢调小，发光二极管 LED$_1$ 渐渐变亮，但发光二极管 LED$_2$ 的亮度到一定程度后却没有变化，若满足上述要求，则说明电路能正常工作。

如果发光二极管不能按以上情况正常发亮，则可能有以下几个方面的故障：

①整个电路可能存在开路，可用万用表电阻挡测量各段电阻值，电压挡测量各点电

位，判断故障点的位置；

②发光二极管的正、负极可能接反；

③三极管的 3 个极可能接错，使用前，一定要用万用表判断好 3 个极的位置。

④电位器的 3 个端可能连错，使用时，一定有两个端连接在一起。

(2)电路的测试与分析。

①测量各极电压。在电路能正常工作的情况下，在如图 3-1-2 所示的电路上短接 3 个电极的排针，按照表 3-1-2 的测试条件分别测量三极管 3 个电极的电位，判断三极管的工作状态(三极管的工作状态可分为放大、饱和及截止)。

表 3-1-2　三极管各极电位测试表

测试条件	各极电位	三极管的工作状态
R_{P1} 处于中间位置	$V_B=$　　，$V_E=$　　，$V_C=$	
R_{P1} 处于最小	$V_B=$　　，$V_E=$　　，$V_C=$	
R_{P1} 处于最大	$V_B=$　　，$V_E=$　　，$V_C=$	
基极排针断开	$V_B=$　　，$V_E=$　　，$V_C=$	

从实验数据中可以得出各工作状态与发射结和集电结之间的关系为：

_____

_____

②测量各极电流。在电路能正常工作情况下，在如图 3-1-2 所示的电路上，在各极排针的 1、2 脚之间串接电流表(万用表)，按照表 3-1-3 的测试条件分别测量三极管 3 个电极的电流，判断三极管各极之间电流大小的关系。

表 3-1-3　三极管各极电流测试表

测试条件	各极电流	三极管的工作状态
R_{P1} 处于中间位置	$I_B=$　　，$I_E=$　　，$I_C=$	
R_{P1} 处于最小	$I_B=$　　，$I_E=$　　，$I_C=$	
R_{P1} 处于最大	$I_B=$　　，$I_E=$　　，$I_C=$	
基极排针断开	$I_B=$　　，$I_E=$　　，$I_C=$	

从实验数据中可以得出发射极、基极和集电极之间的电流大小关系为：

_____

_____

(3)记录在调试电路的过程中所遇到的问题及解决方法。

_____

_____

_____

● 相关知识

➡ 一、三极管

1. 三极管的结构和命名方式

1)外形

三极管的外形有多种封装形式，如图 3-1-4 所示。通常情况下，三极管有 3 个极，分别是基极、发射极和集电极，一些大功率管的集电极与外壳相连，有利于散热。

图 3-1-4　几种常见的三极管外形

2)结构

三极管有两个 PN 结、3 个区和 3 个电极，是一种电流控制半导体器件。按两个 PN 结组合方式不同可分为 NPN 型和 PNP 型两大类，如图 3-1-5 所示，三极管的中间层称为基区，其两侧区域分别称为发射区和集电区。从 3 个区各引出一个电极，分别为基极(b)、发射极(e)和集电极(c)。基区和发射区之间形成的 PN 结，称为发射结；基区和集电区之间形成的 PN 结，称为集电结。

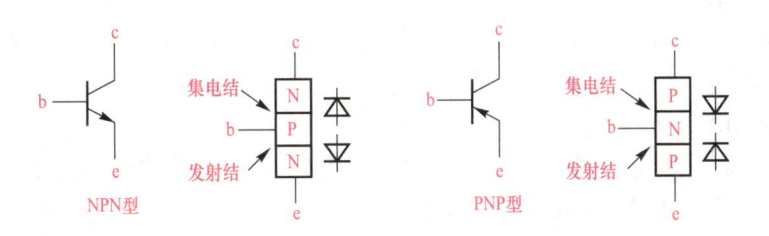

图 3-1-5　三极管电路符号

两种三极管在电路符号上是有区别的：NPN 型三极管的发射极箭头向外，PNP 型三极管的发射极箭头向内。箭头的方向就是发射结正向偏置时电流的方向。晶体三极管的文字符号是 VT 或 V。

3)命名方式

三极管的种类很多，国内的命名方式一般由 5 部分组成，部分三极管器件的命名如表 3-1-4 所示。

表 3-1-4　我国部分三极管器件的命名方式

第一部分	第二部分	第三部分	第四部分	第五部分
用数字表示有效电极数目	用英文字母表示器件的材料和极性	用英文字母表示器件的类型	用数字表示器件的序号	用英文字母表示规格号
3：三极管	A：PNP 型锗材料 B：NPN 型锗材料 C：PNP 型硅材料 D：NPN 型硅材料	X：低频小功率管 G：高频小功率管 D：低频大功率管 A：高频大功率管	例：5	例：B

如：3CG5 表示 PNP 型硅材料高频小功率三极管。

> **小贴士**
> 9011～9018 是常用的小功率三极管，它们的完整型号是 2SC9011、2SC9012 等，在元件上省略了"2SC"，其中 9012 和 9015 属于 PNP 管，其余为 NPN 管。

2. 三极管的主要参数和检测

1）三极管的主要参数

（1）电流放大系数。

当三极管基极电流发生一微小变化 ΔI_B 时，其相应的集电极电流会发生很大的变化，即 ΔI_C，则三极管的交流电流放大系数 $\beta = \dfrac{\Delta I_C}{\Delta I_B}$。$h_{FE}$ 为共发射极电路直流电路放大系数，即在共发射极电路中，当 U_{CE} 为规定值且无交流信号输入时，集电极电流 I_C 和基极电流 I_B 的比 $h_{FE} = I_C / I_B$。

（2）极间反向电流。

①集电极-基极反向饱和电流 I_{CBO}。发射极开路，在集电极和基极之间加一规定的反向偏置电压时的反向电流。I_{CBO} 越小，单向导电性越好。在常温下一般小功率硅管在 1 μA 以下，锗管在 10 μA 以下。

②集电极-发射极反向饱和电流 I_{CEO}。基极开路（$I_B = 0$），集电极与发射极之间加规定的反向电压时的反向电流。I_{CEO} 大的三极管其热稳定性差。

（3）极限参数。

①集电极最大电流 I_{CM}。当集电极电流过大时，三极管的 β 将下降，一般规定当 β 下降到其正常值的 2/3 时，集电极电流就称为集电极最大电流 I_{CM}。

②集电极-发射极反向击穿电压 $U_{(BR)CEO}$。当基极开路时，加在集电极和发射极之间的最大允许工作电压称为集电极-发射极反向击穿电压 $U_{(BR)CEO}$。在使用时，其集电极电源电压值应低于这个电压值。

③集电极最大允许耗散功率 P_{CM}。集电极电流 I_C 流过集电结时会消耗功率而产生能量，使三极管温度升高。根据三极管允许的最高温度和散热条件来规定最大允许耗散功率 P_{CM}，有

$$P_{CM} \geqslant I_C U_{CE}$$

2)三极管的识别与检测

（1）选取挡位。测小功率管时，一般选用"$R\times 1k$"挡或"$R\times 100$"挡；测大功率管时，可选用"$R\times 10$"挡。

（2）判别3个电极。

①首先判别三极管类型并判定基极。如图3-1-6所示，以黑表笔为准，先假设一脚为基极，用黑表笔接基极，红表笔分别接另外两个引脚，如果两次测得的阻值均较小，则黑表笔所接为基极，且该管为NPN型；如果测得两个阻值较大，则黑表笔所接仍为基极，而该管为PNP型。如果两次测得电阻一大一小，则表明假设的电极不是真正的基极b，则需将黑表笔所接的引脚调换，再按上述方法测试。

②判定集电极。如图3-1-7所示，在已经找到基极的情况下，将黑、红表笔分别接另外两个电极，如果是NPN管，则用手指捏住基极和接黑表笔的一极（两极不能触碰），记录指针偏转情况，再将两表笔对换，重复上述过程。偏转角度大的一次，黑表笔所接为集电极。如果是PNP管，只需将上述过程中的黑表笔变成红表笔进行测试即可。

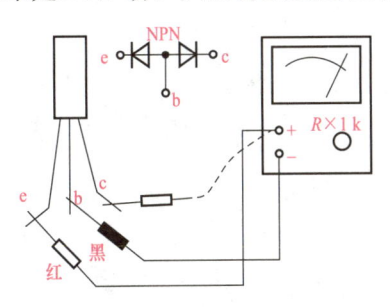

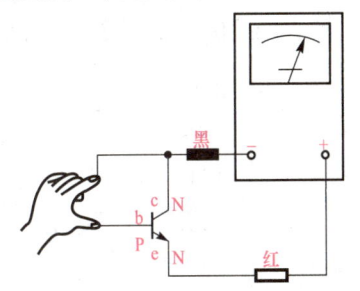

图3-1-6　三极管基极的判定　　　图3-1-7　三极管集电极的判定

> **小贴士**
>
> 由于三极管为非线性元件，用万用表的"$R\times 100$"或"$R\times 1k$"挡进行测量时，所测数据也不一样。

练习：随机领取两个三极管，对照表3-1-5进行检测，并将结果记录在表3-1-5中。

表3-1-5　三极管的识别与检测结果记录表

序号	三极管晶体材料	三极管PN结类型	三极管的好坏

3. 三极管放大条件及电流分配关系

（1）三极管的工作电压。三极管是否处于放大状态由外部的电压条件所决定。如图3-1-8所示，不管是NPN型还是PNP型，三极管的放大条件都是发射结正偏，集电结反偏。即对NPN管来说，$V_C>V_B>V_E$；对PNP管来说，即$V_C<V_B<V_E$。

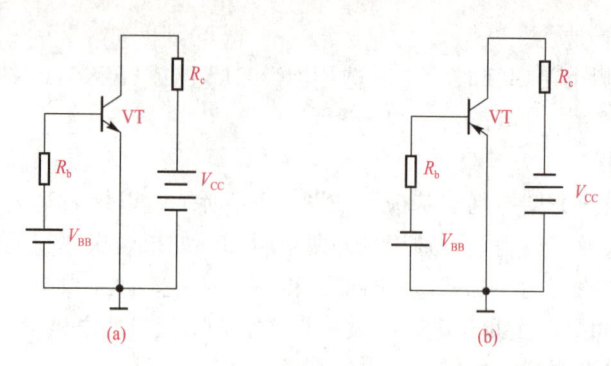

图 3-1-8　三极管放大状态下的偏置电路
(a)NPN 偏置电路；(b)PNP 偏置电路

三极管有 3 个电极，通常将其中的一个电极作为公共端，另外两个电极一个与公共端作为输入，另一个与公共端作为输出。根据公共端所接的电极不同，实际有共基极、共射极和共集电极 3 种接法，如图 3-1-9 所示。

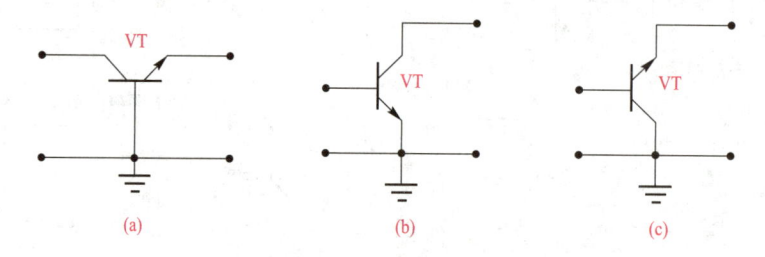

图 3-1-9　三极管的 3 种基本接法
(a)共基极接法；(b)共射极接法；(c)共集电极接法

(2)三极管的电流放大作用。根据基尔霍夫节点电流定律，如果将三极管 3 个极看成一个大的节点，基极电流 I_B 和集电极电流 I_C 流进节点，发射极电流 I_E 流出节点，则三极管的电流分配关系为

$$I_E = I_B + I_C$$

有时考虑到 I_B 比 I_C 小得多，为了计算方便，也可以认为：$I_E \approx I_C$。

例 1　已知某晶体管处于放大状态，1 脚的电位为 0.9 V，2 脚的电位为 －10 V，3 脚的电位为 0.3 V，试判别各引脚对应的电极、管类型及管材料。

解： 放大状态时，不管是 NPN 管还是 PNP 管，基极的电位处于中间，可判断 3 脚为基极(b)，再由硅管的 U_{BE} 为 0.5～0.7 V，锗管的为 0.1～0.3 V，可判断 1 脚为发射极(e)，且为硅材料，2 脚为集电极(c)；最后，因为 $V_E > V_B > V_C$，所以该管为 PNP 型。

4. 三极管的共射伏安特性曲线

输入特性曲线是反映三极管输入回路中电压和电流关系的曲线，是表示当输出电压 U_{CE} 为一定值时，I_B 与 U_{BE} 对应关系的变化曲线，如图 3-1-10 所示，当 U_{BE} 在很小范围内变化时，I_B 可在很大范围内变化。

输出特性曲线是反映三极管输出回路中电压与电流关系的曲线,是指基极电流 I_B 为某一定值时,集电极电流 I_C 与集电极电压 U_{CE} 之间的关系,如图 3-1-11 所示。输出特性可划分为放大区、截止区和饱和区 3 个区域,对应于放大、截止和饱和 3 种工作状态。

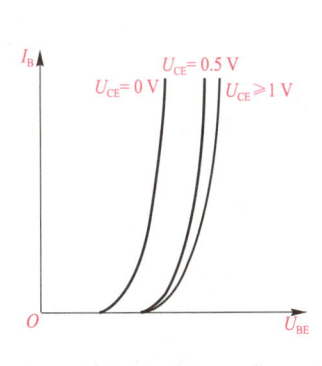

图 3-1-10　共射输入特性曲线

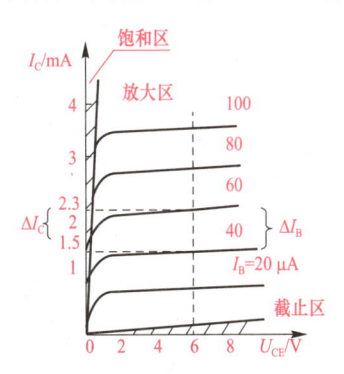

图 3-1-11　共射输出特性曲线

(1)放大区。发射结正偏、集电结反偏时的工作区域称为放大区。在放大区,基极电流 I_B 对集电极电流 I_C 有很强的控制作用,即当 I_B 有很小的变化量 ΔI_B 时,I_C 就会有很大的变化量 ΔI_C。其中 U_{CE} 的变化对 I_C 的影响很小。为此,用共发射极交流电流放大系数 β 来表示这种控制能力。共射极放大电路的输出与输入反相,如图 3-1-12(a)所示,且有

$$\beta = \frac{\Delta I_C}{\Delta I_B}$$

(2)饱和区。发射结和集电结都为正偏时的工作区域称为饱和区。饱和区的特点是 U_{CE} 很低,I_C 不受 I_B 控制,三极管失去放大作用,集电极和发射极之间相当于一个接通的开关。临界饱和时有 $U_{CE}=U_{BE}$,深饱和时有 $U_{CE}<U_{BE}$。对于小功率硅管,U_{CE} 约为 0.3 V。三极管进入这个区就会产生饱和失真,即底部失真,如图 3-1-12(b)所示。

(3)截止区。发射结和集电结都为反偏时的工作区域称为截止区。一般把 $I_B=0$ 这一条曲线以下的区域称为截止区。从特性曲线可以看出,在 $I_B=0$ 时就对应有一很小的集电极电流,称它为穿透电流 I_{CEO},集电极和发射极之间相当于开关断开。三极管进入这个区就会产生截止失真,即顶部失真,如图 3-1-12(c)所示。

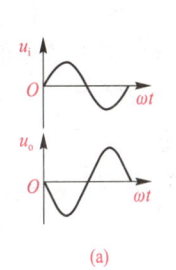

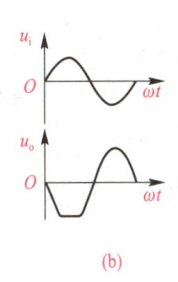

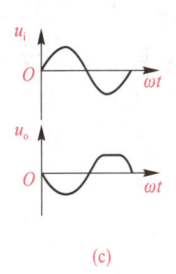

图 3-1-12　三极管 3 种状态的波形图
(a)放大;(b)饱和失真;(c)截止失真

表 3-1-6 说明了三极管工作于 3 种状态下的电流与电压对应的关系。

表 3-1-6　三极管 3 种状态下的电压与电流对应关系

状态	U_{BE}	I_C	U_{CE}
截止	$<U_{ON}$	I_{CEO}	V_{CC}
放大失真	$\geq U_{ON}$	βI_B	$\geq U_{BE}$
饱和失真	$\geq U_{ON}$	$<\beta I_B$	$\leq U_{BE}$

二、电位器

1. 作用与类型

电位器是可变电阻器的一种，具有 3 个引出端，通常是由电阻体与转动或滑动系统组成，即靠一个动触点在电阻体上移动，获得部分电压输出。

电位器的单位与电阻器相同，基本单位也是欧姆，用符号 Ω 表示。电位器在电路中用字母 R 或 R_P 表示，如图 3-1-13 所示是其电路符号、外形和内部结构。

图 3-1-13　电位器的电路符号、外形与内部结构
(a)电位器的电路符号；(b)电位器的外形；(c)电位器的内部结构

2. 检测方法

检测电位器时，首先要看转轴转动是否平滑。

(1)选择好万用表电阻挡的量程。

(2)按图 3-1-13(c)所示，用万用表测量"A""C"两端，其读数应为电位器的标称阻值。

(3)同样用万用表的电阻挡测"A""B"或"A""C"两端。当电位器的"B"端转动到"A"端时，"A""B"两端的阻值应为 0；"B""C"两端的阻值应为标称阻值。

(4)如在检测过程中，万用表指针有断续或跳动现象，则说明该电位器存在接触不良的故障。

3. 电位器的阻值识读

电位器的标注由 3 位数字组成，第一位、第二位为有效数字，第三位为倍率。如 503 则表示标称阻值为 $50×10^3 = 50\ 000\ \Omega = 50\ k\Omega$。

拓展知识

三极管的开关特性

三极管除了可以用作交流信号放大器之外，当三极管工作在截止和饱和状态时，也可以作为开关使用。

(1)基本三极管的开关电路如图 3-1-14 所示。由图可知，负载电阻不是接到输出端，而是被直接接在三极管的电源与集电极之间，位于三极管主电流的回路上。

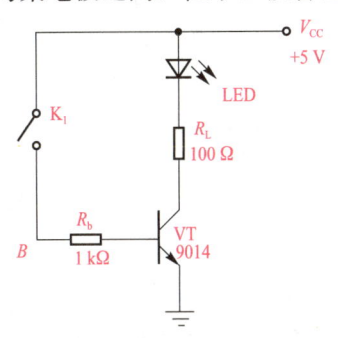

图 3-1-14 基本三极管的开关电路

(2)工作原理：B 处的电压 U_1 控制三极管开关的开启与闭合动作。

当 K_1 断开时，LED 不亮。因为 U_1 为低电位，基极没有电流，集电极也无电流，致使负载 R_L 中也没有电流流过。因此此时三极管工作于截止区，相当于开关的开启，$U_{CE}=V_{CC}$。

当 K_1 闭合时，LED 发光。因为 U_1 为高电位，有基极电流，因此集电极流过更大的放大电流，负载回路便被导通，此时三极管工作于饱和区，相当于开关的闭合，电源全部电压都接在负载电阻上，$U_{CE}≈0$。

(3)对硅三极管而言，U_{BE} 约为 0.7 V，欲使三极管截止，U_1 必须低于 0.7 V，一般 U_1 值低于 0.3 V 就可以确保三极管处于截止状态。而当 U_1 的电压足够高时，可以驱动三极管使其进入饱和工作区，此时集电极电流相当大，使得整个电源电压 V_{CC} 均接在负载电阻上，U_{CE} 便接近于 0。在理想状况下，根据欧姆定律，三极管呈饱和时，其集电极电流应该为：

$$I_C(饱和)=\frac{V_{CC}}{R_L}$$

因此，基极电流最少应为：

$$I_B(饱和)=\frac{I_C}{\beta}=\frac{V_{CC}}{\beta R_L}$$

欲使开关闭合，则 U_1 值必须够高，以送出超过或等于基极电流值的电流。由于基极回路只是一个电阻和基极-射极的串联电路，故 U_1 可由下式来计算：

$$U_1=0.7+I_{B(饱和)}R_b$$

成果展示与评价

由小组推荐代表就任务的完成情况作必要的介绍、成果展示和总结，然后以组为单位进行评价。

1. 小组成果展示方案

_____

_____

_____

2. 小组工作总结

_____

_____

_____

3. 学习任务评价

完成表 3-1-7 的填写。

表 3-1-7　任务评价评分表

评价项目	项目内容	评分标准	分值	自我评价（20%）	小组评价（30%）	教师评价（50%）
实操技能	元件检测	按要求对所有元件进行识别与检测	5			
	硬件电路制作	电路板测试成功	15			
	电路调试	能按要求调试电路	15			
	电路测试	正确使用万用表判别三极管的3个电极、测量三极管的各极电流及3个电极电位	15			
工艺	元件布局	布局合理、美观	5			
	焊点	无虚焊、连锡、起刺	5			
安全文明操作	操作是否符合安全操作规程	每一处错扣1分，发生短路得0分	10			
学习态度	参与度	小组成员积极参与总结活动	10			
	团队合作	小组成员分工明确、合理、团队意识较强	10			
	汇报表现	总结汇报简明扼要、重点突出、表达流利、思路清晰	10			
学生姓名			小计			
评价教师			总分			

任务3-2 分压式偏置放大电路

● 任务要求及实施

➡ 一、任务要求

用信号发生器、晶体三极管、发光二极管等元件，采用12 V的直流电源在PCB板上安装和调试小信号放大器。

➡ 二、任务实施

1. 引导问题

在实际应用过程中，放大器常常会受到环境、温度等因素的影响，使静态工作点发生变化，产生失真等现象。因此，为了保证放大器性能更加稳定，通常采用分压式偏置放大电路作为小信号放大器，本任务将详细讲解此类放大器的工作原理。分压式偏置放大电路的实物如图3-2-1所示。

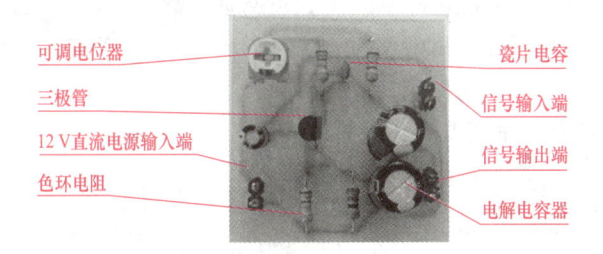

可调电位器
三极管
12 V直流电源输入端
色环电阻
瓷片电容
信号输入端
信号输出端
电解电容器

图3-2-1 分压式偏置放大电路的实物

观察图3-2-1，写出分压式偏置放大电路由哪些元件组成：
_____、_____、_____、_____、
_____、_____、_____、_____、
_____、_____、_____、_____。

2. 分析分压式偏置放大电路的原理

请认真观察和分析如图3-2-2所示的放大电路，然后完成以下问题。

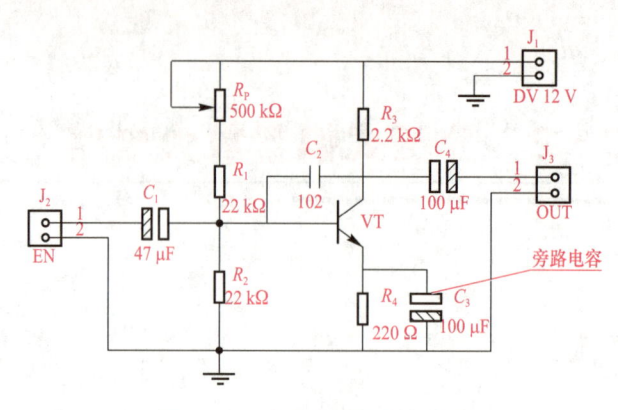

图 3-2-2　分压式偏置放大电路

(1)分压式偏置放大电路主要由哪些元件组成？并说明其在电路中的主要作用(写出各元件名称和参数)。

元件编号：_____，名称：_____，型号或参数：_____，作用：_____。
元件编号：_____，名称：_____，型号或参数：_____，作用：_____。
元件编号：_____，名称：_____，型号或参数：_____，作用：_____。
元件编号：_____，名称：_____，型号或参数：_____，作用：_____。
元件编号：_____，名称：_____，型号或参数：_____，作用：_____。
元件编号：_____，名称：_____，型号或参数：_____，作用：_____。
元件编号：_____，名称：_____，型号或参数：_____，作用：_____。
元件编号：_____，名称：_____，型号或参数：_____，作用：_____。
元件编号：_____，名称：_____，型号或参数：_____，作用：_____。
元件编号：_____，名称：_____，型号或参数：_____，作用：_____。

(2)在电解电容 C_4 的作用下，电路最终输出_____信号(交流、直流、交直流)，这是由于电容具有_____的作用。

(3)按元件在电路中的作用来分，电解电容 C_3 可称为_____电容，对放大电路的静态工作点_____影响(有、没有)，原因_____

_____

(4)电路中由_____组成分压电路，为三极管基极提供偏置电压。采用这种分压式偏置电路的主要目的是：_____

_____

_____

(5)估算电路静态工作点(U_{BQ}、I_{CQ}、U_{CEQ})。

(6)绘制电路的交、直流通路。

3. 组装分压式偏置放大电路

(1)参照图 3-2-2,列出所需的材料清单并填入表 3-2-1 中。

表 3-2-1　组装分压式偏置放大电路的材料清单

序号	名称	规格	数量/个	序号	名称	规格	数量/个
1				7			
2				8			
3				9			
4				10			
5				11			
6				12			

其他材料和工具:
_____
_____

(2)主要元件识别与检测。
①三极管。
电路符号:_____
3 个电极的判断方法:_____
质量检测方法:_____
②电阻。
电路符号:_____
读数值:_____
质量检测方法:_____
测量值:_____
③可调电位器。
电路符号:_____
读数值:_____
④电解电容。
电路符号:_____
读数值:_____
正、负极判断方法:_____

73

质量检测方法：_____

⑤瓷片电容。

电路符号：_____

读数值：_____

质量检测方法：_____

(3)参照图3-2-1和图3-2-2，在图3-2-3上绘制装配图，在电路板上组装分压式偏置放大电路。

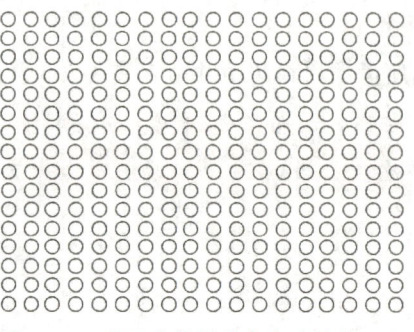

图3-2-3　分压式偏置放大电路的装配图

(4)焊接完成后，检查电路是否存在虚焊、短路等故障，并做好相关记录。

_____

_____

_____

4. 调试放大电路

(1)调试静态工作点。接入12 V直流电源，调节电位器R_P，使三极管VT 3个电极的电位满足$V_C>V_B>V_E$，U_{CE}为6 V左右，令三极管VT的静态工作点Q处于中间位置。

(2)输入1 kHz、30 mV的正弦波信号，用示波器观察输出波形。将函数信号发生器输出的1 kHz、30 mV正弦波信号加在放大电路输入端进行动态调试，然后用示波器观察输出信号的波形，比较输入、输出波形有什么变化，并记录在表3-2-2和表3-2-3中。

表3-2-2　输入波形记录表

输入波形	示波器读数		
	时间挡位	周期读数	峰峰值
	幅度挡位		

表 3-2-3 输出波形记录表

输出波形	示波器读数		
	时间挡位	周期读数	峰峰值
	幅度挡位		

(3)顺时针调节 R_P，认真观察示波器上输出信号的波形，并记录在表 3-2-4 中。

表 3-2-4 输出信号的波形记录表(顺时针调节 R_P)

输出波形	示波器读数		
	时间挡位	周期读数	峰峰值
	幅度挡位		

由波形图判断，最终输出波形产生了_____失真(饱和或截止)，说明波形失真的原因。

_____

_____

(4)逆时针调节 R_P，认真观察示波器上输出信号的波形，并记录在表 3-2-5 中。

表 3-2-5 输出信号的波形记录表(逆时针调节 R_P)

输出波形	示波器读数		
	时间挡位	周期读数	峰峰值
	幅度挡位		

由波形图判断，最终输出波形产生了_____失真（饱和或截止），说明波形失真的原因。

_____
_____
_____

(5)记录在调试电路的过程中所遇到的问题及解决方法。

_____
_____
_____
_____

● 相关知识

➡ 一、分压式偏置放大电路的原理与分析

1. 放大电路中电压、电流符号的规定

在没有信号输入时，放大电路中三极管的各极电压和电流都为直流。当有交流信号输入时，电路中的两个电源（直流电源和信号源）共同作用，电路中的电压和电流便由直流分量和交流分量叠加而成。为了清楚地表示不同的物理量，通常有以下规定：

直流分量用大写字母带大写下标表示：如 I_B、I_C、I_E、U_{BE}、U_{CE}。

交流分量用小写字母带小写下标表示：如 i_b、i_c、i_e、u_{be}、u_{ce}。

交、直流叠加量用小写字母带大写下标表示：如 i_B、i_C、i_E、u_{BE}、u_{CE}。

交流分量的有效值用大写字母带小写下标表示：如 I_b、I_c、I_e、U_{be}、U_{ce}。

2. 分压式偏置放大电路的结构

如图 3-2-4 所示为分压式偏置放大电路，R_{b1} 为上偏置电阻，R_{b2} 为下偏置电阻。电源 V_{CC} 经 R_{b1}、R_{b2} 分压后得到基极电压 U_B，给三极管 VT 提供基极电流 I_B。R_e 是发射极电阻，起到稳定发射极电流 I_E 的作用；C_3 是旁路电容，它的容量较大，对交流信号相当于短路，使交流信号的放大能力不因 R_e 的接入而降低。R_c 为集电极电阻，它的主要作用是将集电极电流的变化转换为电压的变化，以实现电压放大。

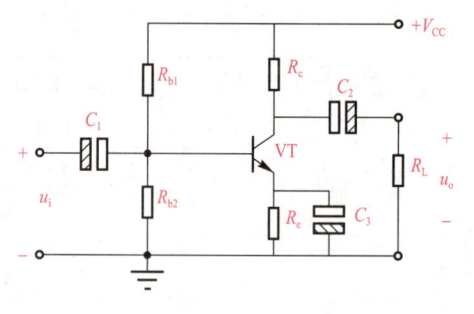

图 3-2-4　分压式偏置放大电路

3. 放大器的静态工作点及动态参数的估算

1）静态分析

静态是指无交流信号输入时（$u_i=0$），三极管的基极回路和集电极回路中只有直流通

过的状态。静态工作点 Q 是指放大电路在静态时，三极管的各极电压和电流值(静态三要素即 I_{BQ}、I_{CQ}、U_{CEQ})。放大电路的静态工作点设置是否合适，是放大电路能否正常工作的重要条件。静态工作点 Q 的算法为，可先画出该放大电路的直流通路，而后采用估算法列出计算方程。

(1)直流通路的画法：由于电容有通交隔直的作用，所以电容对直流电相当于开路；而电感有通直隔交的作用，所以电感对直流电相当于短路。因此画直流通路时把电容支路断开，电感支路短路即可，如图 3-2-5 所示。

(2)静态工作点的估算：

$$U_{BQ} \approx \frac{R_{b2}}{R_{b1}+R_{b2}} V_{CC}$$

$$I_{CQ} \approx I_{EQ} = \frac{U_{BQ}-U_{BEQ}}{R_e}$$

$$I_{BQ} = \frac{I_{CQ}}{\beta}$$

$$U_{CEQ} = V_{CC} - I_{CQ}(R_e + R_c)$$

2)动态分析

动态是指放大电路有交流信号输入时，电路中的电压、电流随输入信号作相应变化的状态。放大电路的输入电阻、输出电阻和电压放大倍数是放大电路最主要的动态参数，可先画出该放大电路的交流通路，而后采用估算法列出计算方程。

(1)交流通路的画法：对于交流通路来说，小容抗的电容以及内阻小的电源，可忽略其交流压降，都可以视为短路，如图 3-2-6 所示。

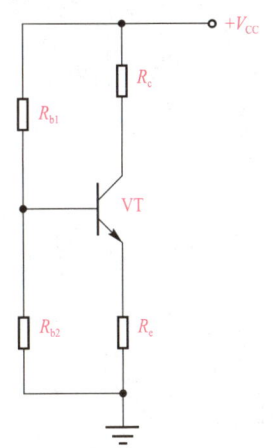

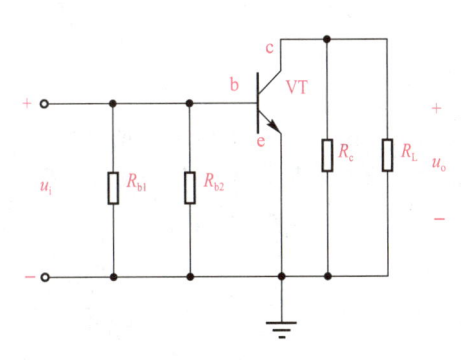

图 3-2-5　分压式偏置放大电路的直流通路　　图 3-2-6　分压式偏置放大电路的交流通路

(2)动态参数的估算。

三极管输入电阻 r_{be} 的估算：三极管的 b 极与 e 极之间存在一个等效电阻，称为三极管的输入电阻 r_{be}。对于小功率三极管在共发射极接法时，常用下式估算，即

$$r_{be} = 300 + (1+\beta)\frac{26}{I_{EQ}}$$

77

放大电路输入电阻 R_i 的估算：从图 3-2-6 可看出放大电路的输入电阻应为 r_{be} 与 R_{b1} 和 R_{b2} 的并联，得

$$R_i = R_{b1} // R_{b2} // r_{be}$$

放大电路输出电阻 R_o 的估算：将如图 3-2-6 所示的交流通路中的外接负载 R_L 断开，从放大电路的输出端看进去的等效电阻为

$$R_o \approx R_c$$

电压放大倍数的估算：从如图 3-2-6 所示的交流通路来看，输出信号 u_o 与输入信号 u_i 的比为电压放大倍数。即

$$A_u = -\frac{\beta \cdot (R_c // R_L)}{r_{be}}$$

空载时，放大电路的电压放大倍数为

$$A_u = \frac{u_o}{u_i} = \frac{-\beta i_b R_c}{i_b r_{be}} = \frac{-\beta R_c}{r_{be}}$$

有载时，放大器的电压放大倍数为

$$R'_L = R_L // R_c$$

$$A_u = \frac{u_o}{u_i} = \frac{-\beta i_b R'_L}{i_b r_{be}} = \frac{-\beta R'_L}{r_{be}}$$

例 1 在如图 3-2-4 所示电路中，若 $R_{b1}=7$ kΩ、$R_{b2}=3$ kΩ、$R_c=2$ kΩ、$R_L=2$ kΩ、$R_e=1$ kΩ、$V_{CC}=9$ V，三极管的 $\beta=50$。试求：(1)放大电路的静态工作点；(2)放大电路的输入电阻 R_i、输出电阻 R_o 及电压放大倍数 A_u 各是多少？

解：(1)估算静态工作点。

$$U_{BQ} \approx \frac{R_{b2}}{R_{b1}+R_{b2}} V_{CC} = \frac{3 \times 9}{3+7} = 2.7 \text{ (V)}$$

$$I_{CQ} \approx I_{EQ} = \frac{U_{BQ}-U_{BEQ}}{R_e} = \frac{2.7-0.7}{1 \times 10^3} = 2 \text{ (mA)}$$

$$I_{BQ} = \frac{I_{CQ}}{\beta} = \frac{2 \times 10^3}{50} = 40 \text{ (μA)}$$

$$U_{CEQ} = V_{CC} - I_{CQ}(R_e+R_c) = 9 - 2 \times 10^{-3}(1 \times 10^3 + 2 \times 10^3) = 3 \text{ (V)}$$

(2)估算输入电阻 R_i 和输出电阻 R_o 及电压放大倍数 A_u。

$$r_{be} = 300 + (1+\beta)\frac{26}{I_{EQ}} = 300 + (1+\beta)\frac{26}{2} \approx 963 \text{ (Ω)}$$

$$R_b = \frac{R_{b1} \cdot R_{b2}}{R_{b1}+R_{b2}} = \frac{3 \times 7}{3+7} = 2.1 \text{ (kΩ)}$$

$$R_i = \frac{R_b \cdot r_{be}}{R_b + r_{be}} = \frac{2\,100 \times 963}{2\,100+963} \approx 0.66 \text{ (kΩ)}$$

$$R_o \approx R_c = 2 \text{ (kΩ)}$$

$$R'_L = \frac{R_c R_L}{R_c+R_L} = \frac{2 \times 2}{2+2} = 1 \text{ (kΩ)}$$

$$A_u = -\beta \frac{R'_L}{r_{be}} = -\frac{50 \times 1}{0.963} = -51.9$$

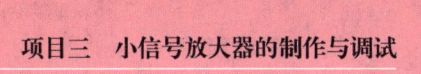

二、射极输出器的原理与分析

1. 电路组成

射极输出器是指信号从三极管基极输入，从发射极输出的放大器。如图 3-2-7 所示，三极管集电极为输入、输出的公共端，所以也称为共集电极电路。

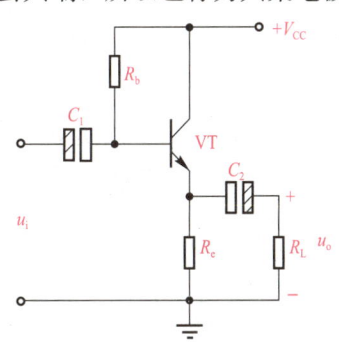

图 3-2-7　射极输出器

2. 射极输出器的特点及应用

(1)输入阻抗高，从信号源索取的电流小，可做多级放大电路的输入级；
(2)输出阻抗低，带负载能力强，可做多级放大电路的输出级；
(3)电压放大系数略低于1，且输出和输入同相，可做多级放大电路的中间级，减少电路直接相连带来的影响，起缓冲作用。

例 2　你能用以前学过的知识画出射极输出器的直流通路和交流通路吗？能估算出静态工作点吗？请试一试。

拓展知识

一、共基极放大电路

1. 电路的组成

共基极放大电路如图 3-2-8 所示，输入信号是从三极管的基极与发射极之间输入，从基极与集电极之间输出。基极为输入与输出电路的公共端，故称为共基极放大电路。

2. 静态分析

按照画直流通路的规则，共基极三极管放大电路与共射极三极管放大电路的直流通路相同。静态工作点 Q 的求法也一样。

3. 动态分析

共基极放大电路的交流通路如图 3-2-9 所示，其动态参数为

$$A_u = \frac{u_i}{u_o} = \frac{\beta i_b R'_L}{i_b r_{be}} = \frac{\beta R'_L}{r_{be}}$$

$$R_i = R_e \mathbin{/\mkern-6mu/} \frac{r_{be}}{1+\beta}$$

$$R_o \approx R_c$$

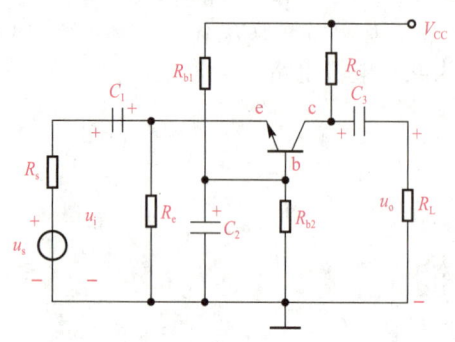

图 3-2-8　共基极放大电路

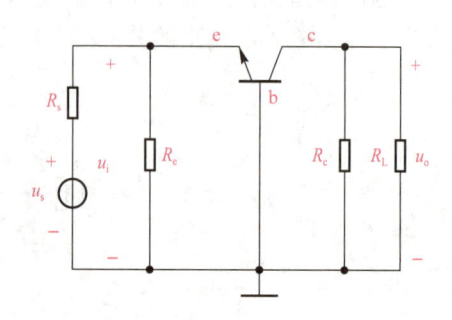

图 3-2-9　共基极放大电路的交流通路

二、多级放大电路

单级放大电路的放大倍数有时不能满足需要，为此需要将若干个基本的放大电路连接起来，组成多级放大电路。多级放大电路之间的"连接"称为耦合。

1. 耦合方式及特点

在实际中常用的耦合方式有 3 种，即直接耦合、阻容耦合、变压器耦合，如图 3-2-10 所示。

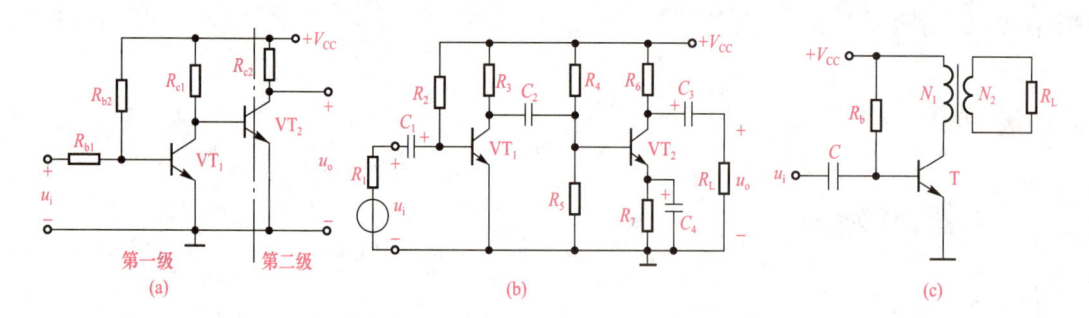

图 3-2-10　多级放大电路 3 种耦合方式的电路

(a) 直接耦合放大电路；(b) 阻容耦合放大电路；(c) 变压器耦合放大电路

直接耦合既能放大交流信号，也能放大直流信号，便于集成，但各级静态工作点相互影响，存在零漂现象。

阻容耦合各级静态工作点相互独立，便于调整，但不能放大变化缓慢或直流信号，不便于集成。

变压器耦合主要用于功率放大电路，可变化电压，可实现阻抗变换，工作点相对独立。但体积大、不能实现集成化、频率特性差。

2. 多级放大电路的动态分析

(1)电压放大倍数 A_u：多级放大电路的电压放大倍数 A_u 等于各级放大倍数的乘积。即

$$A_u = A_{u1} \cdot A_{u2} \cdots A_{un}$$

(2)输入电阻：输入级的输入电阻就是多级放大电路的输入电阻。

$$R_i = R_{i1}$$

(3)输出电阻：输出级的输出电阻就是多级放大电路的输出电阻。

$$R_o = R_{on}$$

成果展示与评价

由小组推荐代表就任务的完成情况作必要的介绍、成果展示和总结，然后以组为单位进行评价。

1. 小组成果展示方案

___

___

___

2. 小组工作总结

___

___

___

3. 学习任务评价

完成表 3-2-6 的填写。

表 3-2-6　任务评价评分表

评价项目	项目内容	评分标准	分值	自我评价（20%）	小组评价（30%）	教师评价（50%）
实操技能	元件检测	按要求对所有元件进行识别与检测	5			
	硬件电路制作	电路板测试成功	15			
	电路调试	能按要求调试电路	15			
	电路测试	正确使用万用表测量三极管各极电位值、输出电压，用示波器观察输入、输出波形并进行对比	15			
工艺	元件布局	布局合理、美观	5			
	焊点	无虚焊、连锡、起刺	5			
安全文明操作	操作是否符合安全操作规程	每一处错扣 1 分，发生短路得 0 分	10			

续表

评价项目	项目内容	评分标准	分值	自我评价（20%）	小组评价（30%）	教师评价（50%）
学习态度	参与度	小组成员积极参与总结活动	10			
	团队合作	小组成员分工明确、合理、团队意识较强	10			
	汇报表现	总结汇报简明扼要、重点突出、表达流利、思路清晰	10			
学生姓名			小计			
评价教师			总分			

4. 学习任务综合评价

完成表3-2-7的填写。

表3-2-7 任务综合评价表

评价内容	评分标准	评价等级			
		A	B	C	D
学习任务一	A. 学习任务评价成绩为90～100分 B. 学习任务评价成绩为80～89分 C. 学习任务评价成绩为60～79分 D. 学习任务评价成绩为0～59分				
学习任务二	A. 学习任务评价成绩为90～100分 B. 学习任务评价成绩为80～89分 C. 学习任务评价成绩为60～79分 D. 学习任务评价成绩为0～59分				
活动总结					

项目四　串联型直流稳压电源与差分放大器的制作与调试

● 学习目标

(1)能按要求选择适当的元件组装串联型直流稳压电源与差分放大器。
(2)能检测晶体三极管的质量，并判断三极管的3个电极。
(3)能画出串联型直流稳压电源的电路图。
(4)能说出串联型直流稳压电源的稳压原理。
(5)能计算出串联型直流稳压电源输出电压的调节范围。
(6)能画出差分放大器的基本电路。
(7)能说出差分放大器差模输入与共模输入的性能特点。
(8)能说出共模抑制比的意义。
(9)能制作出串联型直流稳压电源与差分放大器。

● 学习内容

(1)串联型直流稳压电源的电路及稳压原理。
(2)串联型直流稳压电源输出电压范围的计算及调整管的选择。
(3)差分放大器的画法。
(4)差分放大器差模输入特性与共模输入特性。
(5)差分放大器的共模抑制比。
(6)差分放大器的4种连接方式及其参数计算。

● 项目要求

用三极管、整流二极管、滤波电容、可调电位器、发光二极管等元件，在PCB板上安装和调试串联型直流稳压电源与差分放大器，并按要求测量相关电压等参数。

● 项目分析

为完成串联型直流稳压电源与差分放大器的制作与调试，首先要熟悉串联型直流稳压电源的工作过程及稳压原理，其次还要掌握差分放大器的结构及工作方式，所以此项目分解成两个学习任务：任务4—1　串联型直流稳压电源；任务4—2　串联型直流稳压电源与差分放大器。

任务 4-1　串联型直流稳压电源

● **任务要求及实施**

一、任务要求

（1）采用 12 V 交流电源、三极管、整流二极管、色环电阻等元件，设计串联型直流稳压电源，且输出电压可调。

（2）在 PCB 板上安装和调试串联型直流稳压电源。

二、任务实施

1. 引导问题

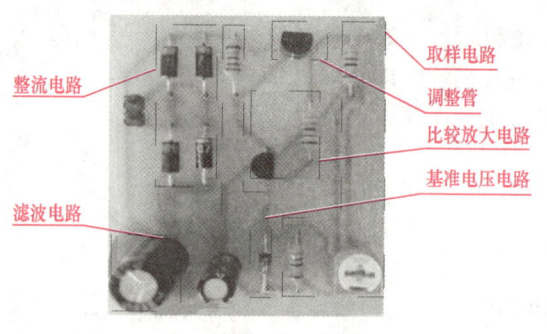

如图 4-1-1 所示为串联型直流稳压电源的实物，因为其具有结构简单、安全可靠、维修容易等优点而被广泛使用，其电路主要由基准电压电路、比较放大电路、调整管和取样电路 4 部分组成。由于调整管接成射极输出形式，与负载串联，故称为串联型直流稳压电源。

图 4-1-1　串联型直流稳压电源的实物

（1）观察图 4-1-1，写出串联型直流稳压电源由哪些部分组成：
_____、_____、_____、_____、_____。

（2）根据任务要求，结合如下选项，绘制串联型直流稳压电源的电路方框图。
① 调整管；　　②整流电路；　　③滤波电路；　　④基准电压电路；
⑤ 交流输入电路；　⑥取样电路；　　⑦比较放大电路。

2. 分析串联型直流稳压电源的原理

观察如图 4-1-2 所示的串联型直流稳压电源电路，完成以下问题。

（1）串联型直流稳压电源电路主要由哪些元件组成？并说明其在电路中的主要作用（写出各元件名称和参数）。

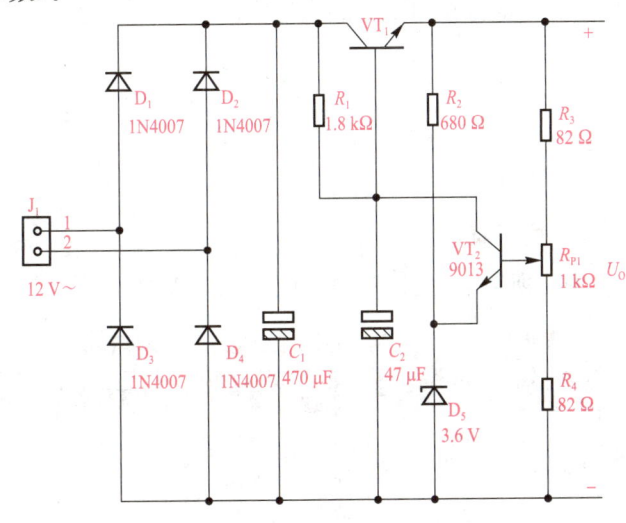

图 4-1-2 串联型直流稳压电源电路

元件编号：＿＿＿＿＿，名称：＿＿＿＿＿，型号或参数：＿＿＿＿＿，作用：＿＿＿＿＿。

元件编号：＿＿＿＿＿，名称：＿＿＿＿＿，型号或参数：＿＿＿＿＿，作用：＿＿＿＿＿。

元件编号：＿＿＿＿＿，名称：＿＿＿＿＿，型号或参数：＿＿＿＿＿，作用：＿＿＿＿＿。

元件编号：＿＿＿＿＿，名称：＿＿＿＿＿，型号或参数：＿＿＿＿＿，作用：＿＿＿＿＿。

元件编号：＿＿＿＿＿，名称：＿＿＿＿＿，型号或参数：＿＿＿＿＿，作用：＿＿＿＿＿。

元件编号：＿＿＿＿＿，名称：＿＿＿＿＿，型号或参数：＿＿＿＿＿，作用：＿＿＿＿＿。

元件编号：＿＿＿＿＿，名称：＿＿＿＿＿，型号或参数：＿＿＿＿＿，作用：＿＿＿＿＿。

元件编号：＿＿＿＿＿，名称：＿＿＿＿＿，型号或参数：＿＿＿＿＿，作用：＿＿＿＿＿。

元件编号：＿＿＿＿＿，名称：＿＿＿＿＿，型号或参数：＿＿＿＿＿，作用：＿＿＿＿＿。

元件编号：＿＿＿＿＿，名称：＿＿＿＿＿，型号或参数：＿＿＿＿＿，作用：＿＿＿＿＿。

元件编号：＿＿＿＿＿，名称：＿＿＿＿＿，型号或参数：＿＿＿＿＿，作用：＿＿＿＿＿。

元件编号：＿＿＿＿＿，名称：＿＿＿＿＿，型号或参数：＿＿＿＿＿，作用：＿＿＿＿＿。

(2)说明电源电路的整流电路、滤波电路、调整管、基准电压电路、比较放大电路、采样电路等部分各由哪些元件组成。

_____
_____
_____

(3)写出串联型直流稳压电源的稳压过程。

_____
_____
_____
_____

(4)写出串联型直流稳压电源输出电压的表达式。

_____
_____
_____
_____

3. 组装串联型直流稳压电源

(1)参照图 4-1-2,列出所需的材料清单并填入表 4-1-1 中。

表 4-1-1　组装串联型直流稳压电源的材料清单

序号	名称	规格	数量/个	序号	名称	规格	数量/个
1				9			
2				10			
3				11			
4				12			
5				13			
6				14			
7				15			
8				16			

其他材料和工具:

_____
_____

(2)主要元件的识别与检测。

①三极管。

电路符号:_____

3 个电极的判断方法:_____

质量检测方法:_____

②整流二极管。

电路符号：_____

正、负极的判断方法：_____

质量检测方法：_____

③电阻。

电路符号：_____

读数值：_____

质量检测方法：_____

测量值：_____

④可调电阻。

电路符号：_____

读数值：_____

测量值：_____

⑤电解电容。

电路符号：_____

读数值：_____

质量检测方法：_____

⑥稳压二极管。

电路符号：_____

稳压值：_____

质量检测方法：_____

(3) 参照如图 4-1-3 所示的装配图和图 4-1-2 所示的电路，在 PCB 板上组装串联型直流稳压电源。

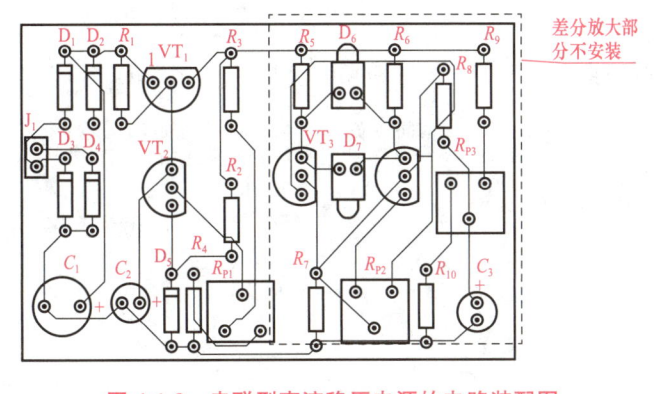

图 4-1-3　串联型直流稳压电源的电路装配图

(4) 焊接完成后，检查电路是否存在虚焊、短路等故障，并做好相关记录。

_____

_____

_____

_____

4. 调试串联型直流稳压电源

(1)接通 12 V 交流电源,调节电位器 R_{P1},用万用表测量输出电压是否可调,若输出电压可调,则其输出电压范围为:_____。

(2)电路测试与分析。如电路工作正常,请按如下要求进行测试。

测试一:调节 R_{P1} 的值使输出电压 U_O 为 12 V,用万用表测三极管 VT_1、VT_2 各极电位的值,并将数据记录在表 4-1-2 中。

表 4-1-2　串联型直流稳压电源的测试表

测量内容	测量电位值	测量电位值	测量电位值
VT_1 各极电位值	$V_B=$	$V_E=$	$V_C=$
VT_2 各极电位值	$V_B=$	$V_E=$	$V_C=$

测试二:用示波器分别观察交流输入电压波形和稳压输出波形,并将观察到的波形记录在表 4-1-3 中。

表 4-1-3　串联型直流稳压电源波形测试表

交流输入电压波形	示波器读数		
	时间挡位	周期读数	峰峰值
	幅度挡位		

稳压输出波形	示波器读数		
	时间挡位	周期读数	峰值
	幅度挡位		

(3)记录在调试电路的过程中所遇到的问题及解决方法。

_____

_____

相关知识

一、电路结构及方框图

图 4-1-4 和图 4-1-5 分别为串联型直流稳压电源的电路方框图和电路原理图，它由基准电压电路、取样电路、比较放大电路和调整管 4 部分组成。其中 VT_1 为调整管，VT_2 与电阻 R_3 组成比较放大电路；D_5 与限流电阻 R_4 组成基准电压电路，给 VT_2 的发射极提供基准电压；R_1、R_{P1} 和 R_2 组成取样电路，取出一部分输出电压变化量送到 VT_2 的基极，与 VT_2 发射极的基准电压进行比较，其差值经 VT_2 放大后送到调整管 VT_1 的基极，控制调整管 VT_1 的工作。

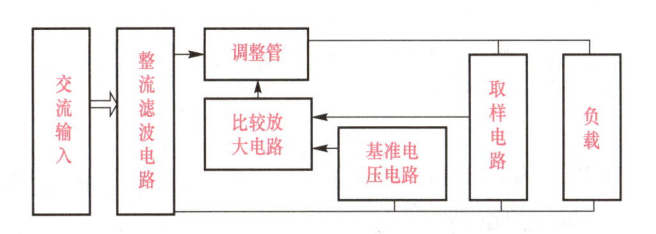

图 4-1-4 串联型直流稳压电源的电路方框图

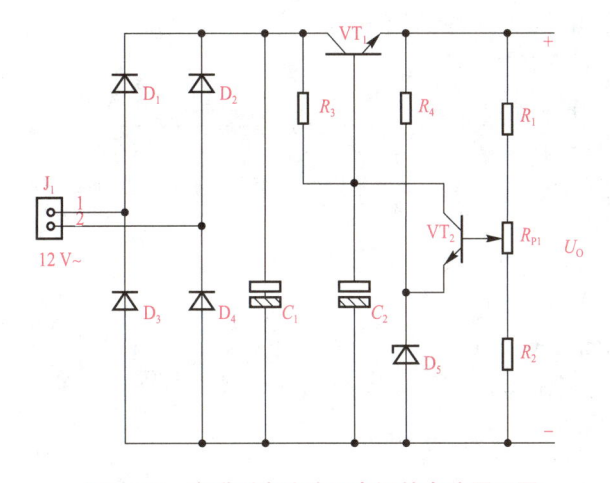

图 4-1-5 串联型直流稳压电源的电路原理图

二、电路稳压过程

12 V 交流电经 $D_1 \sim D_4$、C_1 组成的桥式整流滤波电路后，一路加到 NPN 调整管 VT_1 的集电极，另一路经 R_3 通过电解电容 C_2 滤波给 VT_1 提供基极偏置电压，VT_2 的发射极电压由稳压二极管 D_5 钳位在其稳压值上，如果输入电压升高或负载电阻变大，其输出电压 U_O 的稳定过程如下：

$U_i \uparrow$ 或 $R_L \uparrow \to U_O \uparrow \to U_{BE2} \uparrow \to I_{C2} \uparrow \to U_{C2}(U_{B1}) \downarrow \to I_{C2} \downarrow \to U_{CE1} \uparrow \to U_O \downarrow$

如果输入电压降低或负载电阻变小，则稳定过程如下：

$U_i \downarrow$ 或 $R_L \downarrow \to U_O \downarrow \to U_{BE2} \downarrow \to I_{C2} \downarrow \to U_{C2}(U_{B1}) \uparrow \to I_{C2} \uparrow \to U_{CE1} \downarrow \to U_O \uparrow$

三、输出电压的范围

由图 4-1-5 可知

$$U_{BE2} + U_Z = \frac{R_{P1} + R_2}{R_1 + R_{P1} + R_2} U_O$$

当 R_{P1} 滑动触点移至最上端时，输出电压 U_O 最小，为

$$U_{Omin} = \frac{R_1 + R_{P1} + R_2}{R_{P1} + R_2}(U_{BE2} + U_Z)$$

当 R_{P1} 滑动触点移至最下端时，输出电压 U_O 最大，为

$$U_{Omax} = \frac{R_1 + R_{P1} + R_2}{R_2}(U_{BE2} + U_Z)$$

输出电压 U_O 的调节范围是有限的，即在 $U_{Omin} \sim U_{Omax}$ 之间变化，其最大值不可能调到输入电压 U_i，最小值也不可能调到零。

例 1 在如图 4-1-5 所示的串联型直流稳压电源电路中，已知基准电压 $U_Z = 5$ V，$R_1 = R_{P1} = R_2 = 400$ Ω，U_{BE} 忽略不计。求：

(1)稳压电路输出电压 U_O 的调节范围；

(2)R_{P1} 滑动触点位于中点时的 U_O。

解：（1）$U_{Omin} = \frac{R_1 + R_{P1} + R_2}{R_{P1} + R_2}(U_{BE2} + U_Z) = \frac{400 + 400 + 400}{400 + 400} \times 5 = 7.5$ （V）

$U_{Omax} = \frac{R_1 + R_{P1} + R_2}{R_2}(U_{BE2} + U_Z) = \frac{400 + 400 + 400}{400} \times 5 = 15$ （V）

所以，输出电压的调节范围是 7.5～15 V。

(2)R_{P1} 滑动触点位于中点时，有

$$U_O = \frac{R_1 + R_{P1} + R_2}{\frac{1}{2}R_{P1} + R_2}(U_{BE2} + U_Z) = \frac{400 + 400 + 400}{200 + 400} \times 5 = 10 \text{（V）}$$

● **拓展知识**

复合管

复合管是指用两只或多只三极管按一定的规律进行组合，等效成一个三极管。复合管又称为达林顿管，如图 4-1-6 所示。

连接成复合管的原则有两点：第一，保证参与复合的每只管子的 3 个电极的电流按各自的正确方向流动；第二，前管的 c、e 极必须与后管的 c、b 极连接。

以两只三极管组成的复合管为例，其电流放大倍数 β 近似为 VT_1 与 VT_2 管的 β 值之积，即 $\beta = \beta_1 \cdot \beta_2$；复合管是 PNP 型还是 NPN 型决定于前一只管子的类型。

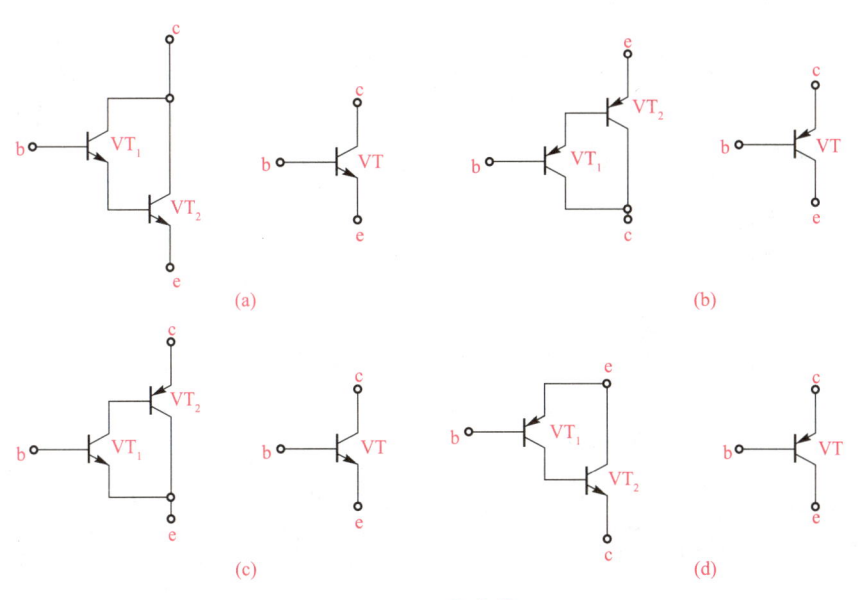

图 4-1-6　复合管

成果展示与评价

由小组推荐代表就任务的完成情况作必要的介绍、成果展示和总结，然后以组为单位进行评价。

1. 小组成果展示方案

_____

_____

2. 小组工作总结

_____

_____

_____

3. 学习任务评价

完成表 4-1-4 的填写。

表 4-1-4　任务评价评分表

评价项目	项目内容	评分标准	分值	自我评价（20%）	小组评价（30%）	教师评价（50%）
实操技能	元件检测	按要求对所有元件进行识别与检测	5			
	硬件电路制作	电路板测试成功	15			
	电路调试	能按要求调试电路	15			
	电路测试	正确使用万用表测三极管各电极的电位及稳压后的输出电压，并用示波器观察波形	15			

91

续表

评价项目	项目内容	评分标准	分值	自我评价（20%）	小组评价（30%）	教师评价（50%）
工艺	元件布局	布局合理、美观	5			
	焊点	无虚焊、连锡、起刺	5			
安全文明操作	操作是否符合安全操作规程	每一处错扣1分，发生短路得0分	10			
学习态度	参与度	小组成员积极参与总结活动	10			
	团队合作	小组成员分工明确、合理、团队意识较强	10			
	汇报表现	总结汇报简明扼要、重点突出、表达流利、思路清晰	10			
学生姓名			小计			
评价教师			总分			

任务4-2　串联型直流稳压电源与差分放大器

● 任务要求及实施

➡ 一、任务要求

在任务4－1的基础上（串联型直流稳压电源），安装和调试差分放大器。

➡ 二、任务实施

1. 引导问题

在多级直接耦合放大器中，受到温度、电源等因素的变化，放大器输出端会产生零漂现象，目前，抑制零漂行之有效的方法就是采用差分放大器。由于在任务4－1中已经学习了串联型直流稳压电源，故在本任务中主要学习差分放大器的结构、工作原理等相关知识，串联型直流稳压电源与差分放大器的实物如图4-2-1所示。

项目四　串联型直流稳压电源与差分放大器的制作与调试

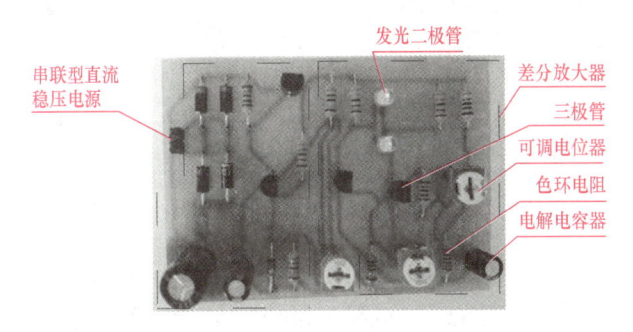

图 4-2-1　串联型直流稳压电源与差分放大器的实物

(1)请认真观察图 4-2-1，写出串联型直流稳压电源与差分放大器主要由几部分组成：_____、_____、_____、_____。

(2)观察图 4-2-1，写出差分放大器由哪些元件组成：
_____、_____、_____、_____、_____、_____、_____、_____、_____、_____、_____、_____、_____。

(3)根据任务要求，结合如下选项，绘制串联型直流稳压电源与差分放大器的电路结构图。

①调整管；②整流电路；③滤波电路；④基准电压电路；⑤交流输入电路；⑥取样电路；⑦比较放大电路；⑧差分放大器；⑨负载。

2. 分析串联型直流稳压电源与差分放大器的原理

请认真观察如图 4-2-2 所示的串联型直流稳压电源与差分放大器电路，然后完成以下问题。

93

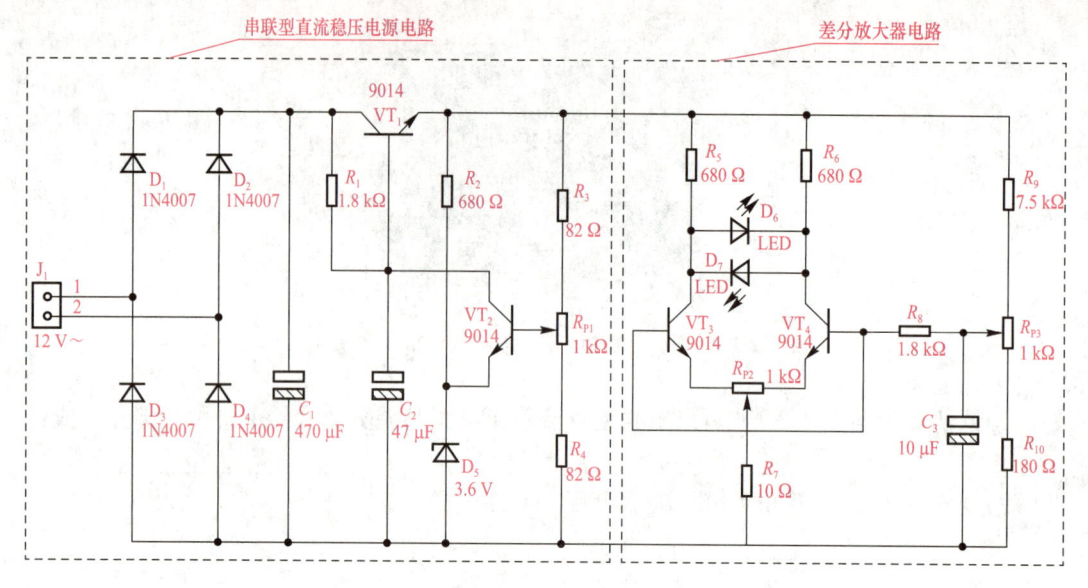

图 4-2-2　串联型直流稳压电源与差分放大器电路

(1)串联型直流稳压电源与差分放大器电路主要由哪些元件组成？并说明其在电路中的主要作用(写出各元件名称和参数)。

元件编号：_____，名称：_____，型号或参数：_____，作用：_____。

元件编号：_____，名称：_____，型号或参数：_____，作用：_____。

元件编号：_____，名称：_____，型号或参数：_____，作用：_____。

元件编号：_____，名称：_____，型号或参数：_____，作用：_____。

元件编号：_____，名称：_____，型号或参数：_____，作用：_____。

元件编号：_____，名称：_____，型号或参数：_____，作用：_____。

元件编号：_____，名称：_____，型号或参数：_____，作用：_____。

元件编号：_____，名称：_____，型号或参数：_____，作用：_____。

元件编号：_____，名称：_____，型号或参数：_____，作用：_____。

元件编号：_____，名称：_____，型号或参数：_____，作用：_____。

元件编号：_____，名称：_____，型号或参数：_____，作用：_____。

元件编号：_____，名称：_____，型号或参数：_____，作用：_____。

元件编号：_____，名称：_____，型号或参数：_____，作用：_____。

元件编号：_____，名称：_____，型号或参数：_____，作用：_____。

元件编号：_____，名称：_____，型号或参数：_____，作用：_____。

元件编号：_____，名称：_____，型号或参数：_____，作用：_____。

元件编号：_____，名称：_____，型号或参数：_____，作用：_____。

(2)差分放大器的负载由哪些元件组成？
_____
_____

(3)差分放大器电路属于(　　)方式。
　　A. 单端输入单端输出　　　　　　B. 单端输入双端输出
　　C. 双端输入双端输出　　　　　　D. 双端输入单端输出

(4)说明 R_{P2} 和 R_{P3} 的作用。
_____
_____
_____

3. 组装串联型直流稳压电源与差分放大器

(1)参照图 4-2-2，列出所需的材料清单并填入表 4-2-1 中。

表 4-2-1　组装串联型直流稳压电源与差分放大器的材料清单（只领取差分放大部分的材料）

序号	名称	规格	数量/个	序号	名称	规格	数量/个
1				7			
2				8			
3				9			
4				10			
5				11			
6				12			

其他材料和工具：
_____
_____

(2)主要元件识别与检测。

①三极管。

电路符号：_____

3 个电极的判断方法：_____

质量检测方法：_____

②发光二极管。

电路符号：_____

正、负极的判断方法：_____

质量检测方法：_____

③电阻。

电路符号：_____

读数值：_____

质量检测方法：_____

测量值：

④可调电位器。

电路符号：

读数值：

⑤电解电容。

电路符号：

读数值：

正、负极的判断方法：

质量检测方法：

⑥瓷片电容。

电路符号：

读数值：

质量检测方法：

(3)参照如图 4-2-3 所示的装配图和如图 4-2-2 所示的电路，在 PCB 板上组装串联型直流稳压电源与差分放大器。

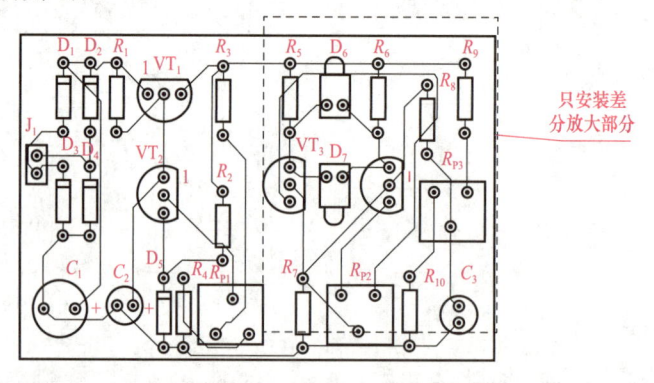

图 4-2-3　串联型直流稳压电源与差分放大器的电路装配图

(4)焊接完成后，检查电路是否存在虚焊、短路等故障，并做好相关记录。

4. 调试电路

(1)接通 12 V 交流电源，调节 R_{P1}，使串联型直流稳压电源电路输出 12 V 电压。

(2)调节调零电位器 R_{P2}，使发光二极管 D_6 发亮，分别测量 VT_3、VT_4 的集电极电位。

(3)调节调零电位器 R_{P2}，使发光二极管 D_7 发亮，分别测量 VT_3、VT_4 的集电极电位。

(4)调节调零电位器 R_{P2}，使发光二极管 D_6、D_7 不发亮，分别测量 VT_3、VT_4 的集电极电位，并说明发光二极管不发亮的原因。

___

___

(5)记录在调试电路的过程中所遇到的问题及解决方法。

___

___

___

● 相关知识

➡ 一、零点漂移现象

当单级共射放大器输入电压为零时，由于温度变化、电源波动、器件的老化等因素的影响，会使输出电压偏离零值，这种现象称为零点漂移，简称"零漂"。在直接耦合放大电路中各级 Q 点是相互影响的，由于各级的放大作用，前一级的微弱变化会使输出级产生很大的变化，严重时零漂电压会超过有用的信号，导致整个电路无法正常工作。造成零漂最主要的原因是温度变化，所以零漂也称温漂，如图 4-2-4 所示。

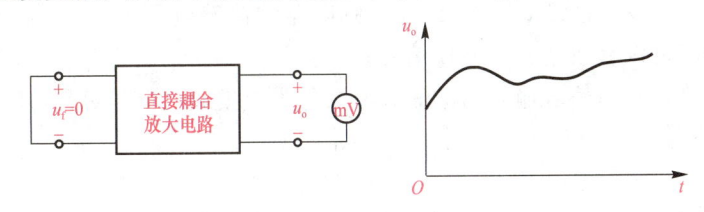

图 4-2-4 零漂现象

为克服温漂可以引入直流负反馈进行温度补偿。在实践中，可用两只特性相同的三极管组成完全对称的电路，即差分放大电路(简称差放)。

➡ 二、典型差分放大电路

1. 电路结构

如图 4-2-5、图 4-2-6 所示的差分放大电路是由两个完全对称的单管放大电路组成，它们有两个输入和输出端，电路中的两个三极管 VT_1、VT_2 特性一致，且 $R_{c1}=R_{c2}$、$R_{b1}=R_{b2}$、$\beta_1=\beta_2$。

如果电路的输入信号电压为 u_i，则三极管 VT_1 和 VT_2 的输入电压为经过 R_1 和 R_2 分压后的 u_{i1} 和 u_{i2}，差分电路输出信号 $u_O=u_{O1}-u_{O2}$，其中 u_{O1} 为三极管 VT_1 的集电极对地电位，u_{O2} 为三极管 VT_2 的集电极对地电位。

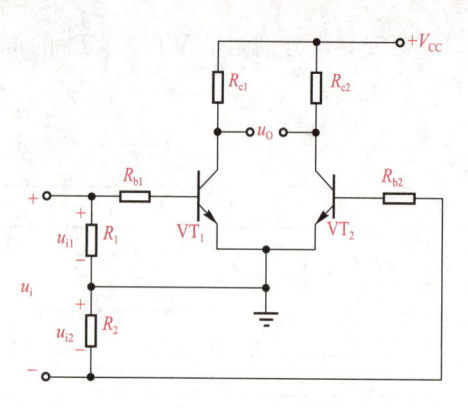

图 4-2-5　差分放大电路及差模输入方式

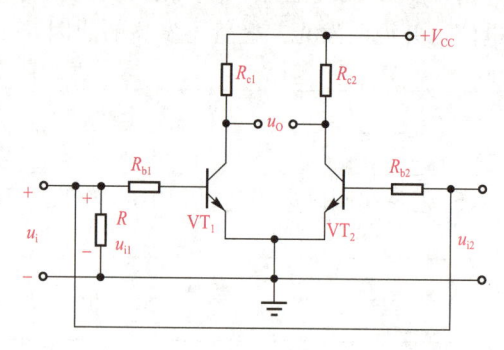

图 4-2-6　差分放大电路及共模输入方式

2. 抑制零漂的原理

当输入信号电压为零时，由于差分电路两边完全对称，故 $u_{O1}=u_{O2}$，则 $u_O=u_{O1}-u_{O2}=0$；若环境温度或电源电压有小波动，因两个三极管所有参数变化相同，则有 $\Delta u_{O1}=\Delta u_{O2}$，由此可知，$u_O$ 还是为 0，所以差分放大电路可以很好地抑制零漂。

3. 信号输入

(1)差模输入 u_{id}。差模信号是指一对大小相等、极性相反的信号，即 $u_{id}=u_{i1}=-u_{i2}=u_i/2$。差分电路在差模输入信号作用下，由于三极管 VT_1 和 VT_2 参数的变化量相反，即一个增加，另一个减少，使 $\Delta u_{O1}=-\Delta u_{O2}$，则电路的输出电压 $u_O=\Delta u_{O1}-\Delta u_{O2}=2\Delta u_{O1}$，可见差分放大电路可以有效地放大差模信号。

差分放大电路在差模信号输入时的放大倍数称为差模放大倍数 A_d，且

$$A_d=\frac{u_O}{u_i}$$

因为 $A_{d1}=A_{d2}$，所以

$$u_O=u_{O1}-u_{O2}=A_{d1}u_{i1}-A_{d2}u_{i2}=A_{d1}u_{i1}-A_{d2}(-u_{i1})$$
$$=A_{d1}u_{i1}+A_{d2}u_{i1}=2A_{d1}u_{i1}=A_{d1}u_i$$

有

$$A_{d1}=\frac{u_O}{u_i}=A_d=A_{d2}$$

由此可知，差分放大电路的差模放大倍数 A_d 等于差模输入电路中的每一只单管的放大倍数，其特点是多用一个放大管来换取对零漂的抑制。

(2)共模输入 u_{ic}。共模信号是指一对大小相等、极性相同的信号，即 $u_{ic}=u_{i1}=u_{i2}=u_i/2$。在共模输入信号的作用下，因为三极管 VT_1 和 VT_2 参数的变化量相同，即同时增加，同时减少。使 $\Delta u_{O1}=\Delta u_{O2}$，则电路的输出电压 $u_O=0$，共模电压放大倍数为

$$A_c=\frac{u_O}{u_i}=0$$

(3)比较输入方式。比较输入方式是指两个输入信号大小不等、极性可相同或相反。输出电压的大小和相位与两个输入信号比较的结果有关。

4. 共模抑制比

共模抑制比是衡量差分放大电路放大差模信号和抑制共模信号能力的重要指标，定义为差模放大倍数 A_d 与共模放大倍数 A_c 之比，即

$$K_{CMR} = \left| \frac{A_d}{A_c} \right|$$

K_{CMR} 越大，差分放大电路的性能越好。理想情况下共模抑制比应为无穷大。

三、带调零电位器的差分放大电路

不管电路参数如何一样，始终无法做到完全对称。如图 4-2-7 所示电路就是在基本差分放大电路的基础上加一个电位器 R_P，一个公共发射极电阻 R_e 和一个辅助电源 $-V_{EE}$。

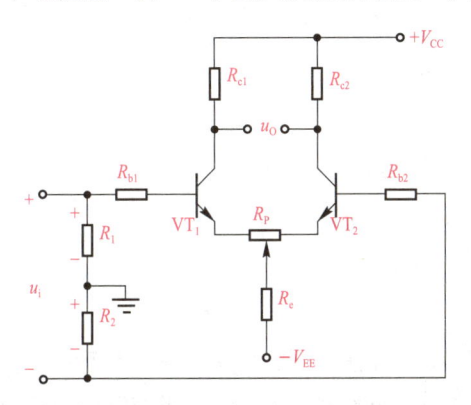

图 4-2-7 带调零电位器的差分放大电路

设置调零电位器 R_P 的主要目的是使 $u_{O1}=u_{O2}$，这样当 $u_i=0$ 时，可使 $u_O=0$。

接入辅助电源 $-V_{EE}$ 的目的在于避免当 R_e 取值过大时，造成 u_{CE} 减小使动态范围变小。加上一个负的电源可以降低 u_E，增大 u_{CE}，使动态范围变大。

四、差分放大电路的输入和输出方式

差分放大电路有两个输入端和两个输出端，根据不同的需要，可以有以下 4 种连接方式。

1. 双端输入、双端输出

如图 4-2-5 所示，前面已讲述，它的差模放大倍数 A_d 和单管放大倍数 A_{d1} 和 A_{d2} 是相同的，即 $A_d=A_{d1}=A_{d2}$。

2. 双端输入、单端输出

如图 4-2-8 所示，由于输出只和三极管 VT_1 的集电极对地电压有关，所以 $u_O=u_{O1}$，因此差模放大倍数只有双端输出的一半，即 $A_d=A_{d1}/2$。

3. 单端输入、双端输出

如图 4-2-9 所示，信号只从 VT_1 的基极输入，而 VT_2 的基极接地。与双端输入相比，单端输入加入了发射极共用电阻 R_e。公共发射极电阻 R_e 起到了把单端输入转换成双端输入的作用。因为 VT_1 和 VT_2 的发射极电位相同，当输入信号 i_{C1} 增大时，i_{E1} 增大。为使总的 $i_E = i_{E1} + i_{E2}$ 不变，i_{E2} 必须减少，且 $\Delta i_{E2} = -\Delta i_{E1}$。又因 $u_O = u_{O1} - u_{O2}$，所以电路的放大倍数 $A_d = A_{d1} = A_{d2}$。

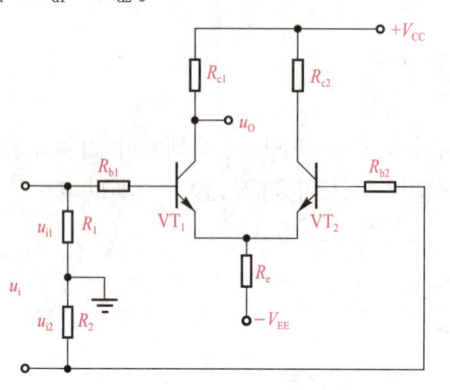

图 4-2-8 双端输入、单端输出

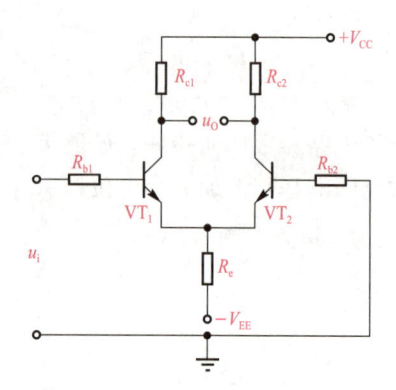

图 4-2-9 单端输入、双端输出

4. 单端输入、单端输出

如图 4-2-10 所示，信号也是只从 VT_1 的基极输入，而 VT_2 的基极接地。如果输出端接 VT_1 的集电极，则输出信号与输入信号反相；如果输出端接 VT_2 的集电极，则输出信号与输入信号同相。电路的放大倍数为 $A_d = A_{d1}/2$。

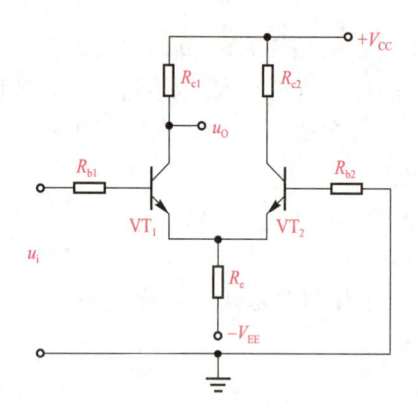

图 4-2-10 单端输入、单端输出

综上所述，无论是哪种输入，只要是双端输出，它的差模电压放大倍数就等于单边差模电压放大倍数；单端输出时，差模电压放大倍数是单边差模电压放大倍数的一半。双端输入电路依靠输入信号分压后取得差分信号，单端输入电路依靠 R_e 的作用得到差分信号。

拓展知识

有源负载差分放大电路如图 4-2-11 所示。

为了增大共模抑制比,除了力求差分放大电路完全对称外,还应增大发射极电阻 R_e,但是 R_e 过大,会使放大电路两管的静态工作点电流偏低。为了解决这个矛盾,可以采用有源负载电路来代替 R_e。

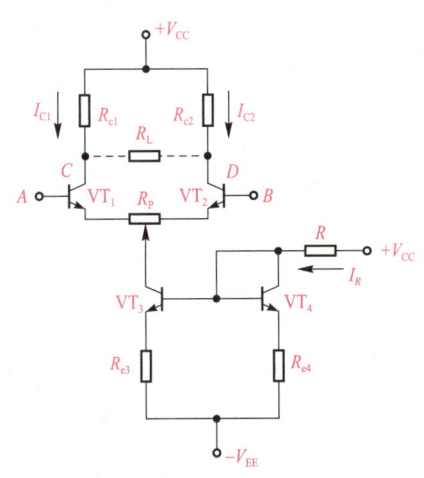

图 4-2-11　有源负载差分放大电路

成果展示与评价

由小组推荐代表就任务的完成情况作必要的介绍、成果展示和总结,然后以组为单位进行评价。

1. 小组成果展示方案

2. 小组工作总结

3. 学习任务评价

完成表 4-2-2 的填写。

表 4-2-2　任务评价评分表

评价项目	项目内容	评分标准	分值	自我评价(20%)	小组评价(30%)	教师评价(50%)
实操技能	元件检测	按要求对所有元件进行识别与检测	5			
	硬件电路制作	电路板测试成功	15			
	电路调试	能按要求调试电路	15			
	电路测试	正确使用万用表测串联稳压后的输出电压及 VT_3、VT_4 的各极电压，用示波器测串联稳压后的电压波形	15			
工艺	元件布局	布局合理、美观	5			
	焊点	无虚焊、连锡、起刺	5			
安全文明操作	操作是否符合安全操作规程	每一处错扣 1 分，发生短路得 0 分	10			
学习态度	参与度	小组成员积极参与总结活动	10			
	团队合作	小组成员分工明确、合理、团队意识较强	10			
	汇报表现	总结汇报简明扼要、重点突出、表达流利、思路清晰	10			
学生姓名			小计			
评价教师			总分			

4. 学习任务综合评价

完成表 4-2-3 的填写。

表 4-2-3　任务综合评价表

| 评价内容 | 评分标准 | 评价等级 ||||
		A	B	C	D
学习任务一	A. 学习任务评价成绩为 90～100 分 B. 学习任务评价成绩为 80～89 分 C. 学习任务评价成绩为 60～79 分 D. 学习任务评价成绩为 0～59 分				
学习任务二	A. 学习任务评价成绩为 90～100 分 B. 学习任务评价成绩为 80～89 分 C. 学习任务评价成绩为 60～79 分 D. 学习任务评价成绩为 0～59 分				
活动总结					

项目五　反相放大器的制作与调试

● 学习目标

(1)能按要求选择适当的元件组装反相放大器及±12 V双电源电路。
(2)能运用集成运放LM358设计基本电路。
(3)能用示波器测量输出波形并在坐标纸上正确绘制波形图。

● 学习内容

(1)双电源电路的结构。
(2)双电源电路的工作原理。
(3)三端集成稳压管LM7812和LM7912的应用。
(4)集成运放的基本结构和电路符号。
(5)集成运放的主要参数及分类。
(6)理想集成运放的基本特性。
(7)集成运放LM358的基本应用电路。
(8)用示波器测量波形。

● 项目要求

　　用三端集成稳压管LM7812、LM7912、集成运放LM358、整流二极管和发光二极管等元件在万能板上安装和调试双电源电路及反相放大器电路，使双电源电路的输出电压为±12 V的平滑波形，当输入幅值为50 mV、频率为1 kHz的正弦信号时，反相放大器能不失真地进行放大输出。

● 项目分析

　　为完成反相放大器的制作与调试，首先要制作±12 V电源为反相放大器提供电压，其次以集成运放LM358为核心，按项目要求设计反相放大器的电路，所以在此项目中分解成两个学习任务：任务5—1　±12 V双电源电路；任务5—2　LM358反相放大器。

任务 5-1 ±12 V 双电源电路

● 任务要求及实施

➡ 一、任务要求

在电路板上组装和调试±12 V 电源电路，使电源输出±12 V 电压，为任务 5-2 中的 LM358 反相放大器提供电源。

➡ 二、任务实施

1. 引导问题

±12 V 双电源电路的工作过程为由电源变压器二次侧输出的两组低压交流电，经过桥式整流变成脉动直流电，在滤波电容器的作用下滤除了其中的交流成分，得到波动较小的直流电，通过稳压管稳压输出±12 V 电压。

下面通过几个问题来认识双电源结构。

(1) 观察图 5-1-1 和图 5-1-2，写出±12 V 双电源电路主要由哪些部分组成：_____、_____、_____、_____、_____、_____。

图 5-1-1 电源变压器

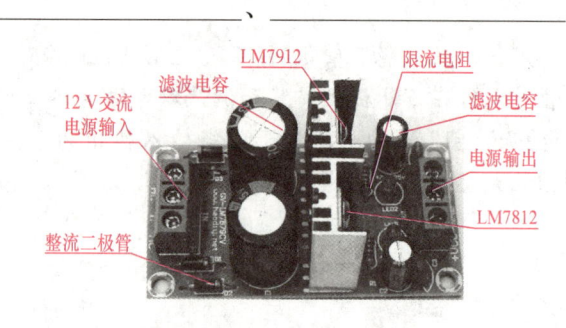

图 5-1-2 ±12 V 双电源电路

(2) 观察图 5-1-1 及图 5-1-2，写出±12 V 双电源电路有哪些关键元件：_____、_____、_____、_____、_____、_____。

(3)根据任务要求，结合如下选项绘制±12 V电源电路的方框图。

①电源变压器；②整流电路；③正电源滤波电路；④＋12 V 稳压电路；⑤负载；⑥交流输入；⑦负电源滤波电路；⑧－12 V 稳压电路。

2. 分析±12 V 双电源电路的原理

请仔细观察如图 5-1-3 所示的±12 V 双电源电路，然后完成以下问题。

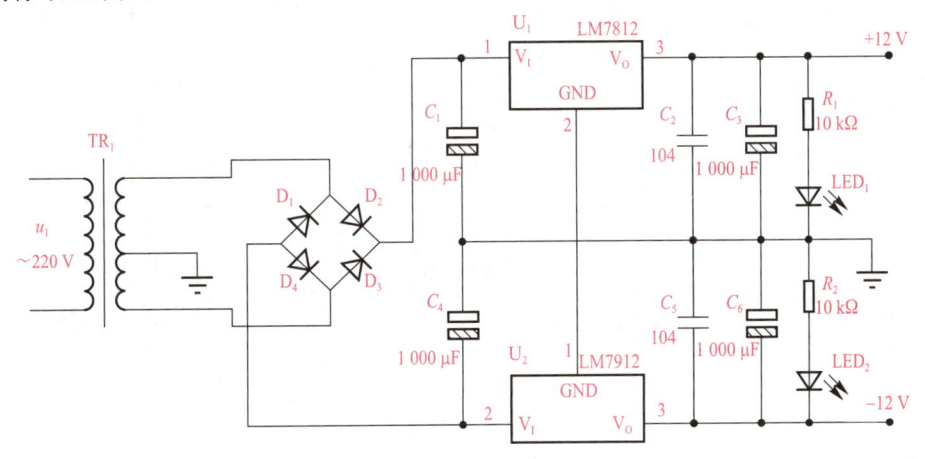

图 5-1-3　±12 V 双电源电路

(1)±12 V 双电源电路主要由哪些元件组成？并说明其在电路中的主要作用(写出各元件名称和参数)

元件编号：_____，名称：_____，型号或参数：_____，作用：_____。

元件编号：_____，名称：_____，型号或参数：_____，作用：_____。

元件编号：_____，名称：_____，型号或参数：_____，作用：_____。

元件编号：_____，名称：_____，型号或参数：_____，作用：_____。

元件编号：_____，名称：_____，型号或参数：_____，作用：_____。

元件编号：_____，名称：_____，型号或参数：_____，作用：_____。

元件编号：_____，名称：_____，型号或参数：_____，作用：_____。

元件编号：_____，名称：_____，型号或参数：_____，作用：_____。

元件编号：_____，名称：_____，型号或参数：_____，作用：_____。

元件编号：_____，名称：_____，型号或参数：_____，作用：_____。

元件编号：_____，名称：_____，型号或参数：_____，作用：_____。

元件编号：_____，名称：_____，型号或参数：_____，作用：_____。

元件编号：_____，名称：_____，型号或参数：_____，作用：_____。

(2) 观察图 5-1-3，可以发现电解电容 C_4、C_6 的正极接地，根据是什么？

_____

(3) 如果电路需要增加 5 V 供电，应该如何改进电路？

_____

_____

_____

3. 组装±12 V 双电源电路

(1) 参照图 5-1-3，列出所需的材料清单并填入表 5-1-1 中。

表 5-1-1　组装±12 V 双电源电路的材料清单

序号	名称	规格	数量/个	序号	名称	规格	数量/个
1				10			
2				11			
3				12			
4				13			
5				14			
6				15			
7				16			
8				17			
9				18			

其他材料和工具：

_____

_____

(2) 主要元件识别与检测。

① 三端集成稳压管 LM7812。

电路符号：_____

引脚判断方法：_____

② 三端集成稳压管 LM7912。

电路符号：_____

引脚判断方法：_____

③ 发光二极管。

电路符号：_____

正、负极判断方法：_____
质量检测方法：_____
④整流二极管。
电路符号：_____
正、负极判断方法：_____
质量检测方法：_____
⑤电阻。
电路符号：_____
读数值：_____
质量检测方法：_____
测量值：_____
⑥电解电容。
电路符号：_____
读数值：_____
正、负极判断方法：_____
质量检测方法：_____
⑦瓷片电容。
电路符号：_____
读数值：_____
质量检测方法：_____

(3)参照如图 5-1-4 所示的装配图和如图 5-1-3 所示的电路，在电路板上组装±12 V 双电源电路。

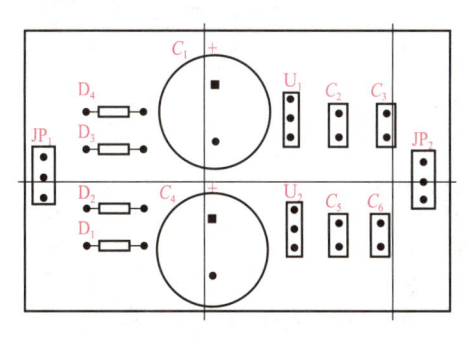

图 5-1-4　±12 V 双电源电路的装配图

> **小贴士**
> ①三端稳压管的引脚不得接错，公共端不得悬空；
> ②正确安装电解电容，以防接反发生爆炸；
> ③三端大功率稳压管加散热器后的耗散功率可在 7.5～15 W。

(4)焊接完成后，检查电路是否存在虚焊、短路等故障，并做好相关记录。

_____
_____
_____

4. 调试±12 V双电源电路

(1)接通电源后，检查电路能否正常工作，如电源指示灯 LED$_1$、LED$_2$ 正常发亮，则说明电路运行正常，否则电路不正常，需立即断开电源，进行故障排除。

(2)如电路能正常工作，用万用表测量输出电压并记录。

_____
_____
_____
_____

> **小贴士**
> 由于 LM7912 输出为负电压，需注意测量方法。

(3)记录在调试电路的过程中所遇到的问题及解决方法。

_____
_____
_____
_____

● 相关知识

➡ 一、电源变压器

在项目二中已经介绍过电源变压器的基本结构，此处不再详细介绍。在本项目中采用了次级线圈带抽头的电源变压器作为双电源电路的电源，其实物图及电路符号如图 5-1-5 和图 5-1-6 所示。一般情况下，电源变压器的电路连接有两种：一是抽头接地；二是抽头不接地。

下面介绍电源变压器做抽头接地连接的特点：

(1)本任务中电路所用的电源变压器 TR$_1$ 含有一组带中心抽头的次级线圈，中心抽头端接地。

(2)电源变压器输出端输出两组交流电压，如电路中的 u_{o1} 和 u_{o2}，有时还可以输出第三组交流电压，即利用整个次级线圈输出交流电压，如电压 u_{o3}。

(3)电源变压器输出的两个交流电压是相互独立的，可以直接加到各自的整流电路中。

（4）由于抽头设在次级线圈的中间，所以抽头接地后抽头以上线圈和抽头以下线圈之间能够分别输出两个相位相反的交流电压，如图 5-1-7 所示。

图 5-1-5　电源变压器实物

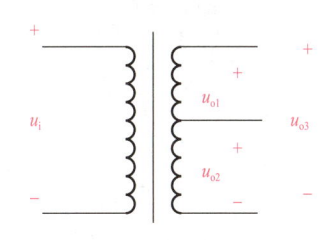

图 5-1-6　电源变压器电路符号

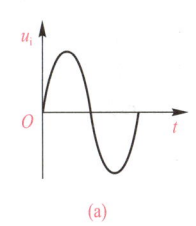

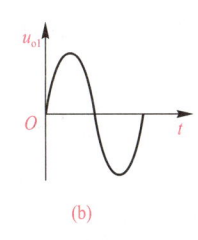

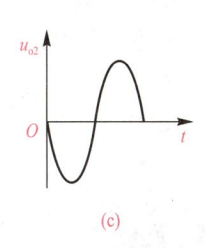

图 5-1-7　变压器的输入端波形和输出端波形
（a）输入波形；（b）正电压输出波形 u_{o1}；（c）负电压输出波形 u_{o2}

小贴士

根据次级线圈抽头位置的不同有两种情况：

一是抽头不在次级线圈的中心位置，这时输出两组大小不同、相位相反的交流电压；

二是抽头设在次级线圈的中心位置（为中心抽头），这时输出两组大小相同、相位相反的交流电压。

二、三端集成稳压管 LM7812、LM7912

在电源电路中，通常在整流滤波电路后面加稳压电路，以确保输出电压的稳定性，由于采用集成稳压管的稳压电路结构简单、外围元件少、可靠性较高，从而被广泛应用。

1. 三端集成稳压管的主要参数

（1）正电源三端集成稳压管 LM7812。LM7812 采用 TO-220 的标准封装，有 3 个引脚，其中 1 脚为输入端、2 脚为公共端、3 脚为输出端。

LM7812 输入电压的范围为 15～17 V，输出直流电压为 +12 V，输出电流范围为 0.1～0.5 A。

LM7812 的引脚排列及电路符号如图 5-1-8 和图 5-1-9 所示。

图 5-1-8　LM7812 的引脚排列 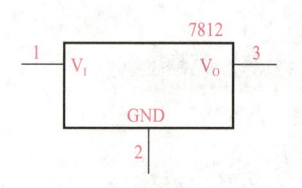　　　　图 5-1-9　LM7812 的电路符号

(2)负电源三端集成稳压管 LM7912。LM7912 采用 TO-220 的标准封装，有 3 个引脚，其中 1 脚为公共端、2 脚为输入端、3 脚为输出端。

LM7912 输入电压的范围为 15～17 V，输出直流电压为－12 V，输出电流范围为 0.1～0.5 A。

LM7912 的引脚排列及电路符号如图 5-1-10 和图 5-1-11 所示。

图 5-1-10　LM7912 的引脚排列 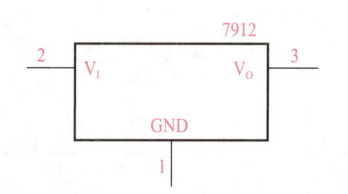　　　　图 5-1-11　LM7912 的电路符号

> **小贴士**
>
> 当三端集成稳压管的输入电压要比输出电压大 3～5 V 时，才能保证三端集成稳压管工作在线性区。

2. 三端集成稳压管的质量检测

检测三端集成稳压管常用电压测量法检测质量。测量时，在三端集成稳压管的电压输入端与接地端之间加上一个直流电压，此电压应比被测稳压管的标称输出电压高 3 V 以上，但不能超过其最大输入电压。若测得稳压管输出端与接地端之间的电压值输出稳定，且在稳压管标称稳压值的±5%范围内，则说明该稳压管性能良好。

3. ±12 V 双电源电路工作原理

±12 V 双电源电路如图 5-1-12 所示，主要由双电源变压器、整流滤波电路、三端集成稳压管 LM7812 和 LM7912 组成。

输入市网电压 AC 220 V、50 Hz 的交流电后，通过电源变压器输出±12 V 交流电，经过桥式整流变成了脉动直流电，在滤波电容器的作用下滤除了其中的交流成分，得到波动较小的直流电，通过稳压管稳压输出±12 V 电压。其中每个稳压管输出端接入 0.1 μF(104)的电容是为实现频率补偿，防止稳压管产生高频自激振荡，同时抑制电路引入高频干扰。为了减小输出纹波电压，在输出端并联 100 μF 的电解电容。有时，为了防止在输入端短路时，输出电容 C_3、C_6 通过稳压管放电而损坏器件，在稳压管的输入、输出端会跨接 1N4001 二极管。当输出电流较大时，LM7812 和 LM7912 应配上散热板。

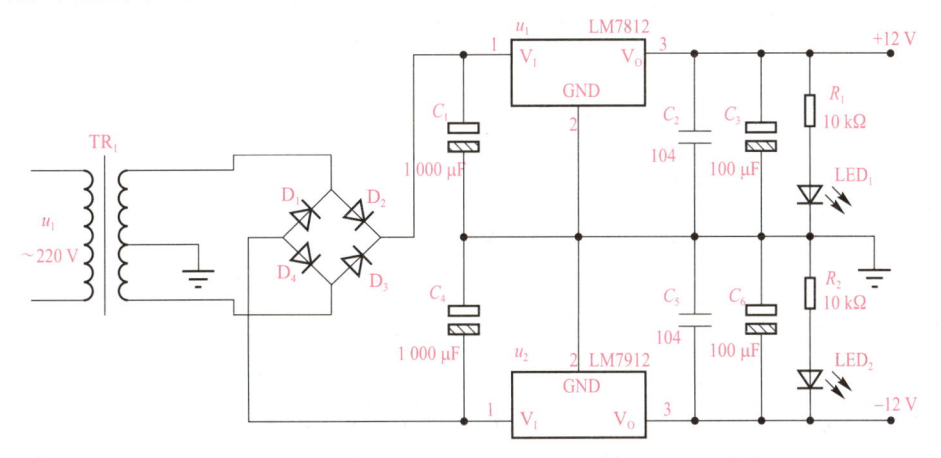

图 5-1-12　±12 V 双电源电路

拓展知识

一、LM7812、LM7912 的应用电路

1. 扩大输入电压的电路

LM7812、LM7912 三端集成稳压管的最大输入电压的脉动电压一般不超过 40 V，当输入电压大于 40 V 时，可采用如图 5-1-13 所示的连接方法。电路中串入三极管 VT_1 后，输入电压的一部分降落在 VT_1 的集电极与发射极之间，这样就能使集成稳压管的输入电压小于它所允许的最大值。

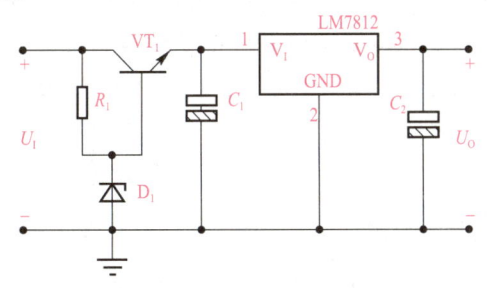

图 5-1-13　扩大输入电压的电路

2. 提高输出电压的电路

如图 5-1-14 所示，稳压二极管 D_2 串接在 LM7812 稳压管 2 脚与地之间，可使输出电压 U_O 得到一定的提高，输出电压 U_O 为 LM7812 稳压管输出电压与稳压二极管 D_2 的稳压

值之和，即 $U_O=12\text{ V}+U_{D_2}$。D_1 是输出保护二极管，一旦输出电压低于 D_1 的稳压值，D_1 便会导通，将输出电流旁路，保护 LM7812 稳压管的输出级不被损坏。

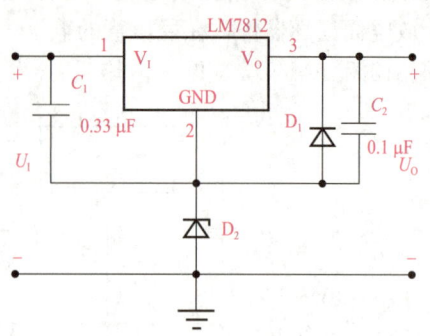

图 5-1-14　提高输出电压的电路

3. 扩大输出电流的电路

当负载电流需要大于集成稳压管的最大输出电流时，可采用如图 5-1-15(a)所示的外接大功率三极管的电路。设集成稳压管的输出电流为 I_O，负载电流为 I_L，三极管 VT_1 的集电极电流为 I_C，则负载电流为 $I_L=I_O+I_C$。电阻 R 选择适当的阻值，可使 VT_1 只有在输出电流 I_O 较大时才导通。

在如图 5-1-15(b)所示的电路中，将两只集成稳压管并联使用，可使输出电流扩大一倍。但应注意，这两个集成稳压管的型号、参数最好相同，至少参数要相近。

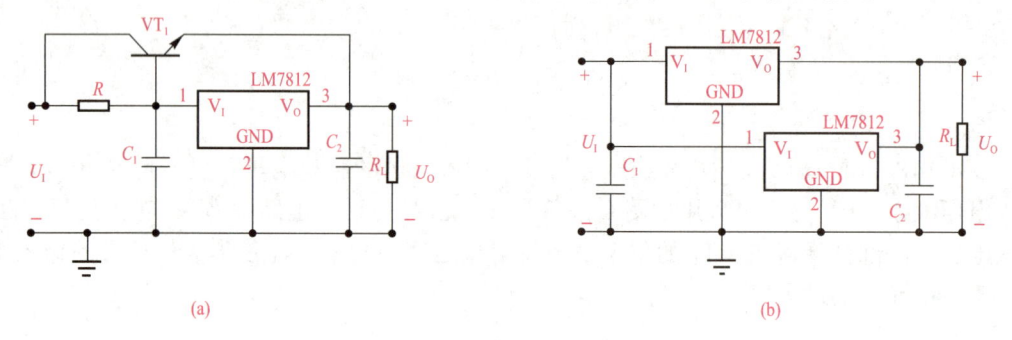

图 5-1-15　扩大输出电流的电路
(a)外接大功率三极管；(b)三端集成稳压管并联

➡ 二、可调式三端集成稳压管

可调式三端集成稳压管不仅输出电压可调，且稳定性能优于固定式三端集成稳压管。它的 3 个引出端为输入端、输出端和调整端，型号及含义与固定式相似，不同之处在产品序号上。序号为 3 位数，前一位含义是：1 为军工；2 为工业、半军工；3 一般为民用。后两位的含义是：17 为输出正电压；37 为输出负电压。

可调式三端集成稳压管，其中 LM117、LM337 就是有代表性的产品，国内产品的前缀是 W，即 W117、W337。

317系列集成稳压管输出为连续可调的正电压，337系列集成稳压管输出为连续可调的负电压，可调范围为1.2～37 V，最大输出电流为1.5 A。集成稳压管内部含有过流、过热保护电路，具有安全可靠、性能优良、不易损坏、使用方便等优点。其电压调整率和电流调整率均优于固定式三端集成稳压管构成的可调电源电路。

LM317系列和LM337系列的引脚功能相同，下列介绍均以LM317为例。

LM317引脚排列如图5-1-16所示，有3个引脚，1脚为调整端；2脚为输出端；3脚为输入端。LM317其特性参数为：输出电压可调范围为1.2～37 V；输出负载电流为1.5 A；输入与输出工作压差 $\Delta U = U_I - U_O$ 的范围为3～40 V。

1. 典型应用电路

如图5-1-17所示为LM317的典型应用电路，根据所选型号的不同，其封装形式和引脚排列也会有区别，使用时要查阅使用手册才能确定具体接线方式。如图5-1-17所示电路中所选型号为LM317BD2T，其调整端的引脚号为1。

图5-1-16　LM317引脚排列　　　　图5-1-17　LM317的典型应用电路

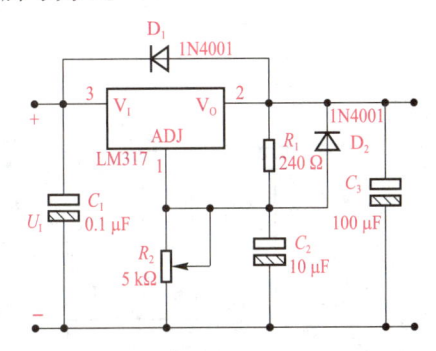

这类可调稳压管的内部没有泄放电阻，要在外部加接 R_1 来维持可调稳压管的正常工作。根据参数可知，在LM317中，I_{Omin} 为10 mA。输出端和调整端之间的基准电压最大值为1.3 V，由此可得

$$R_1 = \frac{U_{REFmax}}{I_{Omin}} = \frac{1.3}{0.01} = 130 \text{ （Ω）}$$

可实取 $R_1 = 120$ Ω 或120～240 Ω之间，R_2 使用多圈电位器。

如图5-1-17所示电路的输出电压为

$$U_O = \left(1 + \frac{R_2}{R_1}\right) \cdot U_{REF}$$

LM317的基准电压 U_{REF} 典型值为1.25 V。确定最大输出电压 U_O 后，即可确定 R_2。

当 $R_2 = 0$ 时，如图5-1-17所示的电路就变成了高稳定的1.25 V基准电压源，输出电流可达1.5 A，可调电压范围为1.2～37 V。

由于 C_3 容量较大，一旦输入断开，C_3 将会向稳压管放电，易使稳压管损坏。在稳压管的输入端与输出端之间跨接二极管 D_1 可起到保护作用。二极管 D_2 则用于当输出端短路时为 C_2 提供放电回路，防止 C_2 向稳压管的调整端放电，电容 C_2 的作用是减小 R_2 两端的纹波电压。

2. 正、负可调稳压电路

采用三端集成 W317 正电压输出和 W337 负电压输出的可调式三端集成稳压器，输出电压供功率放大器使用，并在＋(1.25～37) V 和－(1.25～37) V 之间连续可调。该稳压电源具有性能稳定、结构简单、电压和电流指标精度高、调节方便等优点。

正、负可调稳压电路如图 5-1-18 所示，该电路可输出＋(1.25～37) V 电压和－(1.25～37) V 电压。

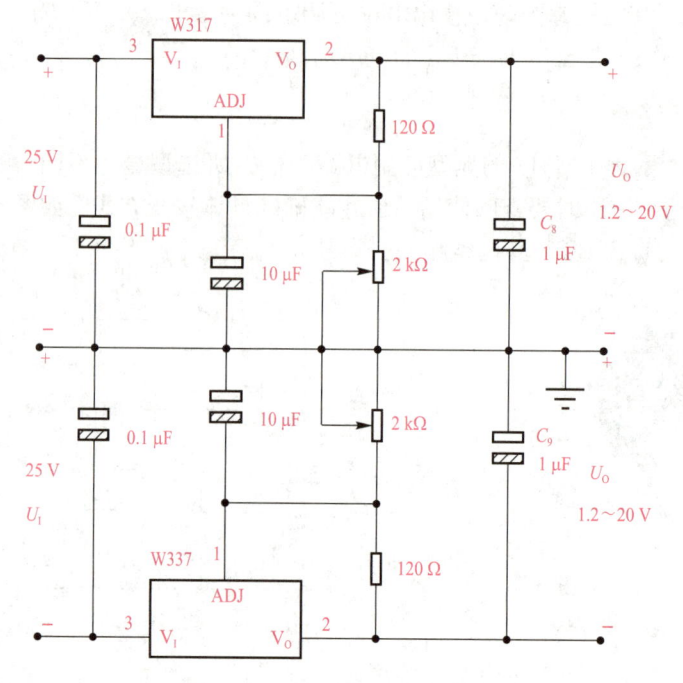

图 5-1-18　正、负可调稳压电路

成果展示与评价

由小组推荐代表就任务的完成情况作必要的介绍、成果展示和总结，然后以组为单位进行评价。

1. 小组成果展示方案

2. 小组工作总结

3. 学习任务评价

完成表 5-1-2 的填写。

表 5-1-2 任务评价评分表

评价项目	项目内容	评分标准	分值	自我评价（20%）	小组评价（30%）	教师评价（50%）
实操技能	元件检测	按要求对所有元件进行识别与检测	5			
	硬件电路制作	电路板测试成功	15			
	电路调试	能按要求调试电路	15			
	电路测试	正确使用万用表测输出电压	15			
工艺	元件布局	布局合理、美观	5			
	焊点	无虚焊、连锡、起刺	5			
安全文明操作	操作是否符合安全操作规程	每一处错扣 1 分，发生短路得 0 分	10			
学习态度	参与度	小组成员积极参与总结活动	10			
	团队合作	小组成员分工明确、合理、团队意识较强	10			
	汇报表现	总结汇报简明扼要、重点突出、表达流利、思路清晰	10			
学生姓名			小计			
评价教师			总分			

任务 5-2　LM358 反相放大器

● 任务要求及实施

➡ 一、任务要求

本任务以 LM358 为核心设计反相放大器，在万能板上组装和调试反相放大器，当输入幅值为 50 mV、频率为 1 kHz 的正弦信号时，反相放大器能不失真地放大输出。

115

➡ 二、任务实施

1. 引导问题

反相放大器的主要核心元件是集成运放 LM358，LM358 内部包括两个独立的、高增益的、内部频率补偿的双运算放大器，适用于双电源工作模式，它的使用范围包括传感放大器、直流增益模组、音频放大器、工业控制等。

下面通过几个问题来认识反相放大器的电路结构。

(1) 观察图 5-2-1，写出反相放大器由哪些元件组成：

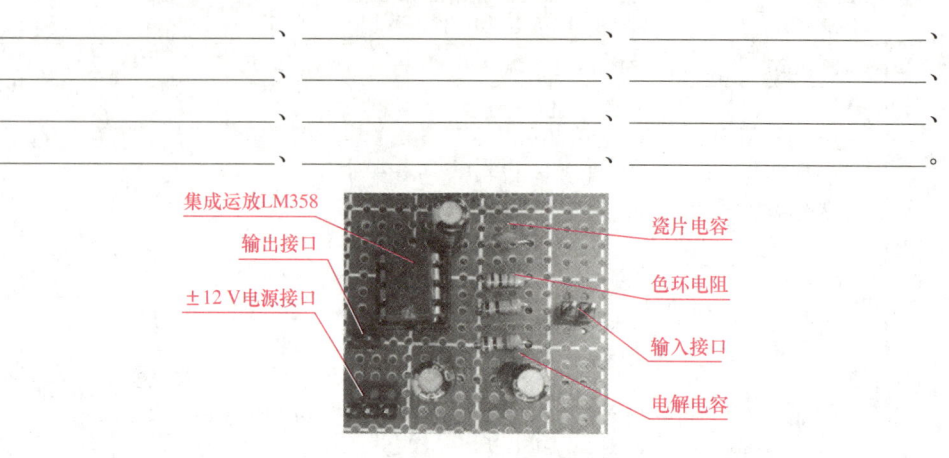

_____、_____、_____、
_____、_____、_____、
_____、_____。

图 5-2-1　反相放大器的实物

(2) 结合图 5-2-1 和如下选项完成如图 5-2-2 所示的反相放大器的电路方框图。
①电源电路；②反馈电路；③集成运放；④电路输出端；⑤反相输入端。

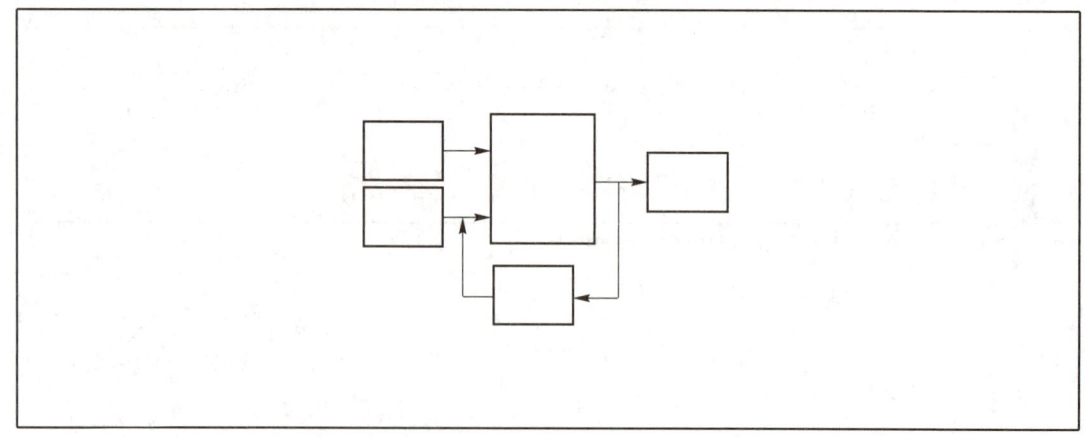

图 5-2-2　反相放大器的电路方框图

2. 分析反相放大器的原理

观察如图 5-2-3 所示的反相放大器电路，完成以下问题。

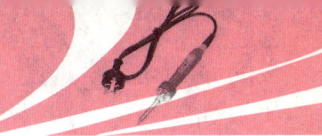

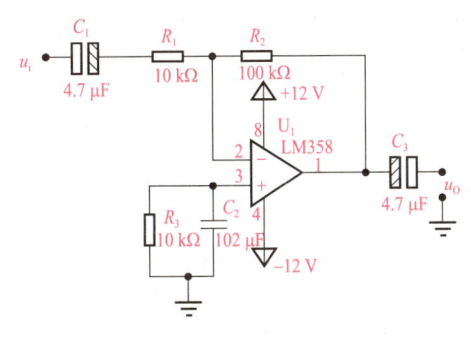

图 5-2-3　反相放大器电路

（1）反相放大器电路主要由哪些元件组成？并说明其在电路中的主要作用（写出各元件名称和参数）。

元件编号：_____，名称：_____，型号或参数：_____，作用：_____。
元件编号：_____，名称：_____，型号或参数：_____，作用：_____。
元件编号：_____，名称：_____，型号或参数：_____，作用：_____。
元件编号：_____，名称：_____，型号或参数：_____，作用：_____。
元件编号：_____，名称：_____，型号或参数：_____，作用：_____。
元件编号：_____，名称：_____，型号或参数：_____，作用：_____。
元件编号：_____，名称：_____，型号或参数：_____，作用：_____。

（2）集成运放 LM358 内部包括_____独立的、高增益的、内部频率补偿的运算放大器，其共_____个引脚。

（3）写出 LM358 各引脚的功能。

_____
_____
_____
_____
_____
_____

（4）试计算反相放大器的放大倍数，并写出详细过程。

_____
_____
_____
_____
_____
_____

3. 组装反相放大器

（1）参照图 5-2-3，列出所需的材料清单并填入表 5-2-1 中。

基 础 篇

表 5-2-1　组装反相放大器的材料清单

序号	名称	规格	数量/个	序号	名称	规格	数量/个
1				9			
2				10			
3				11			
4				12			
5				13			
6				14			
7				15			
8				16			

其他材料和工具：
_____
_____
_____
_____
_____

(2)主要元件识别与检测。
①集成运放 LM358。
电路符号：_____
引脚判断方法：_____
②电解电容。
电路符号：_____
读数值：_____
正、负极判断方法：_____
质量检测方法：_____
③瓷片电容。
电路符号：_____
读数值：_____
质量检测方法：_____
④电阻。
电路符号：_____
读数值：_____
质量检测方法：_____
测量值：_____
(3)参照图 5-2-1 和图 5-2-3，绘制电路装配图。

(4)依据电路装配图在万能板上焊接反相放大器。

> **小贴士**
> 在焊接 LM358 芯片时，先焊接好 8 脚管座，再安装芯片，防止烙铁过热损坏芯片。

(5)焊接完成后，检查电路是否存在虚焊、短路等故障，并做好相关记录。

4. 调试反相放大器

(1)调试反相放大器的步骤。

步骤一　用杜邦线连接任务 5－1 中制作的±12 V 双电源电路，为电路板供电，并检查电路工作是否正常；

步骤二　在反相放大器信号输入端输入幅值为 50 mV、频率为 1 kHz 的正弦信号（由信号发生器输出）；

步骤三　用双踪示波器测量并比较输入端和输出端的波形，记录在表 5-2-2 和表 5-2-3 中。

表 5-2-2　输入信号波形记录表

输入信号波形	示波器读数		
	时间挡位	周期读数	峰峰值
	幅度挡位		

表 5-2-3　输出信号波形记录表

输出信号波形	示波器读数		
	时间挡位	周期读数	峰峰值
	幅度挡位		

(2)根据测量结果，计算电压放大倍数。

_____

_____

_____

_____

(3)记录在调试电路的过程中所遇到的问题及解决方法。

_____

_____

_____

_____

_____

_____

● 相关知识

➡ 一、集成运放的工作特点

1. 集成运放的理想特性

(1)差模电压增益为无限大，即 $A_{ud}=\infty$。

(2)输入电阻为无限大，即 $R_{id}=\infty$。

(3)输出电阻为零，即 $R_o=0$。

(4)共模抑制比为无限大，即 $K_{CMR}=\infty$。

(5)具有无限宽的频带。

(6)失调电压、失调电流及其温漂均为零。

(7)干扰和噪声均为零。

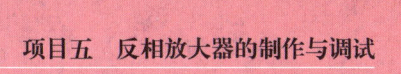

2. 理想集成运放工作在线性区的特点

(1)虚短。两输入端的电位相等，即 $u_P = u_N$。由于集成运放的输出电压为有限值，而理想集成运放的 $A_{ud} = \infty$，则有

$$u_P - u_N = \frac{u_o}{A_{ud}} = 0 \quad 或 \quad u_P = u_N \qquad (5\text{-}2\text{-}1)$$

从上式看，集成运放的两个输入端好像是短路，但并不是真正的短路，所以称为虚短。只有集成运放工作于线性状态时，才存在虚短。

(2)虚断。集成运放两输入端的输入电流为零，$i_P = i_N$，由于集成运放的输入电阻为无穷大，因此流入两个输入端的电流为零，即

$$i_P = i_N = 0$$

从上式看，集成运放的两个输入端好像是断路，但并不是真正的断路，所以称为虚断。

二、LM358 集成运放

1. LM358 的简介

LM358 内部包括两个独立的、高增益的、内部频率补偿的双运算放大器，适合于电源电压范围很宽的单电源工作模式，也适用于双电源工作模式。其实物、引脚排列及电路符号如图 5-2-4 所示。

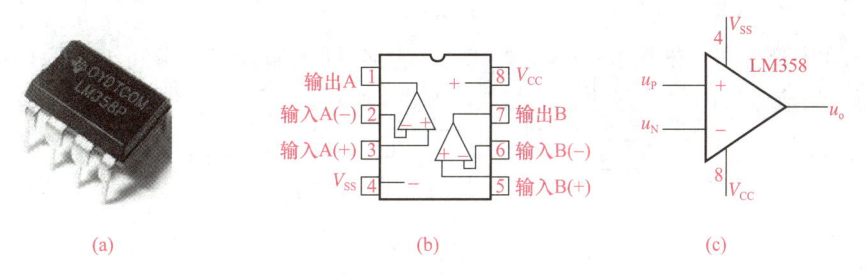

图 5-2-4　LM358 的实物、引脚排列及电路符号
(a)实物；(b)引脚排列；(c)电路符号

2. LM358 的引脚功能

LM358 引脚功能，如表 5-2-4 所示。

表 5-2-4　LM358 引脚功能

引脚序号	引脚功能	引脚序号	引脚功能
1	输出 A	5	输出 B
2	反相输入 A	6	反相输入 B
3	同相输入 A	7	同相输入 B
4	接地或负电源	8	正电源

3. LM358 的特性

(1) 内部频率补偿。

(2) 直流电压增益高(约 100 dB)。

(3) 单位增益频带宽(约 1 MHz)。

(4) 电源电压范围宽：单电源为 3~30 V；双电源为 ±1.5~±15 V。

(5) 低功耗电流，适用于电池供电。

(6) 低输入偏流。

(7) 低输入失调电压和低输入失调电流。

(8) 共模输入电压范围宽，包括接地。

(9) 差模输入电压范围宽，等于电源电压的范围。

(10) 输出电压摆幅大，范围为 0 至 $V_{CC}(1.5\text{ V})$。

4. LM358 的主要参数

(1) 输入偏置电流 45 nA。

(2) 输入失调电流 50 nA。

(3) 输入失调电压 2.9 mV。

(4) 输入共模电压最大值 $V_{CC}(1.5\text{ V})$。

(5) 共模抑制比 80 dB。

(6) 电源抑制比 100 dB。

5. LM358 内部电路的结构

LM358 内部电路一般由 4 个基本环节组成，分别是输入级、中间级、输出级和各级偏置电路。集成运放内部电路的方框图如图 5-2-5 所示。

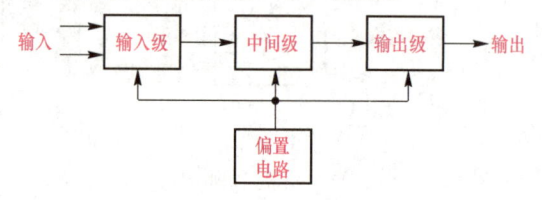

图 5-2-5　集成运放内部电路的方框图

输入级：通常是由三极管或场效应管构成的具有有源负载的差分放大电路，利用它可以使集成运放获得尽可能高的共模抑制比以及良好的输入特性，从而抑制零漂并提供两个输入端。

中间级：中间级的主要作用是使集成运放具有较强的放大能力，通常由多级共射(或共源)放大电路构成，并经常采用复合管构成放大电路，以提供高电压放大倍数。

输出级：输出级应具有输出电阻小、非线性失真小等特点，故此级大多采用射极输出器或复合射极输出器构成。此外，输出级还应该有过载保护，以保护输出级不被损坏，有些集成运放中还设置了过热保护等。

偏置电路：用于为集成运放各级放大电路提供稳定的偏置电流，从而确定合适而稳定的静态工作点。

三、LM358 运放的基本电路

（1）反相放大器。反相放大器的特点是输入信号和反馈信号都加在集成运放的反相输入端。电路如图 5-2-6 所示，图中 R_F 为反馈电阻，R' 为平衡电阻，取值为 $R'=R_1 /\!/ R_F$。接入 R' 是为了使集成运放输入级的差分放大电路对称，有利于抑制零漂。

由于同相输入端接地，故输入端为"虚地"点，即 $u_P=u_N=0$，又根据"虚断"的特性，净输入电流为零，因此 $i_i=i_F$。由电路结构可得

$$\frac{u_i-u_N}{R_1}=\frac{u_N-u_o}{R_F}$$

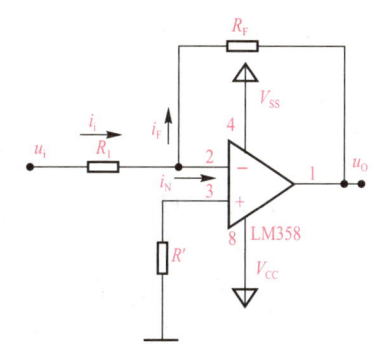

图 5-2-6 反相放大器

放大器的电压放大倍数为

$$A_{uF}=\frac{u_o}{u_i}=-\frac{R_F}{R_1} \qquad (5\text{-}2\text{-}2)$$

上述式子中，负号表示 u_o 与 u_i 反相，故称反相放大器。又由于 u_O 与 u_i 成比例关系，故称为反相比例运算放大器。若 R_F 与 R_1 相等，则比例系数为 -1，电路便称为反相器。

例 1：已知 $R_1=10\ \text{k}\Omega$、$R_F=100\ \text{k}\Omega$，根据式(5-2-2)可得 $A_{uF}=-10$。

（2）同相放大器。电路如图 5-2-7 所示，利用"虚短"特性（注意同相输入时无虚地特性），可得 $u_P=u_N=u_i$；又根据"虚断"特性，$i_N=0$，可得

$$u_N=\frac{R_1}{R_1+R_F}u_o$$

所以有

$$A_{uF}=\frac{u_o}{u_i}=1+\frac{R_F}{R_1} \qquad (5\text{-}2\text{-}3)$$

u_o 与 u_i 同相，故称为同相放大器，又称同相运算放大器。若令 $R_F=0$、$R_1=\infty$（即开路状态），则比例系数为 1，电路则称为电压跟随器，如图 5-2-8 所示。

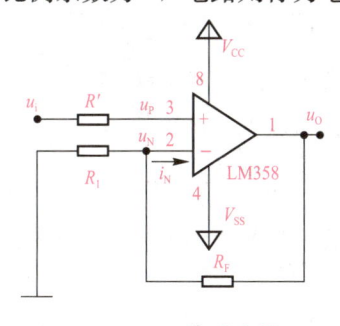

图 5-2-7 同相放大器　　图 5-2-8 电压跟随器

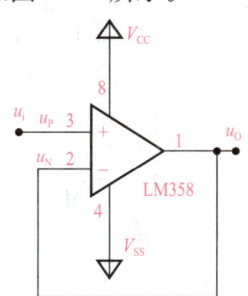

例 2：已知 $R_1=10\ \text{k}\Omega$、$R_F=100\ \text{k}\Omega$，根据式(5-2-3)可得 $A_{uF}=11$。

拓展知识

一、集成运放的主要参数

集成运放的主要参数可以分为直流参数与交流参数两种类型。

1. 集成运放的主要直流参数

（1）输入失调电压 U_{OS}。为了使集成运放在零输入时达到零输出，需在其输入端加一个直流补偿电压，这个直流补偿电压的大小即为输入失调电压，两者的方向相反。输入失调电压的数量级一般是 mV。

采用双极型三极管作为输入级的运放，其 U_{OS} 的范围为 1～10 mV；采用场效应管作为输入级的集成运放，其 U_{OS} 便大得多；而对于高精度、低漂移型的集成运放，其 U_{OS} 的值一般很小。

（2）输入失调电压的温度系数 $\Delta U_{OS}/\Delta T$。在确定的温度变化范围内，失调电压的变化与温度变化的比值定义为输入失调电压的温度系数。

一般集成运放输入失调电压的温度系数的范围为 10～20 μV/℃；而高精度、低漂移型的集成运放的温度系数在 1 μV/℃ 以下。

（3）输入偏置电流 I_B。当集成运放的输入电压为零、输出电压也为零时，其两个输入端偏置电流平均值定义为输入偏置电流。两个输入端的偏置电流分别记为 I_{B+} 和 I_{B-}，I_B 表示为

$$I_B = \frac{I_{B+} + I_{B-}}{2}$$

对双极型三极管输入 I_B 的范围为 10 nA～1 μA；对场效应管输入的 I_B 一般小于 1 nA。

（4）输入失调电流 I_{OS}。当集成运放的输入电压为零、输出电压也为零时，两个输入偏置电流的差值称为输入失调电流。即

$$I_{OS} = |I_{B+} - I_{B-}|$$

一般来说，偏置电流越大，其输入失调电流也越大。

（5）差模开环直流电压增益 A_{ud}。集成运放工作于线性区时，差模电压输入后，其输出电压变化 ΔU_O 与差模输入电压变化 ΔU_{ID} 的比值，称为差模开环电压增益，即

$$A_{ud} = \frac{\Delta U_O}{\Delta U_{ID}} \quad \text{或} \quad A_{ud}(\text{dB}) = 20\lg\left(\frac{\Delta U_O}{\Delta U_{ID}}\right) \text{ (dB)}$$

实际集成运放的差模开环电压增益是频率函数，手册中的差模开环电压增益均指直流（或低频）开环电压增益，大多数大于 104 倍。

（6）共模抑制比 K_{CMR}。集成运放工作于线性区时，其差模电压增益 A_{ud} 与共模电压增益 A_{uc} 之比称为共模抑制比，即

$$K_{CMR} = \frac{A_{ud}}{A_{uc}} \quad \text{或} \quad K_{CMR}(\text{dB}) = 20\lg\left(\frac{A_{ud}}{A_{uc}}\right) \text{ (dB)}$$

与差模开环电压增益类似，K_{CMR} 也是频率的函数。集成运放手册中给出的参数值均指

直流(或低频)时的 K_{CMR}，多数在 80 dB 以上。

(7)电源电压抑制比 P_{SRR}。集成运放工作于线性区时，输入失调电压随电源电压改变的变化率称为电源电压抑制比，为

$$P_{SRR} = \left| \frac{\Delta U_{OS}}{\Delta U_S} \right| \quad (\mu V/V)$$

若以分贝为单位，则表示为

$$P_{SRR}(dB) = 20 \lg \left(\frac{\Delta U_{OS}}{\Delta U_S} \right) \quad (dB)$$

若 P_{SRR} 为 100 dB，则相当于 10 μV/V。一般低漂移集成运放 P_{SRR} 的范围为 90~100 dB，相当于 2~20 μV/V。需说明的是，对于有些集成运放，其正、负电源电压抑制比并不相同，使用时应注意。

(8)输出峰峰电压 U_{OPP}。指在特定负载条件下，集成运放能输出的最大电压的幅度。正、负向的电压摆幅往往并不相同。目前大多数集成运放的正、负电压摆幅均大于 10 V。

(9)最大共模输入电压 U_{ICM}。集成运放的共模抑制特性显著变坏时的共模输入电压即为最大共模输入电压。

(10)最大差模输入电压 U_{IDM}。最大差模输入电压是指集成运放两输入端允许所加的最大电压差。当差模输入电压超过此电压值时，集成运放输入级的三极管将被反向击穿，甚至损坏。

2. 集成运放的主要交流参数

(1)开环带宽 BW。集成运放的开环电压增益下降 3 dB(或直流增益的 0.707 倍)时，所对应的信号频率称为开环带宽。

(2)单位增益带宽 GW。指集成运放在闭环增益为 1 倍的状态下，当用正弦小信号驱动时，其闭环增益下降至原来值的 0.707 时的频率。

当集成运放的频率特性具有单极点响应时，其单位增益带宽可表示为 $GW = A_{ud}f$。

当集成运放具有多极点的频率响应时，其单位增益带宽与开环带宽没有直接关系，此时采用增益带宽乘积参数表示。

集成运放闭环工作时的频率响应主要决定于单位增益带宽。

> **小贴士**
>
> (1)这两个频率参数均指集成运放处在小信号工作时的频率特性，此时的小信号输出范围为 0~200 mV。
>
> (2)当集成运放处在大信号工作时，其输入级将工作于非线性区，这时集成运放的频率特性将会发生明显变化。

(3)转换速率(或电压摆率)SR。在额定的负载条件下，当输入阶跃大信号时，集成运放输出电压的最大变化率称为转换速率。

通常，集成运放手册中所给出的转换速率均指闭环增益为 1 倍时的值。实际上，在转换期内，集成运放输入级处于开关工作状态，所以集成运放的反馈回路不起作用，即集成

运放转换速率与其闭环增益无关。

反相和同相应用时转换速率是不一样的。普通运放转换速率为 1 V/μs 以下；高速运放转换速率应大于 10 V/μs。

(4) 全功率带宽 BW_P。在额定负载条件下，当集成运放闭环增益为 1 倍时，输入正弦大信号后，使集成运放输出电压幅度达到最大（在一定的失真条件下）的信号频率，即为全功率带宽。此频率将受到集成运放转换速率的限制。可用下述近似公式估计 SR 与 BW_P 之间的关系，为

$$BW_P = \frac{SR}{2\pi U_{OPP}}$$

(5) 建立时间 t_S。当集成运放闭环增益为 1 倍时，在一定的负载条件下，输入阶跃大信号后，集成运放输出电压达到某一特定值的范围所需的时间 t_S 称为建立时间。

此处所指的特定值范围与稳定值之间的误差区，称为误差带，用 2ε 来表示。此误差带可用误差电压相对于稳定值的百分比（也称为精度）表示。建立时间的长短与精度要求直接相关，精度要求越高，建立时间越长。

(6) 等效输入噪声电压。屏蔽良好的、无信号输入的集成运放，在其输出端产生的任何交流无规则的干扰电压，称为电路的输出噪声电压。此噪声电压换算到输入端时就称为输入噪声电压（有时也用噪声电流表示）。普通集成运放的输入噪声电压有效值范围为 0～20 μV。

(7) 差模输入阻抗 Z_{id}。差模输入阻抗有时也称为输入阻抗，是指集成运放工作在线性区时，两输入端的电压变化量与对应的输入电流变化量之比。输入阻抗包括输入电阻和输入电容，在低频时仅指输入电阻 R_{id}。一般运放参数表中给出的数据均指输入电阻。双极型晶体管的运放其输入电阻一般在几十千欧至几兆欧范围内变化；场效应管的运放其输入电阻通常大于 10^9 Ω，一般在 $10^{12} \sim 10^{14}$ Ω。

(8) 共模输入阻抗 Z_{ic}。当集成运放工作在共模信号时，共模输入电压的变化量与对应的输入电流的变化量之比，称为共模输入阻抗。在低频情况下，表现为共模输入电阻 R_{ic}。通常，集成运放的共模输入电阻比差模输入电阻要高得多，其值在 10^8 Ω 以上。

(9) 输出阻抗 Z_o。当集成运放工作于线性区时，在其输出端加信号电压后，此电压变化量与对应的电流变化量之比，称为输出阻抗。在低频时，即为集成运放的输出电阻。

二、集成运放的信号运算电路

反相放大器和同相放大器是由集成运放所构成的最基本的运算电路，以下所介绍的信号运算电路都是在这两种放大器的基础上演变而来的。

1. 反相加法运算电路

在反相放大器电路的基础上，增加几个输入支路便可组成反相加法运算电路，也称反相加法器，如图 5-2-9 所示。图中同相输入端所接电阻 R' 必须满足平衡要求，取 $R' = R_1 /\!/ R_2 /\!/ R_3 /\!/ R_F$。根据理想特性有 $i_1 + i_2 + i_3 = i_F$，集成运放反相输入端为虚地点，故有

$$\frac{u_{i1}}{R_1} + \frac{u_{i2}}{R_2} + \frac{u_{i3}}{R_3} = -\frac{u_o}{R_F} \tag{5-2-4}$$

当 $R_1=R_2=R_3=R_F$ 时，可得 $u_o=-(u_{i1}+u_{i2}+u_{i3})$ （5-2-5）

上式表明，总输入电压为各输入电压之和，实现了加法运算。式中负号表示输出电压与输入电压相位相反。由于反相输入端为虚地点，所以各输入信号电压之间相互影响极小。该电路常用在测量和控制系统中，对各种信号按不同比例进行组合运算。

例 3：已知 $R_1=R_2=R_3=R_F=10\ \text{k}\Omega$、$u_{i1}=10\ \text{mV}$、$u_{i2}=20\ \text{mV}$、$u_{i3}=30\ \text{mV}$，根据式(5-2-5)可得

$$u_o=-(u_{i1}+u_{i2}+u_{i3})=-(10+20+30)=-60\ (\text{mV})$$

2. 减法运算电路

电路采用差分输入的形式，即反相端和同相端都输入信号，如图 5-2-10 所示，按外接电阻的平衡要求，应满足 $R_1 \parallel R_F = R_2 \parallel R_3$。

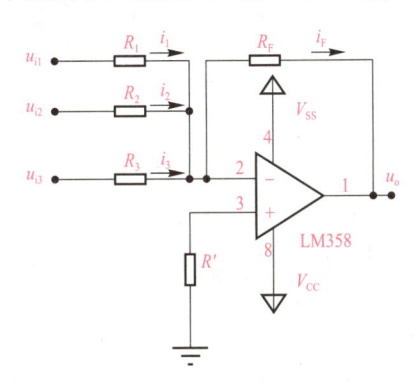

图 5-2-9　反相加法运算电路　　　　图 5-2-10　减法运算电路

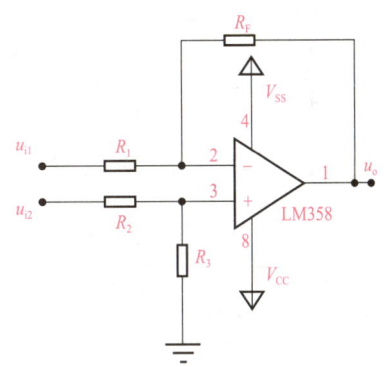

根据叠加原理，先求 u_{i1} 单独作用时的输出电压 $u_{o1}=-\dfrac{R_F}{R_1}u_{i1}$，再求 u_{i2} 单独作用时的输出电压 $u_{o2}=\left(1+\dfrac{R_F}{R_1}\right)\left(\dfrac{R_3}{R_2+R_3}\right)u_{i2}$；则 u_{i1} 与 u_{i2} 共同作用时的输出电压 $u_o=u_{o1}+u_{o2}$ 为

$$u_o=\left(1+\dfrac{R_F}{R_1}\right)\left(\dfrac{R_3}{R_2+R_3}\right)u_{i2}-\dfrac{R_F}{R_1}u_{i1} \quad (5\text{-}2\text{-}6)$$

当 $R_1=R_2$ 且 $R_3=R_F$ 时，式子可以简化为

$$u_o=\dfrac{R_F}{R_1}(u_{i2}-u_{i1}) \quad (5\text{-}2\text{-}7)$$

减法运算电路常作为测量放大器使用，用于放大各种微弱的差值信号。

例 4：已知 $R_1=R_2=10\ \text{k}\Omega$，$R_3=R_F=100\ \text{k}\Omega$，$u_{i1}=10\ \text{mV}$、$u_{i2}=20\ \text{mV}$，根据式(5-2-7)可得

$$u_o=\dfrac{R_F}{R_1}(u_{i2}-u_{i1})=10\times(20-10)=100\ (\text{mV})$$

3. 积分运算电路

若将反相放大器的反馈电阻用电容来代替，便可构成积分运算电路，如图 5-2-11(a)所示。根据虚地的特性，得 $u_P=u_N=0$；所以 $u_i=-u_C$，且 $i_R=\dfrac{u_i}{R}$。根据虚断的特性，又

有 $i_R = i_C$，而电容两端电压等于其电流的积分，故

$$u_o = -u_C = -\frac{1}{C}\int i_C dt = -\frac{1}{RC}\int u_i dt \tag{5-2-8}$$

设电容 C 初始电压为 0，当输入阶跃信号时，输出电压波形如图 5-2-11(b) 所示；当输入方波信号时，输出电压波形如图 5-2-11(c) 所示。利用积分电路可以实现延时、定时和变换，在自动控制系统中可以减缓过渡过程所形成的冲击，使外加电压缓慢上升，避免机械损坏。

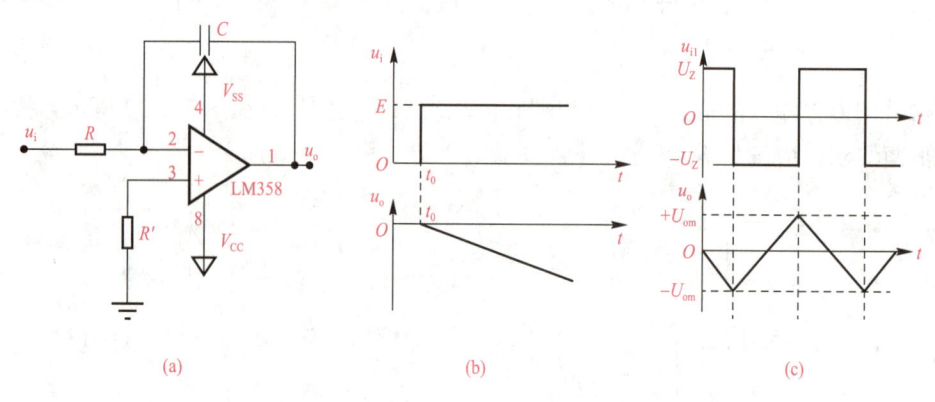

图 5-2-11　积分运算电路及其输入、输出波形

4. 微分运算电路

将积分运算中的电容 C 和电阻 R 的位置互换，便可构成微分运算电路，如图 5-2-12 所示。理想情况下有

$$i_R = i_C = C\frac{du_i}{dt}$$

所以

$$u_o = -i_R R = -RC\frac{du_i}{dt} \tag{5-2-9}$$

若输入为方波信号，且 $RC \ll t_P$（为脉冲宽度），则输出信号为尖脉冲波形，如图 5-2-13 所示。

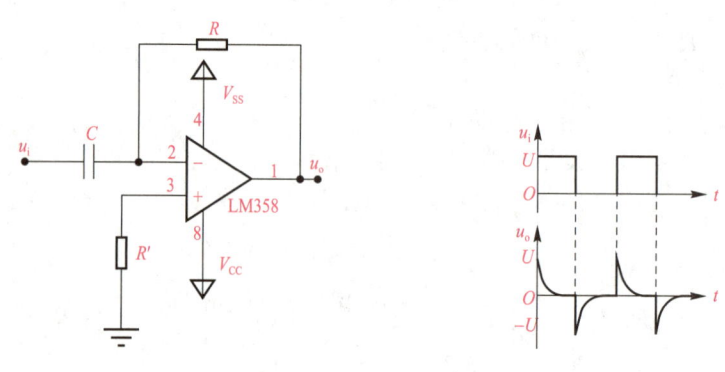

图 5-2-12　微分运算电路　　图 5-2-13　微分运算电路的输入、输出波形

由于微分运算的输出电压与输入电压的变化率成正比，所以电路对高频干扰非常敏感。在实用的微分运算电路中，为了提高其工作稳定性，常在输入回路中串联一个小电阻

R_1，以限制输入电流；在反馈电阻两端并联双向稳压管，以限制输出幅度；再并联一个小电容 C_2，以加强对高频噪声的负反馈，其电路如图 5-2-14 所示。

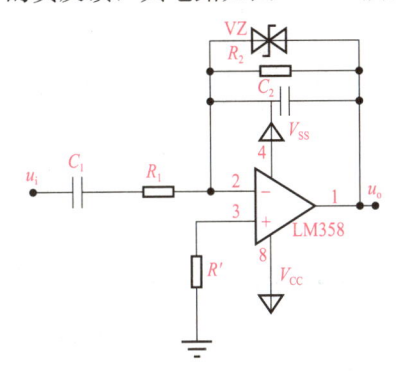

图 5-2-14 实用微分运算电路

在自动控制电路中，微分运算电路常用于产生控制脉冲。

成果展示与评价

由小组推荐代表就任务的完成情况作必要的介绍、成果展示和总结，然后以组为单位进行评价。

1. 小组成果展示方案

2. 小组工作总结

3. 学习任务评价
完成表 5-2-5 的填写。

表 5-2-5 任务评价评分表

评价项目	项目内容	评分标准	分值	自我评价（20%）	小组评价（30%）	教师评价（50%）
实操技能	元件检测	按要求对所有元件进行识别与检测	5			
	硬件电路制作	电路板测试成功	15			
	电路调试	能按要求调试电路	15			
	电路测试	正确使用万用表测量相关电压并用示波器测量输出端波形，做好相关记录	15			

129

续表

评价项目	项目内容	评分标准	分值	自我评价(20%)	小组评价(30%)	教师评价(50%)
工艺	元件布局	布局合理、美观	5			
	焊点	无虚焊、连锡、起刺	5			
安全文明操作	操作是否符合安全操作规程	每一处错扣1分，发生短路得0分	10			
学习态度	参与度	小组成员积极参与总结活动	10			
	团队合作	小组成员分工明确、合理、团队意识较强	10			
	汇报表现	总结汇报简明扼要、重点突出、表达流利、思路清晰	10			
学生姓名			小计			
评价教师			总分			

4. 学习任务综合评价

完成表 5-2-6 的填写。

表 5-2-6　任务综合评价表

评价内容	评分标准	评价等级			
		A	B	C	D
学习任务一	A. 学习任务评价成绩为 90～100 分 B. 学习任务评价成绩为 80～89 分 C. 学习任务评价成绩为 60～79 分 D. 学习任务评价成绩为 0～59 分				
学习任务二	A. 学习任务评价成绩为 90～100 分 B. 学习任务评价成绩为 80～89 分 C. 学习任务评价成绩为 60～79 分 D. 学习任务评价成绩为 0～59 分				
活动总结					

提高篇

项目六　声控电源的设计与制作

● 学习目标

(1) 能按要求完成声控电源的设计。
(2) 能按要求选择适当的元件组装声控电源。
(3) 能检测开关二极管、发光二极管、三极管、驻极体话筒、稳压管、场效应管的质量。
(4) 能熟练写出声控电源的工作过程和工作原理。
(5) 能按照产品装配图正确安装声控电源。
(6) 能熟练完成声控电源的调试。

● 学习内容

(1) 场效应管的内部结构、电路符号、工作原理、检测方法以及应用等。
(2) 三端集成稳压管 TL431 的内部结构、电路符号、检测方法以及应用。
(3) 驻极体话筒的检测方法。
(4) 双稳态触发电路在声控电源中的应用。
(5) 声控电源的焊接、安装与调试。

● 项目要求

用场效应管、三端集成稳压管、三极管、开关二极管和发光二极管等关键元件设计和制作声控电源,并能按照产品装配图正确安装和调试声控电源。

● 项目分析

为完成声控电源的设计与制作,首先要熟悉场效应管在集成稳压电源中的工作过程及其工作原理,其次还要了解双稳态触发电路在声控电源中的应用,本项目比较综合,在学习过程中,将此项目分解成两个学习任务:任务6—1　声控电源的设计;任务6—2　声控电源的制作与调试。

任务 6-1　声控电源的设计

● 任务要求及实施

➡ 一、任务要求

用场效应管、三端集成稳压管、三极管、开关二极管、发光二极管和驻极体话筒等元件完成声控电源的设计。

➡ 二、任务实施

1. 引导问题

在日常生活中，当有人走过楼梯通道，发出脚步声或其他声音时，楼道灯会自动点亮以提供照明，这就是声控电源在生活中最典型的一个应用。其实声控电源不仅适用于住宅区的楼道，也适用于工厂、办公楼、教学楼等公共场所，具有体积小、外形美观、制作容易、工作可靠等优点，便于广大电子爱好者自行制作。下面通过几个问题来认识声控电源的电路结构。

(1)通过现场勘查并参考图 6-1-1 和图 6-1-2，可以发现声控电源由 _____ 和 _____ 组成。

图 6-1-1　电源电路实物

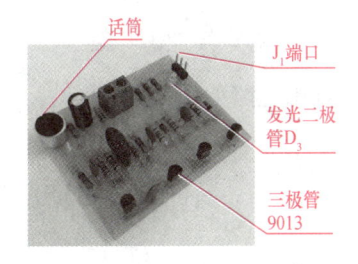

图 6-1-2　声控电路实物图

备注：端口 J_1 与端口 J_2 相连，其中端口 J_2 为 5 V 电压输出、接地及控制信号输入；端口 J_1 为 5 V 电压输入、接地及控制信号输出。

(2)观察图 6-1-1，写出电源电路由哪些元件组成：
_____、_____、_____、_____、
_____、_____、_____、_____、
_____、_____、_____、_____。

133

(3) 观察图 6-1-2，写出声控电路由哪些元件组成：
_____，_____，_____，_____，
_____，_____，_____，_____。

(4) 通过现场观察，请简要描述，当接通电源后，电路正常工作，拍手时两个电路板上发光二极管的变化规律是什么？当再次拍手时，变化情况又如何？

_____
_____
_____
_____
_____

(5) 请根据图 6-1-1 和图 6-1-2 并结合下面的选项，完善如图 6-1-3 所示的声控电源的电路方框图。

①电源控制电路；②2.5 V 稳压电路；③负载；④音频放大；⑤双稳态输出。

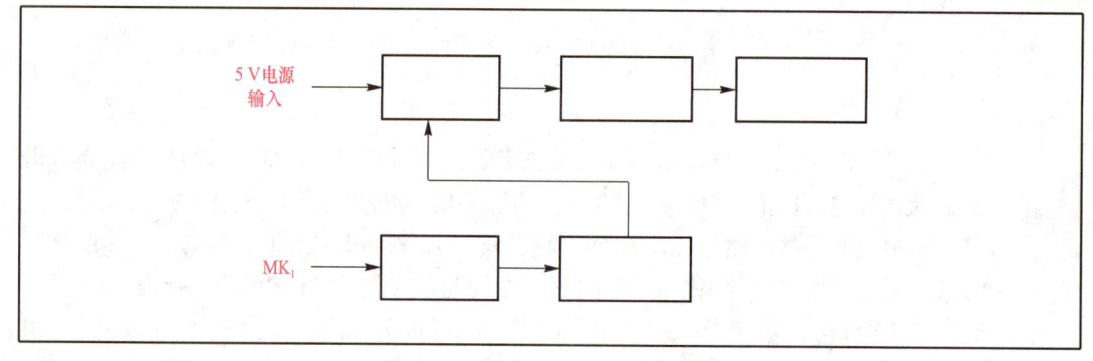

图 6-1-3　声控电源的电路方框图

2. 完善声控电源电路

电源电路如图 6-1-4 所示，声控电路如图 6-1-5 所示。

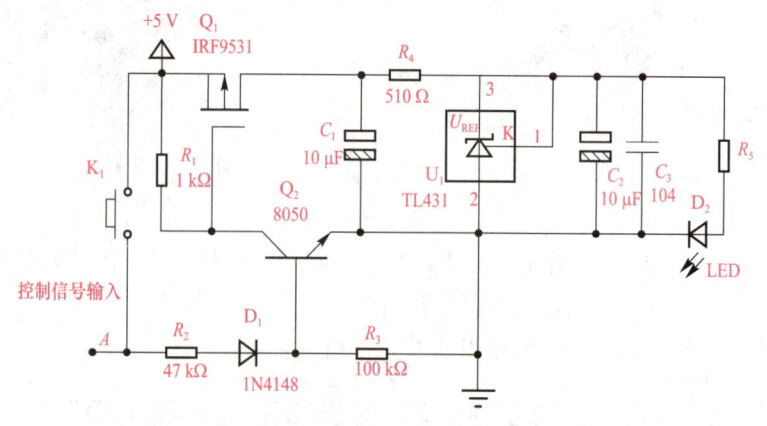

图 6-1-4　电源电路

A 点为控制信号输入端("1"或"0")。

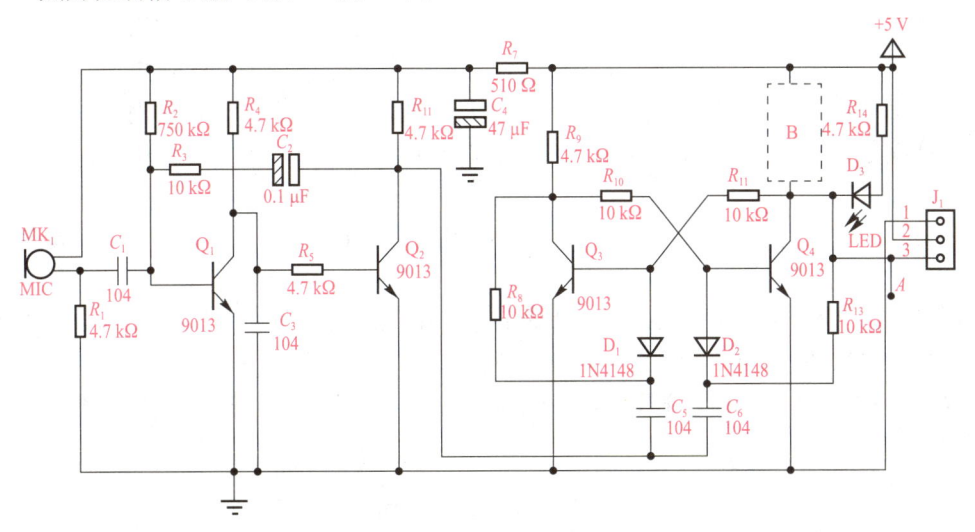

图 6-1-5 声控电路

备注：J_1 的 1 脚接地；2 脚接 5 V 电源；3 脚为控制信号输出端("1"或"0")。

请根据任务的要求并结合电路特征，画出方框 B 中的电路，并标出元件的相关参数，写出设计理由。

_____

_____

_____

_____

3. 声控电源的分析

1）电源电路

观察如图 6-1-4 所示的电源电路，完成以下问题。

（1）电源电路主要由哪些元件组成？并说明其在电路中的主要作用（写出各元件名称和参数）。

元件编号：_____，名称：_____，型号或参数：_____，作用：_____。

元件编号：_____，名称：_____，型号或参数：_____，作用：_____。

元件编号：_____，名称：_____，型号或参数：_____，作用：_____。

元件编号：_____，名称：_____，型号或参数：_____，作用：_____。

元件编号：_____，名称：_____，型号或参数：_____，作用：_____。

元件编号：_____，名称：_____，型号或参数：_____，作用：_____。

元件编号：_____，名称：_____，型号或参数：_____，作用：_____。

元件编号：_____，名称：_____，型号或参数：_____，作用：_____。

元件编号：_____，名称：_____，型号或参数：_____，作用：_____。

元件编号：_____，名称：_____，型号或参数：_____，作用：_____。

元件编号：_____，名称：_____，型号或参数：_____，作用：_____。

元件编号：_____，名称：_____，型号或参数：_____，作用：_____。
元件编号：_____，名称：_____，型号或参数：_____，作用：_____。
元件编号：_____，名称：_____，型号或参数：_____，作用：_____。
元件编号：_____，名称：_____，型号或参数：_____，作用：_____。
元件编号：_____，名称：_____，型号或参数：_____，作用：_____。

(2)电路中的元件 Q_1 是_____沟道场效应管，共有_____个极，分别是_____、_____极和_____，常用的场效应管还有_____沟道场效应管。

(3)场效应管工作在开关状态时，假设其他工作条件已符合，当 $U_{GS}=0$ 时，此时漏极 D 和栅极 S 之间处于_____(导通/断开)状态。

(4)请用简单的语言描述 IRF9531 场效应管栅极 G、源极 S 和漏极 D 的检测方法。
_____
_____
_____
_____
_____

(5)稳压管 TL431 的 3 个极分别用字母_____表示正极(阳极)、_____表示负极(阴极)以及_____表示采样端，用简要语言描述这 3 个极的检测方法。
_____
_____
_____
_____
_____

(6)电源电路中，稳压管 TL431 输入电压的范围是多少？最大输出电流是多少？请查阅相关资料并记录。
_____
_____
_____
_____
_____

(7)电源电路中的负载由_____和_____组成，R_5 的作用是_____，其阻值大小为_____(在下列横线中写出 R_5 阻值的计算方法)。
_____
_____
_____
_____
_____

(8)写出电源电路的工作过程。
_____
_____
_____
_____

2)声控电路

观察如图 6-1-5 所示的声控电路，完成以下问题。

(1)声控电路主要由哪些元件组成？并说明其在电路中的主要作用(写出各元件名称和参数)。

元件编号：_____，名称：_____，型号或参数：_____，作用：_____。
元件编号：_____，名称：_____，型号或参数：_____，作用：_____。
元件编号：_____，名称：_____，型号或参数：_____，作用：_____，
元件编号：_____，名称：_____，型号或参数：_____，作用：_____。
元件编号：_____，名称：_____，型号或参数：_____，作用：_____。
元件编号：_____，名称：_____，型号或参数：_____，作用：_____。
元件编号：_____，名称：_____，型号或参数：_____，作用：_____。
元件编号：_____，名称：_____，型号或参数：_____，作用：_____。
元件编号：_____，名称：_____，型号或参数：_____，作用：_____。
元件编号：_____，名称：_____，型号或参数：_____，作用：_____。
元件编号：_____，名称：_____，型号或参数：_____，作用：_____。
元件编号：_____，名称：_____，型号或参数：_____，作用：_____。
元件编号：_____，名称：_____，型号或参数：_____，作用：_____。
元件编号：_____，名称：_____，型号或参数：_____，作用：_____。
元件编号：_____，名称：_____，型号或参数：_____，作用：_____。
元件编号：_____，名称：_____，型号或参数：_____，作用：_____。
元件编号：_____，名称：_____，型号或参数：_____，作用：_____。
元件编号：_____，名称：_____，型号或参数：_____，作用：_____。

(2)电路中的 MK$_1$ 是两端式驻极体话筒，请用简要语言描述其检测方法。
_____
_____

(3)当 A 点输出高电平时，相对应的发光二极管 D$_3$ 的状态将如何改变？当 A 点输出低电平时，相对应的发光二极管 D$_3$ 的状态又将如何改变？
_____
_____
_____
_____

(4)写出声控电路的工作过程。
_____
_____
_____
_____

(5)记录在设计电路的过程中所存在的问题。
_____
_____
_____
_____
_____

> **小贴士**
> 　　将声控电源的设计分为两个部分来完成，一是电源部分，二是声控部分，电路中 A 点是连接两个电路的关键点。

● 相关知识

➡ 一、场效应管

　　场效应管是一种受电场控制的半导体器件（普通三极管是受电流控制的）。场效应管应具有高输入阻抗、较好的热稳定性、抗辐射性和较低噪声的特点。对夹断电压适中的场效应管，可以找到一个几乎不受温度影响的零温度系数工作点，利用这一特性，可使电路的温度稳定性达到最佳。电子电路中常用场效应管作为放大电路的缓冲级、模拟开关和恒流源电路。

　　场效应管分绝缘栅型和结型两大类。绝缘栅型场效应管（MOSFET）因栅极与其他电极完全绝缘而得名；结型场效应管（JFET）因有两个 PN 结而得名。目前在绝缘栅型场效应管中，应用最为广泛的是 MOS 场效应管，简称 MOS 管（即金属-氧化物-半导体场效应管 MOSFET）；此外还有 PMOS、NMOS 和 VMOS 功率场效应管，以及 πMOS 场效应管。从导电方式看，场效应管分为 N 沟道型与 P 沟道型。绝缘栅型场效应管有增强型和耗尽型两种，而结型场效应管只有耗尽型。

1. 绝缘栅型场效应管

1）内部结构与电路符号

　　绝缘栅型场效应管（MOSFET）可分为 N 沟道型与 P 沟道型两种，采用增强型（EM-

OS)和耗尽型(DMOS)工作方式。

以 N 沟道绝缘栅型场效应管为例，其内部结构和电路符号如图 6-1-6 所示

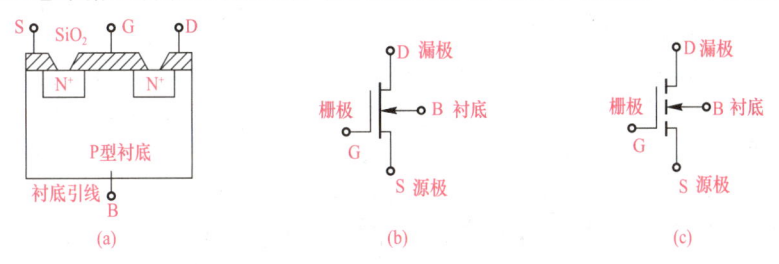

图 6-1-6　N 沟道 MOS 管的内部结构和电路符号
(a)N 沟道 MOS 管内部结构；(b)耗尽型；(c)增强型

N 沟道绝缘栅型场效应管是以一块掺杂浓度较低的 P 型硅片作衬底，在上面制作出两个高浓度 N 型区(图中 N$^+$ 区)，各引出两个电极：源极 S 和漏极 D。然后在硅片表面制作一层 SiO$_2$ 绝缘层，绝缘层上再制作一层金属膜作为栅极 G。由于栅极和其他电极及硅片之间是绝缘的，所以称为绝缘栅型场效应管。又由于它是由金属-氧化物-半导体所组成，故简称 MOS 管。

场效应管的 S、G、D 极对应于晶体管的 e、b、c 极。B 为衬底(有时候也用 U 表示)一般与源极 S 相连。衬底箭头向内表示为 N 沟道，箭头向外为 P 沟道。D 极和 S 极之间若为三段断续线则表示增强型，若为连续线则表示耗尽型。

2)N 沟道增强型 MOS 管的工作原理

N 沟道增强型 MOS 管，当栅、源之间不加电压时，即当 $U_{GS}=0$ 时，栅极和衬底之间没有电场，漏、源之间没有沟道，虽然加了漏源电压 U_{DS}，也不会产生漏极电流 I_D。

当加入栅源电压 U_{GS} 以后，在栅极上的正电荷会在正对 SiO$_2$ 层的表面下的衬底中感生一定的电子电荷，如图 6-1-7 所示。当 U_{GS} 达到一定数值时，假设这个值为 U_T，即当 $U_{GS} \geqslant U_T$，感生的电子电荷达到足够数量时，就在漏、源之间形成导电沟道。此时若加有漏源电压 U_{DS}，就会产生漏极电流 I_D。这个临界电压 U_T 称为开启电压。显然，继续加大 U_{GS}，导电沟道会越宽，I_D 也就越大。由此可见，场效应管栅源电压 U_{GS} 对漏极电流 I_D 具有控制作用。

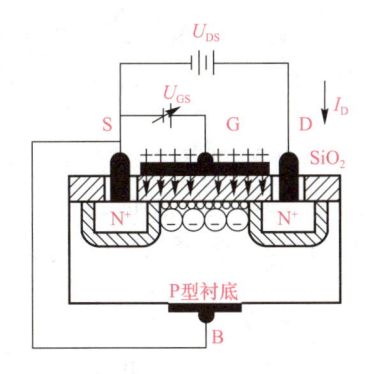

图 6-1-7　N 沟道增强型 MOS 管的工作原理

这种当 $U_{GS}=0$ 时，$I_D=0$，当 $U_{GS}>U_T$ 后才会出现导电沟道，进而产生漏极电流的 MOS 管称为增强型 MOS 管。N 沟道增强型 MOS 管是利用栅源电压的大小，来改变半导体表面感生电荷的量，从而控制漏极电流的大小。

3）N 沟道增强型 MOS 管的特性曲线

（1）输出特性曲线。输出特性曲线是指当栅源电压 U_{GS} 为定值时，漏极电流 I_D 与漏源电压 U_{DS} 的关系曲线，如图 6-1-8（a）所示。按场效应管的工作特性可将输出特性分为 3 个区域。

① 可变电阻区。U_{DS} 相对较小，I_D 随 U_{DS} 的增大而增大，U_{GS} 增大，曲线变陡，说明输出电阻随 U_{GS} 的变化而变化，故称为可变电阻区。

② 恒流区。又称放大区或饱和区。漏极电流基本不随 U_{DS} 的变化而变化，只随 U_{GS} 的增大而增大，体现了 U_{GS} 对 I_D 的控制作用。

③ 击穿区。当 U_{DS} 增大到一定值时，场效应管内 PN 结被击穿。I_D 突然增大，如无限流措施，管子将会损坏。

（2）转移特性曲线。转移特性曲线是指当漏极电压 U_{DS} 为定值时，漏极电流 I_D 与栅源电压 U_{GS} 之间的关系曲线，如图 6-1-8（b）所示。当 $U_{GS}<U_T$ 时，$I_D=0$；当 $U_{GS}>U_T$ 时，I_D 随 U_{GS} 的增大而增大。在较小的范围内，可以认为 U_{GS} 和 I_D 成线性关系，通过 U_{GS} 大小的变化，即电场的变化，可以控制 I_D 的变化。

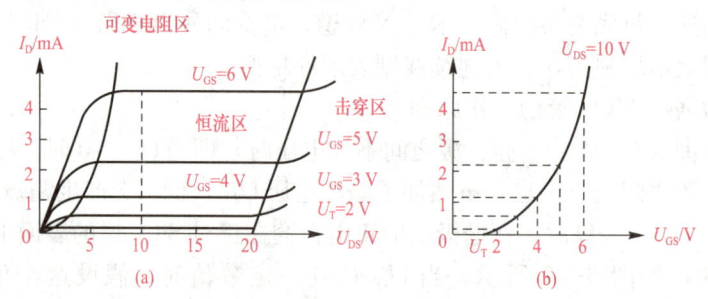

图 6-1-8　N 沟道增强型 MOS 管的特性曲线

（a）输出特性曲线；（b）转移特性曲线

4）P 沟道增强型 MOS 管

如果在制作 MOS 管时采用 N 型硅作衬底，漏极、源极为 P 型，则导电沟道为 P 型。正常工作时，U_{DS} 和 U_{GS} 都必须为负值。

5）耗尽型 MOS 管

耗尽型 MOS 管在结构上与增强型 MOS 管相似，其不同点仅在于耗尽型 MOS 管的衬底靠近栅极附近存在着原导电沟道，因此，只要加上 U_{DS} 电压，即使 $U_{GS}=0$，管子也能导通，形成 I_D。其电路符号中 D 极与 S 极间用实线相连（增强型为断续线），即表明当 $U_{GS}=0$ 时导电沟道已形成。以 N 沟道耗尽型 MOS 管为例，其转移特性曲线和输出特性曲线如图 6-1-9 所示。

由图可知，当 U_{DS} 一定，U_{GS} 由 0 增大时，I_D 相应增大；反之，当 U_{GS} 由 0 向负值方向增大时，I_D 相应减小。$I_D=0$ 时所对应的 U_{GS} 称为夹断电压，用 U_P 表示。实际上，夹断电压也可理解为导电沟道开始形成时的开启电压。

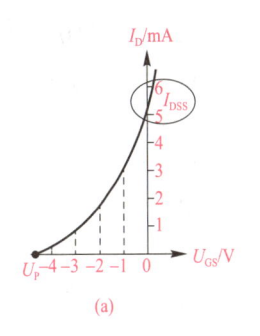

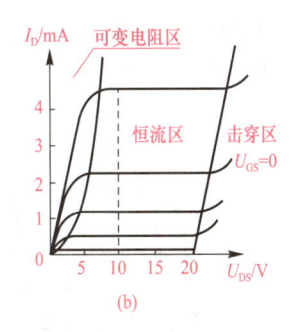

图 6-1-9　N 沟道耗尽型 MOS 管的特性曲线
(a)转移特性曲线；(b)输出特性曲线

6)主要参数

(1)开启电压 U_T：增强型 MOS 管的参数，当栅源电压小于开启电压的绝对值时，场效应管不能导通。

(2)夹断电压 U_P：耗尽型场效应管的参数，当 $U_{GS}=U_P$ 时，漏极电流为零。

(3)饱和漏极电流 I_{DSS}：耗尽型场效应管的参数，当 $U_{GS}=0$ 时，所对应的漏极电流。

(4)漏源击穿电压 $U_{(BR)DS}$：使 I_D 开始剧增时的 U_{DS}，是漏极和源极间允许所加的最大电压。

(5)低频跨导 g_m：当 U_{DS} 一定时，I_D 的变化量与 U_{GS} 的变化量之比，即

$$g_m = \frac{\Delta I_D}{\Delta U_{GS}} \bigg|_{U_{DS}}$$

反映了栅源电压对漏极电流的控制作用，单位是 S(西门子)或 mS。

2. 结型场效应管

1)结构与符号

结型场效应管(JFET)利用半导体内的电场效应进行工作，分 N 沟道和 P 沟道两种。在一块 N 型半导体的两侧分别扩散出两个 P 型区，形成两个 PN 结，将两个 P 型区连接后形成一个电极 G 称为栅极，从 N 型半导体的上、下两端各引出一个电极，其中 S 称为源极，D 称为漏极，由于 D、S 间存在电流通道，故称为 N 沟道结型场效应管。P 沟道结型场效应管的结构与 N 沟道型类似，它们的结构和电路符号如图 6-1-10 所示，采用的是耗尽型工作方式，即当 $U_{GS}=0$ 时，$I_D \neq 0$。

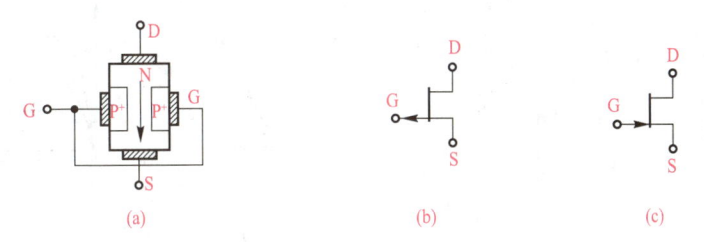

图 6-1-10　结型场效应管的结构和电路符号
(a)结构；(b)P 沟道；(c)N 沟道

2)特性曲线

输出特性曲线如图 6-1-11(a)所示，也分为可变电阻区、放大区和击穿区；转移特性

曲线如图6-1-11(b)所示,当栅源电压$U_{GS}=0$时,漏极电流为I_{DSS}(漏极饱和电流);U_{GS}越高,导电沟道越窄、电阻增大,I_D减小;当$U_{GS}=U_P$时,漏极电流为零。

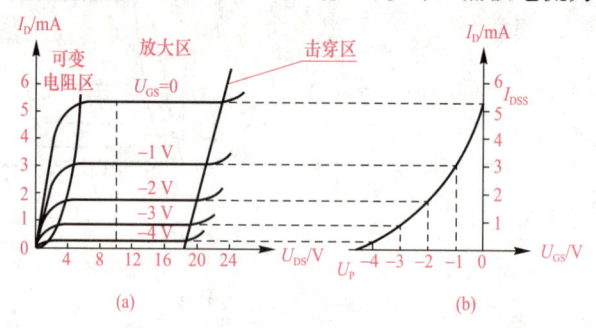

图 6-1-11　N 沟道结型场效应管的特性曲线
(a)转移特性曲线；(b)输出特性曲线

3. 各类场效应管的特性曲线

各类场效应管的特性曲线如表 6-1-1 所示。

表 6-1-1　各类场效应管的特性曲线

种类		符号	转移特性曲线	输出特性曲线
结型 N 沟道	耗尽型			
结型 P 沟道	耗尽型			
绝缘栅型 N 沟道	增强型			
绝缘栅型 N 沟道	耗尽型			

续表

种类		符号	转移特性曲线	输出特性曲线
绝缘栅型 P 沟道	增强型	D、G、S、B	U_T, I_D, O, U_{GS}	$U_{GS}=U_T$, O, I_D, U_{DS}
	耗尽型	D、G、S、B	I_D, O, U_P, U_{GS}, I_{DSS}	O, I_D, U_{DS}, $U_{GS}=0$

由表 6-1-1 可见，对于结型场效应管采用耗尽型工作方式，对于 N 沟道器件，U_{GS} 应为负值；对于 P 沟道器件，U_{GS} 应为正值。U_{DS} 的选择与绝缘栅型场效应管相似。

对于绝缘栅型场效应管，无论耗尽型还是增强型，只要是 N 沟道器件，U_{DS} 就应为正值，衬底越接最低电位，U_{GS} 越向正值方向增大，I_D 越大；只要是 P 沟道器件，U_{DS} 就应为负值，衬底越接最高电位，U_{GS} 越向负值方向增大，I_D 越大。对于增强型器件，如果是 N 沟道，则 U_{GS} 应为正值；如果是 P 沟道，则 U_{GS} 应为负值。对于耗尽型器件则 U_{GS} 可正、可负、可零。

4. 场效应管的检测以及注意事项

1）MOS 场效应管的检测方法

（1）准备工作。测量之前，先把人体对地短路，才能摸触 MOS 场效应管的引脚。最好在手腕上接一条导线与大地连通，使人体与大地保持等电位。再把引脚分开，然后拆掉导线。

（2）判定电极。将万用表置于"$R\times100$"挡，首先确定栅极。若某脚与其他脚的电阻都是无穷大，则此脚就是栅极 G。交换表笔重新测量，S、D 之间的电阻值应为几百欧至几千欧，其中阻值较小的那一次，黑表笔接的为 D 极，红表笔接的是 S 极。日本生产的 3SK 系列产品，S 极与管壳接通，据此很容易确定 S 极。

（3）检查放大能力（跨导）。将 G 极悬空，黑表笔接 D 极，红表笔接 S 极，然后用手指触摸 G 极，表针应有较大的偏转。双栅 MOS 场效应管有两个栅极 G_1、G_2。为区分它们，可用手分别触摸 G_1、G_2 极，其中表针向左侧偏转幅度较大的为 G_2 极。

目前有的 MOS 场效应管在 G、S 间增加了保护二极管，平时就不需要把各引脚短路了。

2）MOS 场效应管使用时的注意事项

MOS 场效应管在使用时应注意分类，不能随意互换。MOS 场效应管（包括 MOS 集成电路）由于输入阻抗高，极易被静电击穿，使用时应注意以下规则：

（1）MOS 器件出厂时通常应装在黑色的导电泡沫塑料袋中，切勿自行更换成普通塑料袋。可用细铜线把各个引脚连接在一起，或用锡纸包装。

(2)取出的 MOS 器件不能在塑料板上滑动,应用金属盘来盛放。
(3)焊接用的电烙铁必须良好接地。
(4)在焊接前应把电路板的电源线与地线短接,MOS 器件焊接完成后再拆掉短接线。
(5)MOS 器件各引脚的焊接顺序是漏极、源极、栅极,拆机时顺序相反。
(6)电路板在装机之前,要用接地的线夹触碰一下机器的各接线端子,再把电路板接上去。
(7)MOS 场效应管的栅极在允许条件下,最好接入保护二极管。在检修电路时应注意检查原有的保护二极管是否损坏。

3)结型场效应管的检测方法

(1)结型场效应管的引脚识别。结型场效应管的栅极相当于三极管的基极,源极和漏极分别对应于三极管的发射极和集电极。将万用表置于"$R\times 1k$"挡,用两表笔分别测量每两个引脚间的正、反向电阻。当某两个引脚间的正、反向电阻相等,且均为数千欧时,则这两个引脚为漏极 D 和源极 S(可互换),余下的一个引脚即为栅极 G。对于有 4 个引脚的结型场效应管,另外一极是屏蔽极(使用中接地)。

(2)判定栅极。用万用表黑表笔碰触管子的一个电极,红表笔分别碰触另外两个电极。若两次测出的阻值都很小,则说明均是正向电阻,该管属于 N 沟道结型场效应管,黑表笔接的也是栅极。

制造工艺决定了结型场效应管的源极和漏极是对称的,可以互换使用,并不影响电路的正常工作,所以不必加以区分。源极与漏极间的电阻约为几千欧。

注意不能用此法判定绝缘栅型场效应管的栅极。因为这种管子的输入电阻极高,栅、源间的极间电容又很小,测量时只要有少量的电荷,就可在极间电容上形成很高的电压,容易将管子损坏。

(3)估算结型场效应管的放大能力。将万用表置于"$R\times 100$"挡,红表笔接源极 S,黑表笔接漏极 D,相当于给结型场效应管加上 1.5 V 的电源电压。这时表针指示出的是 D-S 极间电阻值。然后用手指捏栅极 G,将人体的感应电压作为输入信号加到栅极上。由于管子的放大作用,U_{DS} 和 I_D 都将发生变化,也相当于 D-S 极间电阻发生变化,可观察到表针有较大幅度的摆动。如果手捏栅极时表针摆动很小,则说明管子的放大能力较弱;若表针不动,则说明管子已经损坏。

由于人体感应的 50 Hz 交流电压较高,而不同的结型场效应管用不同的电阻挡测量时的工作点可能不同,因此用手捏栅极时表针可能向右摆动,也可能向左摆动。少数管子的 R_{DS} 减小,使表针向右摆动;多数管子的 R_{DS} 增大,表针向左摆动。无论表针的摆动方向如何,只要有明显的摆动,就说明管子具有放大能力。

本方法也适用于测 MOS 场效应管。为了保护 MOS 场效应管,必须用手握住螺钉旋具绝缘柄,用金属杆去碰栅极,以防止人体感应电荷直接加到栅极上,将管子损坏。MOS 管每次测量完毕,G-S 结电容上会充有少量电荷,建立起电压 U_{GS},再测时表针可能不动,此时将 G 极、S 极之间短路一下即可。

5. 场效应管在开关电路中的应用

开关只有两种状态,即通和断,三极管和场效应管工作有 3 种状态:截止、线性放大

和饱和（基极电流继续增加而集电极电流不再增加）。使三极管只工作在截止和饱和状态的电路称为开关电路，一般以三极管截止、集电极不吸收电流表示关；以三极管饱和、发射极和集电极之间的压差接近于 0 时表示开。场效应管的 S、G、D 极对应三极管的 e、b、c 极，因此对应可以将场效应管开关状态的工作情况总结如表 6-1-2 所示。

表 6-1-2　场效应管开关状态的工作情况

场效应管的类型	工作条件	开关状态	备注
N 沟道结型	$U_{GS}=0$	D、S 导通	
	$U_{GS}<U_P<0$	D、S 断开	
P 沟道结型	$U_{GS}=0$	D、S 导通	
	$U_{GS}>U_P>0$	D、S 断开	
NMOS 耗尽型	$U_{GS}=0$	D、S 导通	
	$U_{GS}>U_P>0$	D、S 断开	衬底与源极 S 相连
PMOS 耗尽型	$U_{GS}=0$	D、S 导通	
	$U_{GS}<U_P<0$	D、S 断开	
NMOS 增强型	$U_{GS}=0$	D、S 断开	
	$U_{GS}>0$	D、S 导通	
PMOS 增强型	$U_{GS}=0$	D、S 断开	
	$U_{GS}<0$	D、S 导通	

注：假设其他工作条件已符合。

在本任务的电源电路部分，如图 6-1-1 所示，IRF9531 就是 P 沟道 MOS 管，栅极就是控制极，用在栅极加电压和不加电压来控制源极和漏极的相通与不相通，对于 N 沟道 MOS 管，在栅极加电压，源极和漏极就导通，去掉电压就关断；而 P 沟道 MOS 管刚好相反，在栅极加电压（高电位）就关断，去掉电压（低电位）就导通。

如图 6-1-4 所示电路，电源的正极接到场效应管 Q_1 的源极，由于 Q_1 是 P 沟道 MOS 管，它的栅极通过电阻 R_1 提供一个正电压，此时场效应管工作在断开状态，电压不能继续通过，稳压管 TL431 输入端得不到电压，所以不能工作，此时电源指示发光二极管 D_2 不发光。如果按下按键 K_1，正电压通过 K_1、R_2、D_1 加到三极管 Q_2 的基极，三极管 Q_2 的基极得到一个正电压，三极管导通（前面讲到三极管的时候已经讲过），由于三极管的发射极直接接地，三极管 Q_2 导通就相当于 Q_1 的栅极直接接地，通过电阻 R_1 的电压就直接接地，Q_1 的栅极就从高电位变为低电位，此时场效应管 Q_1 处于导通状态，5 V 供电就通过 Q_1 加到 2.5 V 集成稳压管 TL431 的输入端 3 脚，此时发光二极管被点亮。

➡ 二、集成稳压管 TL431

1. 内部结构与电路符号

TL431 是一并联稳压集成电路。因其性能好、价格低，故广泛应用在各种电源电路中。其封装形式与塑封三极管 9013 等相同，其结构和符号如图 6-1-12 所示。

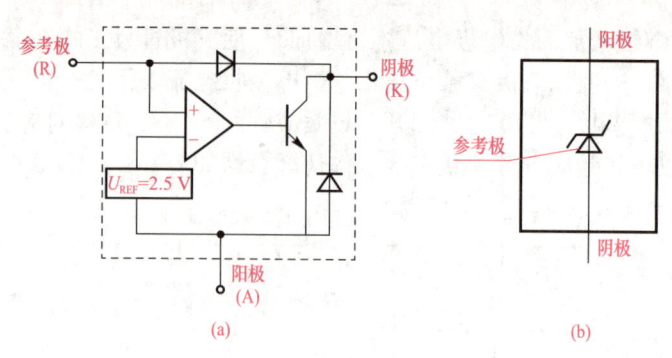

图 6-1-12　TL431 的内部结构与电路符号

(a)内部结构；(b)电路符号

2. 主要参数

TL431 的主要参数为：

(1)最大输入电压为 37 V。

(2)最大工作电流为 150 mA。

(3)内基准电压为 2.5 V。

(4)输出电压范围为 2.5～30 V。

3. 检测方法

(1)如何识别 TL431 的 A 极、R 极、K 极。A 极和 K 极分别是稳压二极管的正端(阳极)和负端(阴极)，R 极是参考极，也称取样极。

①确定 A 极、K 极的方法。根据内部结构，用万用表测量二极管的方法就能判断出 A 极和 K 极。测量时，量程置"R×1k"挡，当黑表笔接 A 极、红表笔接 K 极时，若电阻呈导通状态(普通硅二极管的电阻)，则互换表笔；若电阻无穷大，即可判断导通状态下，黑表笔所接的脚为 A 极，另一脚为 K 极。

②确定 R 极的方法。将万用表的量程置"R×10k"挡，黑表笔接 K 极、红表笔接 A 极，此时，电表应无指示。一手接触黑表笔，另一手接触 R 极时，指针应有大幅度的摆动。若符合这种状况，则手接触的脚为 R 极。

③而对于 SO-92 封装的 TL431 稳压管，引脚朝下，字面向自己放置时，对应的引脚为 1 R，2 A，3 K，在本任务中电源电路采用的就是该种封装的 TL431 稳压管。

(2)判别 TL431 的性能好坏。TL431 的性能好坏应用万用表"R×1k"挡判断，方法是：红表笔接阳极 A，黑表笔接阴极 K，阻值应为无穷大，若对调表笔，测量值应在几千欧姆；红表笔接参考极 R，黑表笔接阴极 K，阻值应为无穷大，若对调表笔，测量值应在几千欧姆；红表笔接参考极 R，黑表笔接阳极 A，阻值应为 30 kΩ 左右，若对调表笔，测量值应为 20 kΩ 左右。若测量某两脚之间的阻值很小或为零，表明稳压管已击穿损坏。

4. 基本应用

TL431 是一款输出电压可调的基准电压源，辅以合适的外围电路便可以在很大范围内输出质量较好的基准电压。

如图 6-1-13 所示是 TL431 的典型接法，输出一个固定电压值，计算公式是：$U_{OUT}=$

$(R_1+R_2)\times 2.5/R_2$，同时 R_3 的数值应该满足 $1\text{ mA}<(V_{CC}-U_{OUT})/R_3<500\text{ mA}$。

当 R_1 取值为 0 时，R_2 可以省略，这时候电路变成如图 6-1-14 所示的形式，TL431 在这里相当于一个 2.5 V 稳压管。

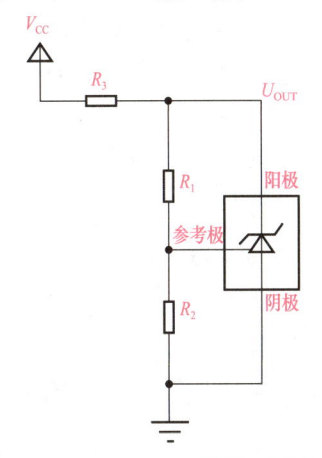

图 6-1-13　TL431 的典型接法 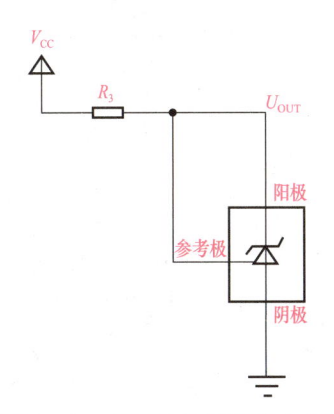　　　　图 6-1-14　TL431 直接输出 2.5 V

在如图 6-1-4 所示的电源电路中，稳压管 TL431 采用的就是图 6-1-14 的接法，从 1 脚输出的电压理论值为 2.5 V，此时 R_3 的数值应该满足 $1\text{ mA}<(V_{CC}-U_{OUT})/R_3<500\text{ mA}$，在该任务中，电阻取值为 510 Ω。

利用 TL431 还可以组成鉴幅器，如图 6-1-15 所示，这个电路在输入电压 $U_{IN}<(R_1+R_2)\times 2.5/R_2$ 的时候输出 U_{OUT} 应为高电平，反之则输出接近 2 V 的电平。需要注意的是当 U_{IN} 在 $(R_1+R_2)\times 2.5/R_2$ 附近以微小幅度波动的时候，电路会输出不稳定的值。

TL431 可以用来提升一个近地电压，并且将其反相。如图 6-1-16 所示，输出电压的计算公式为：$U_{OUT}=[(R_1+R_2)\times 2.5-R_1\times U_{IN}]/R_2$。特别地，当 $R_1=R_2$ 的时候，$U_{OUT}=5-U_{IN}$。这个电路可以用来把一个接近地的电压提升到一个可以预先设定的范围内，唯一需要注意的是 TL431 的输出范围不是满幅的。

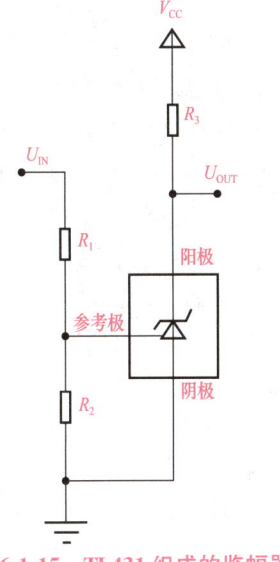

图 6-1-15　TL431 组成的鉴幅器 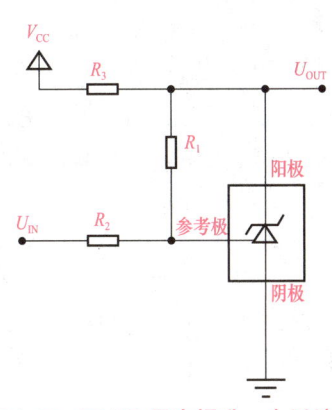　　　　图 6-1-16　TL431 用来提升一个近地电压

提 高 篇

　　TL431自身有相当高的增益，故可以用作放大器使用。如图6-1-17所示，为用TL431组成的直流电压放大器，这个电路的放大倍数由R_1和R_{IN}决定，相当于运放的负反馈回路，而其静态输出电压由R_1和R_2决定。这个电路的优点在于结构简单，精度良好，能够提供稳定的静态特性；其缺点是输入阻抗较小，U_{OUT}的摆幅有限。

　　如图6-1-18所示电路是交流放大器，这个结构和直流放大器很相似，而且具有同样的优点和缺点。

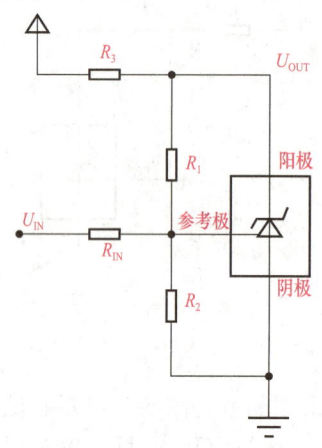

图 6-1-17　直流电压放大器　　　　　　　图 6-1-18　交流电压放大器

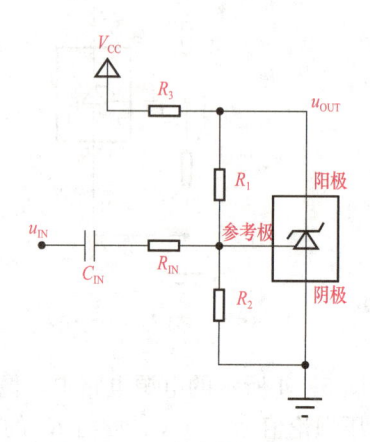

➡ 三、驻极体话筒的检测

　　驻极体话筒具有体积小、频率范围宽、高保真和成本低的特点，目前已在通信设备和家用电器等电子产品中广泛应用。

　　从外观检测，与金属外壳相连的为接地端，另一脚为信号输出端，如图6-1-19所示。

图 6-1-19　驻极体话筒的接线

　　下面将以MF50型指针式万用表为例，介绍使用万用表快速判断驻极体话筒的极性并检测驻极体话筒的好坏和性能的具体方法。

　　(1)判断极性。由于驻极体话筒内部场效应管的漏极D和源极S直接作为话筒的引出电极，所以只要判断出漏极D和源极S，也就不难确定出驻极体话筒的电极。将万用表置于"$R×100$"或"$R×1k$"电阻挡，黑表笔接任意极，红表笔接另外一极，读出电阻值；对调两表笔，再次读出电阻值，并比较两次的测量结果，阻值较小的一次，黑表笔所接应为源极S，红表笔所接应为漏极D。如果驻极体话筒的金属外壳与所检测出的源极S电极相连，则被测话筒应为两端式驻极体话筒，其漏极D应为正电源/信号输出端，源极S为接地端；如果话筒的金属外壳与漏极D相连，则源极S应为负电源/信号输出端，漏极D为接地端。如果被测话筒的金属外壳与源极S、漏极D电极均不相通，则为三端式驻极体话筒，其漏极D和源极S可分别作为正电源和信号输出端(或信号输出端和负电源输入端)，金属外壳则为接地端。

148

(2)检测好坏。在上面的测量中,驻极体话筒正常测得的电阻值应该是一大一小。如果正、反向电阻值均为∞,则说明被测话筒内部的场效应管已经开路;如果正、反向电阻值均接近或等于0,则说明被测话筒内部的场效应管已被击穿或发生了短路;如果正、反向电阻值相等,则说明被测话筒内部场效应管栅极 G 与源极 S 之间的晶体二极管已经开路。由于驻极体话筒是一次性压封而成,所以内部发生故障时一般不能维修,只能更换。

(3)检测灵敏度。将万用表置于"$R\times100$"或"$R\times1k$"电阻挡,黑表笔(万用表内部接电池正极)接被测两端式驻极体话筒的漏极 D,红表笔接接地端(或红表笔接源极 S,黑表笔接接地端),此时万用表指针应指示在某一刻度上,再用嘴对着话筒正面的入声孔吹气,则万用表指针应有较大摆动。指针摆动范围越大,说明被测话筒的灵敏度越高。

如果没有反应或反应不明显,则说明被测话筒已经损坏或性能下降。对于三端式驻极体话筒,黑表笔仍接被测话筒的漏极 D,红表笔同时接通源极 S 和接地端(金属外壳),然后按相同的方法,吹气检测即可。

四、双稳态触发电路

如图 6-1-20 所示,是采用分立元件构成的双稳态电路,从电路中可以看出,一只三极管的集电极与另一只三极管的基极耦合,u_{O1}、u_{O2} 是此双稳态电路的两个输出信号。两管的基极通过 R_3 和 R_5 接触发信号 u_i。通常,这种电路中的元件参数对称,即 VT_1、VT_2 的性能参数一致,$R_1=R_6$、$R_2=R_4$、$R_3=R_5$。

(1)当没有触发信号输入时,接通直流工作电压 V_{CC},虽然电路中元件参数对称,但不可能是绝对一样的。设接通电源后 VT_1 的导通程度大于 VT_2,这样 VT_1 管的基极和集电极电流增大得较快(V_{CC} 经 R_1 加到 VT_1 的集电极,R_6 和 R_4 为 VT_1 提供基极电流),使 VT_1 的集电极电压下降较快,通过 R_2 使 VT_2 的基极电压下降,其集电极电压上升,再经 R_4 使 VT_1 的基极电压进一步上升,其基极电流更大,显然这是正反馈过程,所以很快使 VT_1 处于饱和状态。

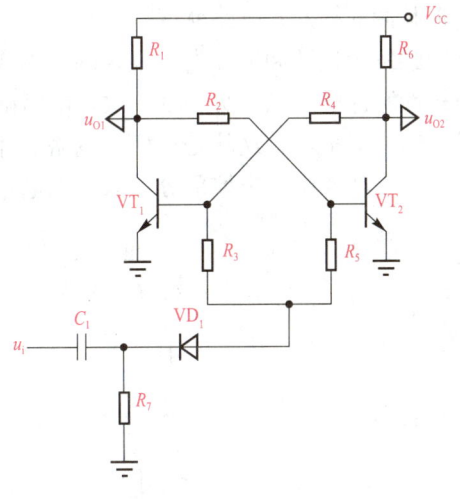

图 6-1-20 双稳态电路

由于 VT_1 饱和后集电极电压(饱和压降)只有 0.2 V,这一电压经 R_2 加到 VT_2 的基极,使 VT_2 处于截止状态。此时,VT_1 的集电极输出电压 u_{O1} 为低电平;VT_2 的集电极输出电压 u_{O2} 为高电平。只要外电路中没有出现有效的触发信号,这一电路将始终保持 VT_1 饱和、VT_2 截止的稳定状态。

若在电源接之后,设 VT_2 的导通电流大于 VT_1 的导通电流,则通过电路的正反馈过程,会使电路达到 VT_1 处于截止、VT_2 处于饱和的稳定状态,此时 u_{O1} 为高电平,u_{O2} 为低电平。只要外电路中没有出现有效的触发信号,这一电路始终保持这一稳定状态。

(2)当有触发信号作用于电路时,电路的状态将发生变化。电路中,C_1 和 R_7 构成微分电路，输入的脉冲信号 u_i 经过微分后，获得正、负尖顶脉冲，由于二极管 VD_1 的单向导电性，故只能让负尖顶脉冲通过，而将正尖顶脉冲去掉。

设初始时双稳态电路处于 VT_1 饱和、VT_2 截止的稳态。触发电路送来的负尖顶脉冲通过 R_3 和 R_5，同时加到 VT_1 和 VT_2 的基极。由于 VT_2 截止，所以负尖顶脉冲加到 VT_2 基极后使基极电压更低，这对 VT_2 无作用。

负尖顶脉冲加到饱和管 VT_1 的基极后，使 VT_1 的基极电压下降，其基极电流和集电极电流减小，集电极电压升高，通过 R_2 耦合使 VT_2 的基极电压升高，其集电极电压下降，又通过 R_4 耦合使 VT_1 的基极电压进一步下降，这一正反馈过程，很快使 VT_1 从饱和状态转为截止状态，而 VT_2 则从截止状态转为饱和状态，这样，电路在第一个负尖顶脉冲的触发下，从 VT_1 饱和、VT_2 截止的稳态转为 VT_1 截止、VT_2 饱和的另一个稳态，电路完成了一次翻转。

当第二个尖顶脉冲通过 R_3 和 R_5，加到 VT_1 和 VT_2 基极后，同样的道理，这一负尖顶脉冲对已处于截止状态的 VT_1 无影响，但对饱和状态的 VT_2 有触发作用，电路再次从一个稳态转换到另一个稳态。

从上述可知，输入一个负尖顶脉冲，电路就能从一个稳态翻转到另一个稳态，没有负尖顶脉冲的触发，电路就保持原来的某一种稳定输出状态。由上述过程可见：①双稳态电路的触发尖顶脉冲极性由三极管的类型决定：PNP 管要求正极性脉冲触发；NPN 管要求负极性脉冲触发。②每触发一次，电路翻转一次，因此，从翻转次数的多少，就可以计算输入脉冲的个数，这就是双稳态电路的计算原理。

在本任务中，声控部分的双稳态电路如图 6-1-21 所示

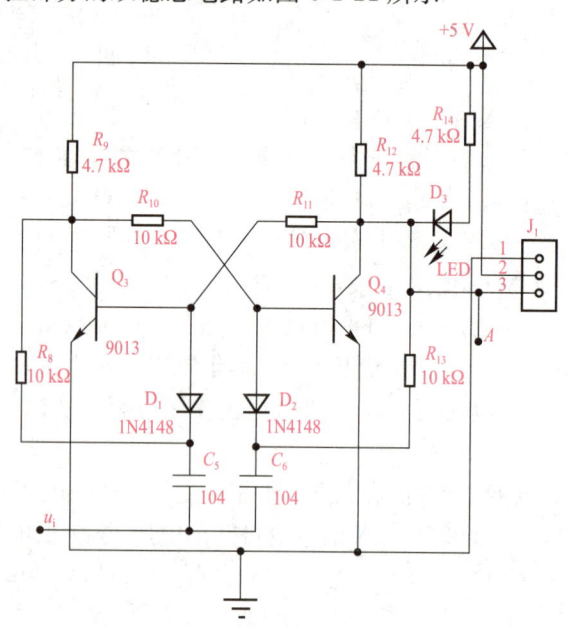

图 6-1-21　声控部分的双稳态电路

当电源接通时，双稳态电路的状态为 Q_4 截止、Q_3 饱和、D_3 不亮。当如图 6-1-5 所示电路中的 MIC 接入控制信号，经过两级放大后，输出一负方波，再经过微分处理后负尖

顶脉冲通过 D_1 加至 Q_3 的基极，使电路迅速翻转，D_3 被点亮。当 MIC 再次接入控制信号，电路又发生翻转，D_3 熄灭。

● 拓展知识

➡ 一、场效应管的基本放大电路

和半导体三极管一样，场效应管的电路也有 3 种接法，即共源极电路、共漏极电路和共栅极电路。

1. 共源极电路

共源极电路如图 6-1-22 所示，这种电路的栅偏压是由负电压 U_G 经偏置电阻 R_G 提供的。该电路虽然简单，但 R_G 不易取得过大，否则会在栅漏泄电流流过时产生较大的压降，使栅偏压发生变化，造成工作点的偏离。共源极基本放大电路的主要参数可由以下各式确定。

输入电阻 $R_i = R_G /\!/ R_{GS}$，因 $R_{GS} \gg R_G$，故 $R_i \approx R_G$；输出电阻 $R_o = R_{DS} /\!/ R_L$，因 $R_{DS} \gg R_L$，故 $R_o \approx R_L$；电压放大倍数为 $K = g_m \cdot R_L$。

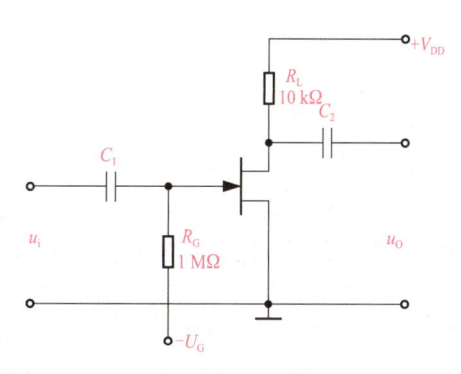

图 6-1-22 共源极电路

2. 共漏极电路（源极输出器）

共漏极电路如图 6-1-23 所示。该电路中除有源极电阻 R_S 提供的自偏压外，还有由 R_1 和 R_2 组成的分压器为栅极提供固定栅偏压。共漏极电路的输出与输入同相，可起到阻抗变换的作用。

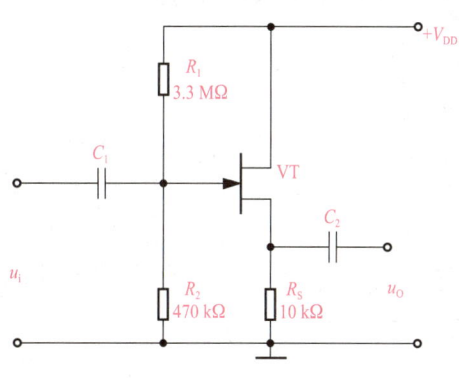

图 6-1-23 共漏极电路

共漏极基本放大电路的主要参数可由以下各式确定。

输入电阻 $R_i = R_1 /\!/ R_2$，输出电阻 $R_o = \dfrac{1}{g_m} /\!/ R_S$，电压放大倍数 $K \approx 1$。

3. 共栅极电路

共栅极电路如图 6-1-24 所示。偏置电路为自给偏置，当 I_D 流经 R_S 时产生压降 $I_D \cdot R_S$，由于栅极接地，相当于源极电位比栅极高出一个 $I_D \cdot R_S$ 的值。这种方法简单，栅极电压也会随信号自动调节，对工作点的稳定有好处，该电路有良好的放大特性。

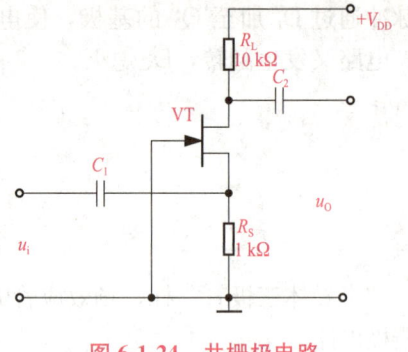

图 6-1-24　共栅极电路

二、场效应管的应用

1. 电池反接保护电路

电池反接保护电路如图 6-1-25 所示。一般的电池反接保护电路采用串接二极管的方法，在电池接反时，PN 结反接无电压降，但在正常工作时有 0.6～0.7 V 的管压降。采用导通电阻低的增强型 N 沟道场效应管（MOSFET）具有极小的管压降（$R_{DS(ON)} \cdot I_D$），如 SI9410DY 的 $R_{DS(ON)}$ 约为 0.04 Ω，则在 $I_D = 1$ A 时管压降约为 0.04 V。这时要注意，在电池正确安装时，I_D 并非完全通过管内的二极管，而是在 $U_{GS} \geqslant 5$ V 时，N 导电沟道畅通（相当于一个极小的电阻）而大部分电流从 S 极流向 D 极（I_D 为负）。而当电池装反时，场效应管（MOSFET）不通，电路得以保护。

2. 触摸调光电路

一种简单的触摸调光电路如图 6-1-26 所示。当手指触摸上触头时，电容经手指电阻及 100 kΩ 电阻充电，U_{GS} 渐增大，灯渐亮；当触摸下触头时，电容经 100 kΩ 电阻及手指电阻放电，灯渐暗到灭。

图 6-1-25　电池反接保护电路

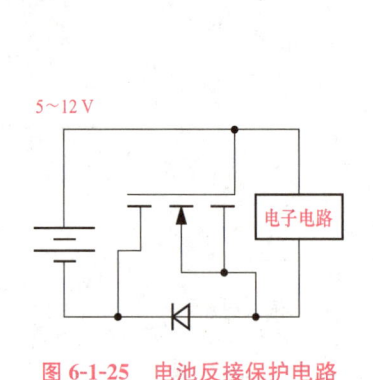

图 6-1-26　触摸调光电路

3. 甲类功率放大电路

由 R_1、R_2 建立 U_{GS} 静态工作点（此时有一定的 I_D 流过）。当音频信号经过 C_1 耦合到栅极，产生 $-\Delta U_{GS}$，则 D_W 产生较大的 ΔI_D，经输出变压器阻抗匹配，使喇叭（4～8 Ω）输出较大的声功率。如图 6-1-27 所示电路中的 D_W 为 9 V 稳压二极管，保护栅极、源极以免输入过高电压而击穿。从图 6-1-27 中也可以看出，偏置电阻的阻值较大，因为栅极输入阻抗极高，并且无栅流。

4. 稳压电源

如图 6-1-28 所示电路是用 TL431 作基准电压源，K790 场效应管作调整管构成的高精度稳压电源，输出电流可达 6 A。

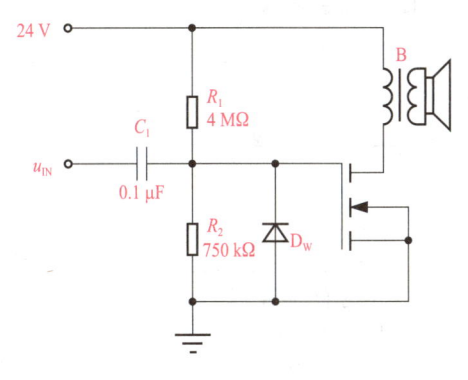

图 6-1-27　甲类功率放大电路

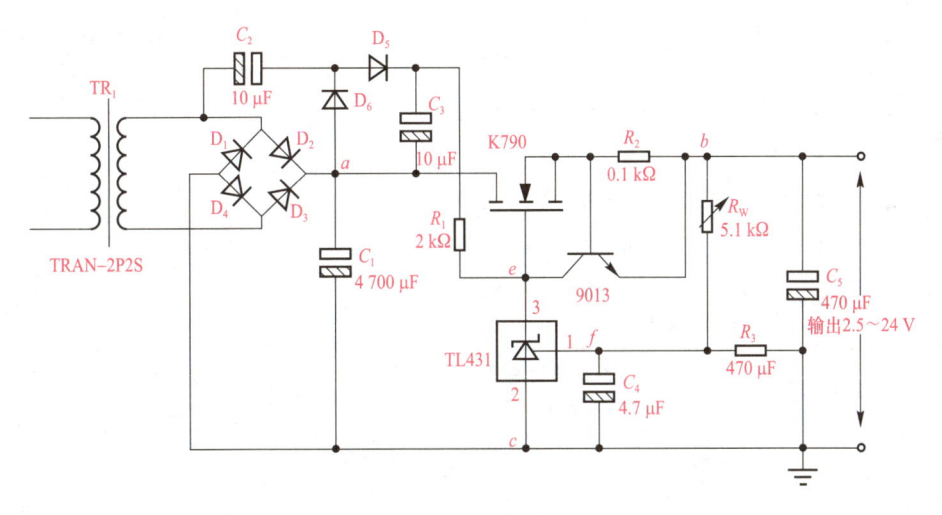

图 6-1-28　稳压电源

（1）电路原理。220 V 电压经变压器 TR_1 降压、$D_1 \sim D_4$ 整流、C_1 滤波。此外 D_5、D_6、C_2、C_3 组成倍压电路，R_W、R_3 组成分压电路，TL431、R_1 组成取样放大电路，9013、R_2 组成限流保护电路，场效应管 K790 作调整管，C_5 是输出滤波电容器。

（2）稳压过程。当输出电压降低时，f 点电位降低，经 TL431 内部放大使 e 点电压增高，经 K790 调整后，b 点电位升高；反之，当输出电压增高时，f 点电位升高，e 点电位降低，经 K790 调整后，b 点电位降低，从而使输出电压稳定。

（3）限流保护。当输出电流大于 6 A 时，三极管 9013 处于截止，使输出电流被限制在 6 A 以内，从而达到限流的目的。本电路除电阻 R_1 选用 2 W、R_2 选用 5 W 外，其他元件无特殊要求。

成果展示与评价

由小组推荐代表就任务的完成情况作必要的介绍、成果展示和总结，然后以组为单位进行评价。

提高篇

1. 小组成果设计方案

_____

_____

_____

_____

2. 学习任务评价

完成表 6-1-3 的填写。

表 6-1-3　任务评价评分表

评价项目	项目内容	评分标准	分值	自我评价（20%）	小组评价（30%）	教师评价（50%）
实操技能	完善电路的方框图	能正确绘制电路的方框图	10			
	完善电路图	电路设计正确	20			
	电路分析	能按要求正确分析电路	30			
学习态度	参与度	小组成员积极参与总结活动	20			
	团队合作	小组成员分工明确、合理、团队意识较强	10			
	汇报表现	总结汇报简明扼要、重点突出、表达流利、思路清晰	10			
学生姓名			小计			
评价教师			总分			

任务 6-2　声控电源的制作与调试

● 任务要求及实施

➡ 一、任务要求

按照电路图和工艺要求在 PCB 板上安装和调试声控电源。

项目六　声控电源的设计与制作

二、任务实施

1. 声控电源的制作

(1)根据图 6-1-4 和 6-1-5 列出材料清单并筛选正确的元件填入表 6-2-1 中。

表 6-2-1　制作声控电源的材料清单

序号	名称	规格	数量/个	序号	名称	规格	数量/个
1				16			
2				17			
3				18			
4				19			
5				20			
6				21			
7				22			
8				23			
9				24			
10				25			
11				26			
12				27			
13				28			
14				29			
15				30			

其他材料和工具：
_____
_____
_____
_____
_____

(2)主要元件的识别与检测。
①电阻。
电路符号：_____
读数值：_____
质量检测方法：_____
测量值：_____
②电解电容。
电路符号：_____

读数值：_____

正、负极判断的方法：_____

质量检测方法：_____

③瓷片电容(无极性)。

电路符号：_____

读数值：_____

质量检测方法：_____

④开关。

电路符号：_____

引脚确定：_____

质量检测方法：_____

⑤发光二极管。

电路符号：_____

极性判断方法：_____

质量检测方法：_____

⑥开关二极管。

电路符号：_____

极性判断方法：_____

质量检测方法：_____

⑦驻极体话筒。

电路符号：_____

极性判断方法：_____

质量检测方法：_____

⑧三极管。

电路符号：_____

极性判断方法：_____

质量检测方法：_____

⑨三端集成稳压管 TL431。

电路符号：_____

引脚功能：_____

⑩场效应管。

电路符号：_____

引脚功能：_____

质量检测方法：_____

（3）参照图 6-1-1 和图 6-1-4，在图 6-2-1 中绘制电源电路的装配图并进行组装；结合如图 6-1-2 所示的声控电路实物图和如图 6-2-2 所示的声控电路装配图进行声控电路的组装。

准备好全套元件后，用万用表粗略地测量一下各元件的质量，做到心中有数。焊接时注意先焊接无极性的阻容元件，电阻采用卧装，电容采用直立装，元件要紧贴电路板，焊接有极性的元件如电解电容、开关二极管、三极管等元件时千万不要装反，注意极性的正确，否则电路不能正常工作甚至烧毁元件。

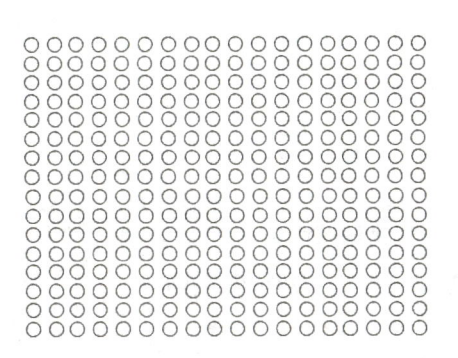

图 6-2-1　电源电路的装配图　　　　图 6-2-2　声控电路的装配图

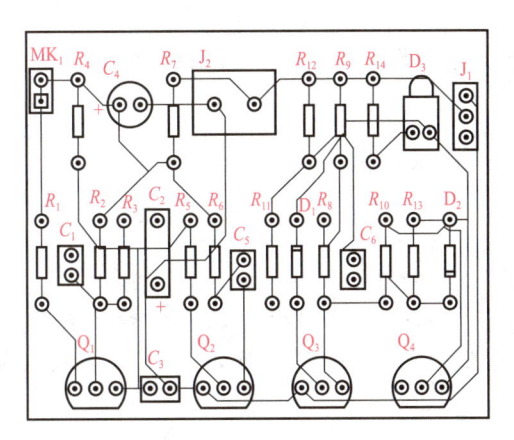

(4)检查排故。当电路板焊接完成后，在检查该电路板能否正常工作时，通常不要直接给电路板供电，而是要按下面的步骤进行检查，确保每一步都没有问题后再通电，以免造成不必要的危险。

①连线是否正确。

②电源接口是否有短路现象。这也是调试之前不能通电的原因——电源接口短路会造成电源烧坏，甚至会引起电源爆炸。因此必须使用万用表测量电源的输入阻抗。电源部分可以使用一个零欧姆的电阻进行调试，通电前先不焊接电阻，检查电源电压正常后再将电阻焊接在 PCB 上给后面的单元供电，以免造成通电后，由于电源电压不正常而烧毁后面单元的芯片。电路中要增加保护电路，比如使用自恢复保险丝等元件。

③元件安装情况。主要检查有极性的元件，如发光二极管、电解电容、开关二极管等，并检查三极管、场效应管、稳压管的引脚是否对应。对于三极管，不同厂家所生产的具有同一功能的三极管的引脚排列也是不同的，所以最好使用万用表进行测试。

按照上述步骤进行检查排故，并记录制作过程中所遇到的问题及解决方法。

_____
_____
_____
_____
_____
_____
_____
_____

2. 声控电源的产品调试

(1)调试电源电路。给电源电路接通 5 V 电压，开关闭合。若电路工作正常，发光二极管 D_1 将被点亮；开关断开，发光二极管将熄灭。

若电路能正常工作，则按照测试条件测量相关电压，并将测试结果填入表 6-2-2 中。

表 6-2-2 电源电路测试技训表

测试条件	C₁ 的正极电压	TL431 的 3 脚电压	TL431 的 1 脚电压
开关 K₁ 断开			
开关 K₁ 闭合			

> **小贴士**
>
> 在电源电路中，开关 K₁ 的主要作用是在单独调试电源电路时，模拟控制信号的高、低电平输入。对整个声控电路来说，该开关可以不用连接。

(2) 调试声控电路。结合图 6-1-1 和图 6-1-2，用杜邦线使 J₁ 口与 J₂ 口相连，若电路工作正常，对着话筒说话或者拍手，发光二极管 D₃ 将会发亮或熄灭。

①当发光二极管 D₃ 发亮或熄灭时，用万用表测量 A 点电压，记录发光二极管 D₂ 的状态，并填入表 6-2-3 中。

表 6-2-3 声控电路测试技训表

测试条件	A 点电压	D₂ 的状态（亮、灭）
D₃ 发亮		
D₃ 熄灭		

②当有声音信号时（调试时，可以在旁边用手机播放一首歌曲）用示波器观察三极管 Q₂ 集电极的输出波形，并做简要描述。

_____
_____
_____

(3) 记录在调试声控电源的过程中所遇到的问题及解决方法。

_____
_____
_____
_____
_____

> **小贴士**
>
> 在调试声控电源时，分成电源电路和声控电路两部分分别调试，在两部分电路都调试成功之后，再通过控制接口将声控电路的控制信号接入电源电路，完成整个声控电源的制作与调试。

成果展示与评价

由小组推荐代表就任务的完成情况作必要的介绍、成果展示和总结,然后以组为单位进行评价。

1. 小组成果展示方案

_____
_____
_____

2. 小组工作总结

_____
_____
_____

3. 学习任务评价

完成表 6-2-4 的填写。

表 6-2-4 任务评价评分表

评价项目	项目内容	评分标准	分值	自我评价（20%）	小组评价（30%）	教师评价（50%）
实操技能	元件检测	按要求对所有元件进行识别与检测	5			
	硬件电路制作	电路板测试成功	15			
	电路调试	能按要求调试电路	15			
	电路测试	正确使用万用表测输出电压,并用示波器观察波形	15			
工艺	元件布局	布局合理、美观	5			
	焊点	无虚焊、连锡、起刺	5			
安全文明操作	操作是否符合安全操作规程	每一处错扣 1 分,发生短路得 0 分	10			
学习态度	参与度	小组成员积极参与总结活动	10			
	团队合作	小组成员分工明确、合理、团队意识较强	10			
	汇报表现	总结汇报简明扼要、重点突出、表达流利、思路清晰	10			
学生姓名			小计			
评价教师			总分			

4. 学习任务综合评价

完成表 6-2-5 的填写。

表 6-2-5　任务综合评价表

评价内容	评分标准	评价等级			
		A	B	C	D
学习任务一	A. 学习任务评价成绩为 90～100 分 B. 学习任务评价成绩为 80～89 分 C. 学习任务评价成绩为 60～79 分 D. 学习任务评价成绩为 0～59 分				
学习任务二	A. 学习任务评价成绩为 90～100 分 B. 学习任务评价成绩为 80～89 分 C. 学习任务评价成绩为 60～79 分 D. 学习任务评价成绩为 0～59 分				
活动总结					

项目七　正弦波振荡器的设计与制作

● 学习目标

(1) 能正确判断正反馈、负反馈、电压反馈、电流反馈、串联反馈、并联反馈、交流反馈、直流反馈电路的类型。
(2) 会分析负反馈对放大器性能的影响。
(3) 能对发光二极管、电阻、电容、三极管的质量进行检测。
(4) 能写出正弦波振荡器的工作过程及工作原理。
(5) 能按要求在PCB板上安装正弦波振荡器。
(6) 能用示波器测量输出波形并在坐标纸上正确绘制波形。

● 学习内容

(1) 判断正反馈、负反馈、电压反馈、电流反馈、串联反馈、并联反馈、交流反馈、直流反馈电路的类型。
(2) 分析负反馈对放大器性能的影响。
(3) 三极管、电容等基本元件的检测。
(4) 正弦波振荡器的构成及其振荡条件。
(5) RC桥式振荡器的工作原理。
(6) 用示波器测量波形。
(7) 在坐标纸上绘制波形并标注电压和周期。

● 项目要求

按要求进行RC桥式振荡器的设计，并在PCB板上安装和调试正弦波振荡器，用示波器测量输出波形。

● 项目分析

为完成正弦波振荡器的设计及制作，首先要按照项目的要求对正弦波振荡器进行设计，其次根据所设计的电路进行安装和调试，所以在此项目中分解成两个学习任务：任务7—1　正弦波振荡器的设计；任务7—2　正弦波振荡器的制作与调试。

任务7-1 正弦波振荡器的设计

● 任务要求及实施

➡ 一、任务要求

按要求设计输出频率为 1 kHz 左右的正弦波振荡器,电路可采用分立元件 RC 桥式结构。

➡ 二、任务实施

1. 引导问题

当要低频信号时,常用 RC 桥式振荡器,如果采用 LC 振荡器,电路中的 L 和 C 将需要较大的取值,会给设计电路带来较大的不便。

(1)从图 7-1-1 可知,RC 桥式正弦波振荡器主要由_____和_____两大部分组成。

(2)观察图 7-1-1,写出正弦波振荡器由哪些元件组成:

_____、_____、_____、
_____、_____、_____、
_____、_____。

图 7-1-1 正弦波振荡器的实物

(3)请根据图 7-1-1 并结合下面的选项,完善正弦波振荡器的电路方框图。
①12 V 直流电源;②正反馈选频网络;③负反馈放大电路。

```
        ┌─────────────────────────────────────────────┐
        │         ┌──────────┐  至各电路                │
        │         │12 V直流电源│ ────→                  │
        │         └──────────┘                         │
        │                         x_i  ┌────┐   x_o    │
        │                      ────→───│    │────→     │
        │                              └────┘          │
        │                         x_f  ┌────┐          │
        │                      ←───────│    │←─────    │
        │                              └────┘          │
        └─────────────────────────────────────────────┘
```

2. 完善正弦波振荡器电路

请根据任务的要求，结合电路特征，完善如图 7-1-2 所示电路中方框 A 的电路，并标出相关参数，写出设计理由。

_____
_____
_____
_____

3. 分析正弦波振荡器的原理

认真观察如图 7-1-2 所示电路，然后完成以下问题。

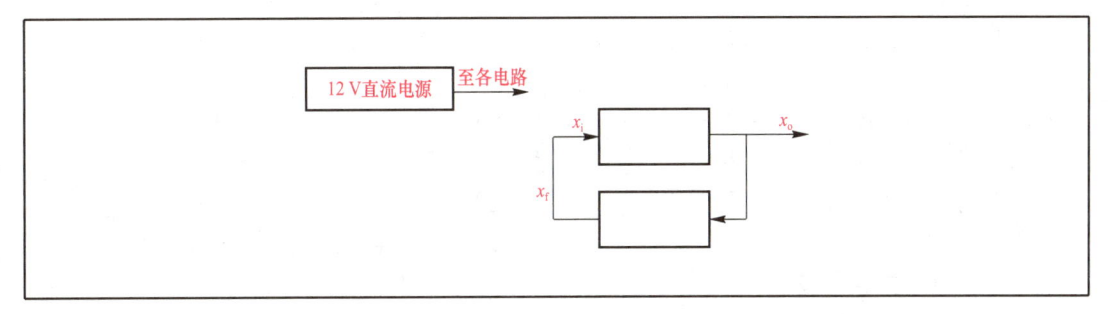

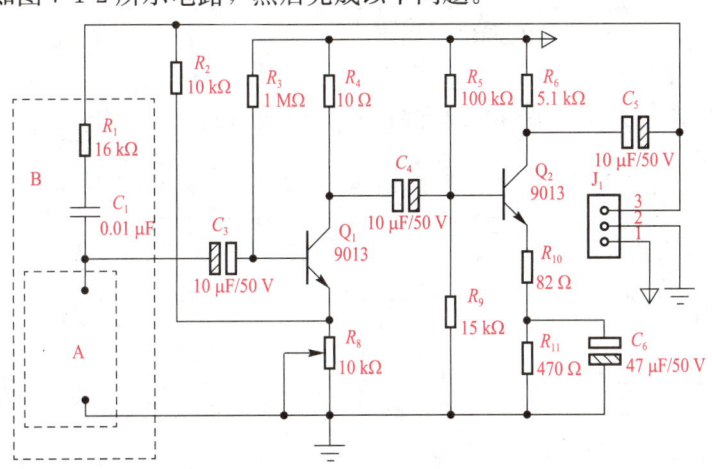

图 7-1-2　正弦波振荡器电路

(1)正弦波振荡器电路主要由哪些元件组成？并说明其在电路中的主要作用(写出各元件名称和参数)。

元件编号：_____，名称：_____，型号或参数：_____，作用：_____。

元件编号：_____，名称：_____，型号或参数：_____，作用：_____。

元件编号：_____，名称：_____，型号或参数：_____，作用：_____。

元件编号：_____，名称：_____，型号或参数：_____，作用：_____。

元件编号：_____，名称：_____，型号或参数：_____，作用：_____。

元件编号：_____，名称：_____，型号或参数：_____，作用：_____。

元件编号：_____，名称：_____，型号或参数：_____，作用：_____。

元件编号：_____，名称：_____，型号或参数：_____，作用：_____。
元件编号：_____，名称：_____，型号或参数：_____，作用：_____。
元件编号：_____，名称：_____，型号或参数：_____，作用：_____。
元件编号：_____，名称：_____，型号或参数：_____，作用：_____。
元件编号：_____，名称：_____，型号或参数：_____，作用：_____。

(2)正弦波振荡器中的放大器属于(　　)反馈电路，并在横线上写出判断依据。

    A. 电压串联负反馈　　　　　　　　B. 电压并联负反馈

    C. 电流串联负反馈　　　　　　　　D. 电流并联负反馈

_____

_____

_____

(3)方框 B 属于何种电路？主要有哪些作用？

_____

_____

_____

(4)从图 7-1-2 可知，正弦波振荡器属于(　　)。

    A. LC 振荡器　　　　B. RC 振荡器　　　　C. 石英晶体振荡器

(5)正弦波振荡器为什么采用二级放大电路，主要目的是什么？

_____

_____

(6)请结合图 7-1-2，计算正弦波振荡器的输出频率 $f_0\left(f_0=\dfrac{1}{2\pi RC}\right)$。

_____

_____

_____

_____

(7)写出正弦波振荡器的工作过程。

_____

_____

_____

_____

_____

_____

4. 记录在设计电路的过程中所遇到的问题及解决方法

_____

_____

_____

_____

_____

● 相关知识

➡ 一、放大器中的负反馈

负反馈在放大器中应用非常广泛，引入负反馈后，虽然降低了放大倍数，却提高了放大器的稳定性，减少了非线性失真，尤其是通过选用不同类型的负反馈，改变了放大器的输入和输出电阻，以适应实际的需要。

1. 反馈的概念

放大器中的反馈是指将输出信号取出一部分或全部，通过电路的形式送回到放大电路的输入回路，与原输入信号进行叠加，再送到放大电路输入端的过程。引入反馈的放大器称为反馈放大器，也称为闭环放大器，其电路结构主要由放大电路和反馈电路组成，如图 7-1-3 所示；相反，未引入反馈的放大器称为开环放大器。

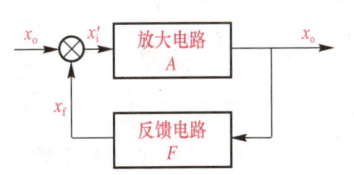

图 7-1-3 反馈放大器的方框图

2. 正反馈与负反馈

按照反馈极性的不同，放大器可分为正反馈（positive feedback）和负反馈（passive feedback）两种。使放大器净输入量增大的反馈称为正反馈，相反则称为负反馈。在实际应用中，放大电路采用负反馈居多，振荡器电路采用正反馈较为常见。

通常用瞬时极性法判断正、负反馈，具体步骤如下：

步骤一：假设在放大电路的输入端引入瞬时"＋"信号。

步骤二：在放大电路和反馈回路中依次标出瞬时极性。

步骤三：反馈回来的信号如使净输入信号增加则为正反馈，否则为负反馈（在反馈回路中的电阻、电容对瞬时极性法的判断不影响）。

例：运用瞬时极性法判断如图 7-1-4 所示的放大器的反馈类型。

假设 Q_1 基极瞬时极性为"＋"，则有 Q_1 基极（＋）→ Q_1 集电极（－）→ Q_2 基极（－）→ Q_2 集电极（＋）→经电阻 R_F 至 Q_1 发射极（＋），即反馈信号回到发射极的瞬时极性为"＋"，根据 Q_1 基极的净输入量 $u_{BE}=u_i-u_{R_8}$，推出反馈信号使放大器的净输入信号减小，所以电路为负反馈。

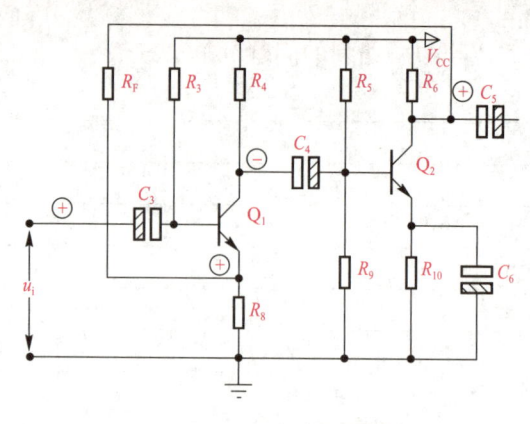

图 7-1-4 三极管放大器电路

> **小贴士**
>
> 如表 7-1-1 所示为三极管基本放大电路的输入与输出瞬时极性关系表。
>
> 表 7-1-1　三极管基本放大电路的输入与输出瞬时极性关系表
>
> | 电路类型 | 输入端 | 公共端 | 输出端 | 输入与输出瞬时极性关系 |
> | --- | --- | --- | --- | --- |
> | 共发射极放大电路 | 基极 | 发射极 | 集电极 | 相反 |
> | 共集电极放大电路 | 基极 | 集电极 | 发射极 | 相同 |
> | 共基极放大电路 | 发射极 | 基极 | 集电极 | 相同 |

3. 电压反馈与电流反馈

按照反馈信号的取样方式可分为电压反馈和电流反馈。电压反馈是指反馈信号取自放大电路的输出电压，如图 7-1-5 所示。电流反馈是指反馈信号取自放大电路的输出电流，如图 7-1-6 所示。在判断电压或电流反馈时，可以采用输出短路法，即将放大电路的负载 R_L 两端短路，短路后使 $u_f=0$，若反馈信号也为零，则为电压反馈，否则为电流反馈。

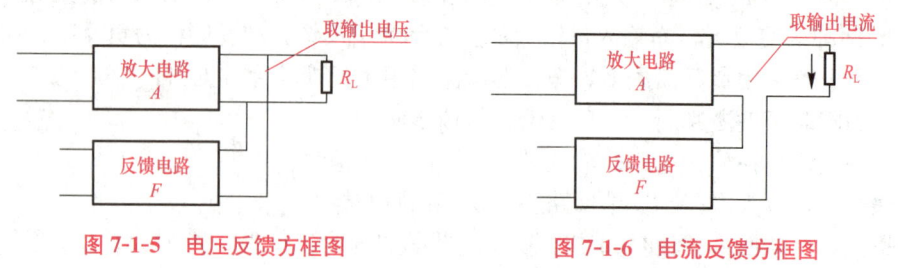

图 7-1-5　电压反馈方框图　　　　图 7-1-6　电流反馈方框图

4. 串联反馈与并联反馈

串、并联反馈是指反馈信号与输入信号的连接方式。串联反馈是指在输入回路中输入电压和反馈电压的连接形式为串联，净输入电压 $u_i'=u_i-u_f$，电路方框图如图 7-1-7 所示。并联反馈是指在输入回路中输入电流和反馈电流为并联，净输入电流 $i_i'=i_i-i_f$，电路方框

图如图 7-1-8 所示。

图 7-1-7　串联反馈方框图　　　图 7-1-8　并联反馈方框图

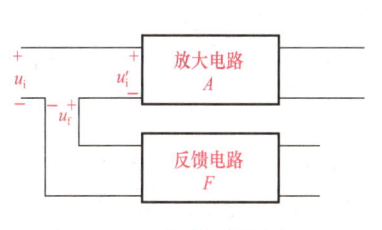

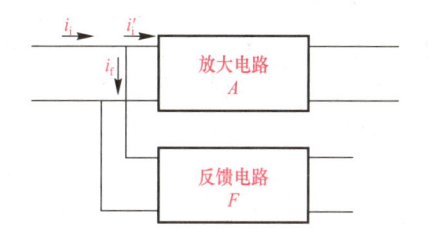

5. 直流反馈与交流反馈

可以根据电容"隔直通交"的特点判断交、直流反馈电路。如果反馈回路中有电容接地，则为直流反馈，其作用为稳定静态工作点；如果回路中串联电容，则为交流反馈，其作用为改善放大电路的动态特性；如果反馈回路中只有电阻或导线，则为交直流反馈。

例：根据以上所学知识试判断如图 7-1-9 所示电路为何种反馈类型。

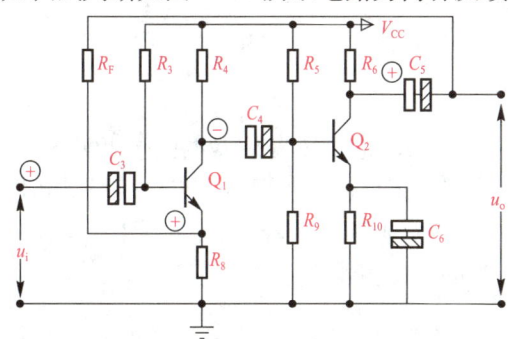

图 7-1-9　放大电路

判断步骤：

步骤一：输出端被短接后，反馈信号为零，故为电压反馈。

步骤二：输入端被短接后，反馈信号不为零，故为串联反馈。

步骤三：假设 Q_1 基极瞬时极性为"+"，则有 Q_1 基极(+)→Q_1 集电极(−)→Q_2 基极(−)→Q_2 集电极(+)→经电阻 R_F 至 Q_1 发射极(+)，即反馈信号回到发射极的瞬时极性为"+"，根据 Q_1 基极的净输入量 $u_{BE}=u_i-u_{R_8}$，可知反馈信号使放大器的净输入信号减小，所以电路为负反馈。

步骤四：综上所述，该电路为电压串联负反馈。

6. 负反馈放大器的放大倍数

在如图 7-1-1 所示的方框图中，A 表示放大器的开环放大倍数，x_i 为输入量，x_i' 为净输入量，x_o 为输出量，x_f 为反馈量，F 表示反馈系数，根据方框图可知开环放大倍数 $A=x_o/x_i'$，反馈系数 $F=x_o/x_f$，故负反馈放大器的放大倍数 $A_f=x_o/x_i=A/(1+AF)$，当 $(1+AF)\gg 1$ 时，$A_f\approx 1/F$。

7. 四种负反馈放大器的特点

按照放大电路与反馈电路之间的连接方式不同，放大器的类型可分为电压串联负反馈、电压并联负反馈、电流串联负反馈和电流并联负反馈，各反馈放大电路的特点如表 7-1-1 所示。

表 7-1-1　各负反馈放大电路的特点

反馈类型	电路特点
电压串联负反馈	能稳定输出信号电压，输入电阻高，输出电阻低
电压并联负反馈	能稳定输出信号电压，输入和输出电阻低
电流串联负反馈	能稳定输出信号电流，输入和输出电阻高
电流并联负反馈	能稳定输出信号电流，输入电阻低，输出电阻高

二、正弦波振荡器——RC 桥式振荡器

1. 正弦波振荡器的电路结构及类别

从如图 7-1-10 所示电路可知，正弦波振荡器电路包括两大部分，一是负反馈放大电路，二是正反馈选频网络，其中正反馈选频网络由正反馈网络和选频网络组成。若选频网络由 L、C 元件组成，则称为 LC 振荡器；若由 R、C 元件组成，则称为 RC 振荡器；若由石英晶体组成，则称为石英晶体振荡器。

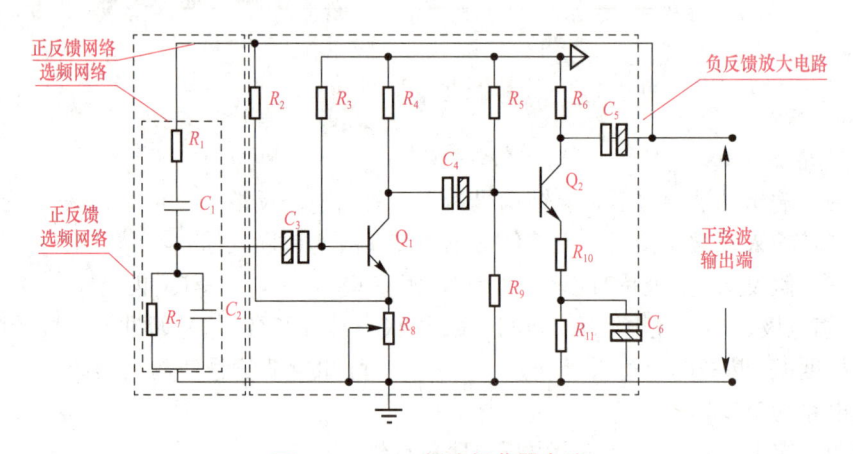

图 7-1-10　RC 桥式振荡器电路

> **小贴士**
> 产生大于 1 MHz 以上的频率多用 LC 振荡器，产生小于 1 MHz 的频率则用 RC 振荡器。

168

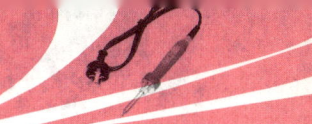

2. 正弦波振荡器自激振荡的条件

由于振荡电路不需要输入外界信号，而是把反馈信号作为输入信号，因此通过反馈网络输出的反馈信号 x_f 与放大电路的输入信号 x_i 不仅振幅要相同且相位也要完全相同，故正弦波振荡器维持振荡需满足以下两个平衡条件：

(1) 振幅平衡条件。由如图 7-1-11 所示的方框图可知
$$x_o = Ax_i, \quad x_f = Fx_o$$
当 $x_f = x_i$ 时，则有
$$AF = 1$$
即放大倍数 A 与反馈系数 F 的乘积为 1。

(2) 相位平衡条件。因反馈信号作为放大器的输入信号，故要求 x_f 与 x_i 的极性要相同，可得
$$\varphi_A + \varphi_F = 2n\pi$$
即放大电路的相角和反馈网络的相移之和为 $2n\pi$，其中 n 为整数。此外，振荡器除了要满足振幅平衡条件和相位平衡条件之外，还要求电路开始时能满足 $AF > 1$ 的起振条件，电路才能够自行振荡。

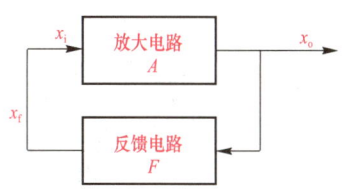

图 7-1-11 振荡器的电路方框图

3. 正弦波振荡器选频网络——RC 串并联选频网络

从图 7-1-12 可知，把 R_7 与 C_2 并联，再与 R_1、C_1 串联，就构成了 RC 串并联选频网络，在 RC 串并联选频网络中的谐振频率取决于 R 和 C 的值，频率的大小为 $f_o = \dfrac{1}{2\pi RC}$，当输出信号的频率 $f = f_o$ 时，输出的电压幅度达最大，即 $U_o = \dfrac{1}{3}U_i$，且相移为 $0°$。一般情况下，$R_1 = R_7$、$C_1 = C_2$，其电路幅频特性和相频特性分别如图 7-1-13 和图 7-1-14 所示。

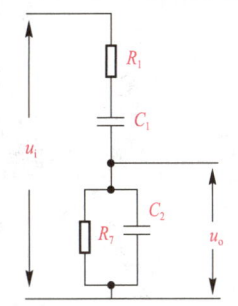

图 7-1-12 RC 串并联选频网络

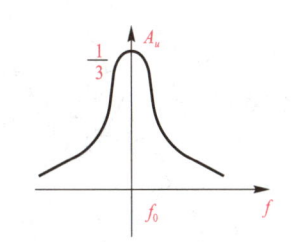

图 7-1-13 幅频特性

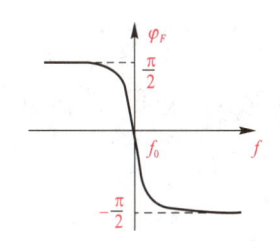

图 7-1-14 相频特性

4. 正弦波振荡器的工作过程

从图 7-1-10 可知，接通电源的瞬间，电路会自动产生初始信号（扰动信号），它包含有丰富的交流谐波，通过负反馈放大器放大后，经 RC 回路选出频率为 $f_o = \dfrac{1}{2\pi RC}$ 的信号，再通过放大器放大，形成了"放大→正反馈→选频→再放大"不断循环的过程，振荡从弱至强建立起来。当振荡信号的幅度达到一定程度时，因受三极管非线性的限制作用，放大倍数降低，振幅就不再增大，维持稳幅振荡。

拓展知识

RC 振荡器分为移相式和电桥式，RC 移相式振荡器电路如图 7-1-15 所示，其构造简单，但调节频率比较困难，输出波形失真大，一般只用于要求不高的设备中。

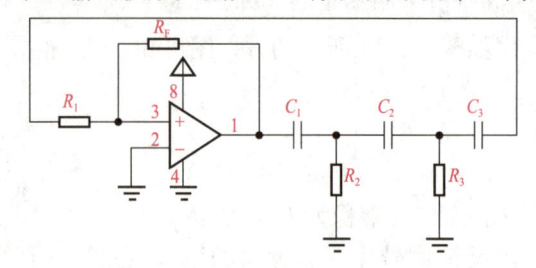

图 7-1-15　RC 移相式振荡器电路

成果展示与评价

由小组推荐代表就任务的完成情况作必要的介绍、成果展示和总结，然后以组为单位进行评价。

1. 小组成果展示方案

2. 学习任务评价
完成表 7-1-2 的填写。

表 7-1-2　任务评价评分表

评价项目	项目内容	评分标准	分值	自我评价（20%）	小组评价（30%）	教师评价（50%）
实操技能	完善电路的方框图	能正确绘制电路的方框图	10			
	完善电路结构	电路设计正确	20			
	电路分析	能按要求正确分析电路	30			
学习态度	参与度	小组成员积极参与总结活动	20			
	团队合作	小组成员分工明确、合理、团队意识较强	10			
	汇报表现	总结汇报简明扼要、重点突出、表达流利、思路清晰	10			
学生姓名			小计			
评价教师			总分			

任务 7－2　正弦波振荡器的制作与调试

● 任务要求及实施

➡ 一、任务要求

根据任务 7－1 所设计的电路，在 PCB 板上正确安装正弦波振荡器，检查无误后再进行调试，并在坐标纸上绘制输出波形。

➡ 二、任务实施

1. 正弦波振荡器的制作

（1）参照图 7-1-1 和图 7-1-2，列出所需的材料清单并填入表 7-2-1 中。

表 7-2-1　制作正弦波振荡器的材料清单

序号	名称	规格	数量/个	序号	名称	规格	数量/个
1				10			
2				11			
3				12			
4				13			
5				14			
6				15			
7				16			
8				17			
9				18			

其他材料和工具：

(2) 主要元件的识别与检测。

①三极管。

电路符号：_____

极性判断方法：_____

质量检测方法：_____

②电阻。

电路符号：_____

读数值：_____

质量检测方法：_____

测量值：_____

③电解电容。

电路符号：_____

读数值：_____

正、负极判断方法：_____

质量检测方法：_____

④瓷片电容（无极性）。

电路符号：_____

读数值：_____

正、负极判断方法：_____

质量检测方法：_____

(3) 参照图 7-1-2 和如图 7-2-1 所示的装配图，在 PCB 板上组装正弦波振荡器。

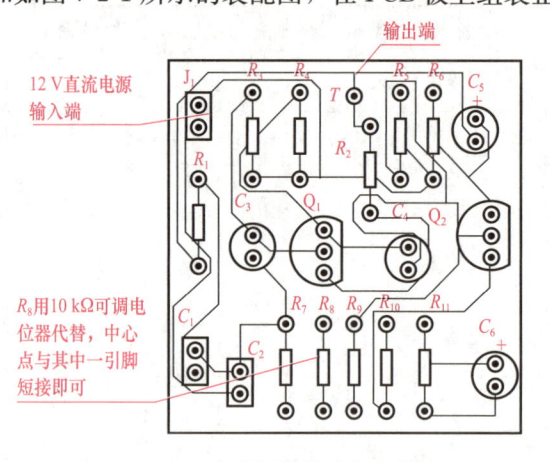

图 7-2-1　正弦波振荡器的电路装配图

(4) 焊接完成后，检查电路是否存在虚焊、短路等故障，并做好相关记录。

_____

_____

_____

_____

2. 正弦波振荡器的调试

(1) 用示波器测量 T 点的输出波形,并在表 7-2-2 中记录相关数据。接入 12 V 电源,调整电位器 R_8,使输出波形达到最佳状态。

表 7-2-2　T 点波形记录表

T 点波形	示波器读数		
	时间挡位	周期读数	峰峰值
	幅度挡位		

(2) 记录在调试过程中所遇到的问题。

_____
_____
_____
_____

成果展示与评价

由小组推荐代表就任务的完成情况作必要的介绍、成果展示和总结,然后以组为单位进行评价。

1. 小组成果展示方案

_____
_____
_____
_____
_____

2. 小组工作总结

_____
_____
_____
_____

3. 学习任务评价

完成表 7-2-3 的填写。

表 7-2-3　任务评价评分表

评价项目	项目内容	评分标准	分值	自我评价(20%)	小组评价(30%)	教师评价(50%)
实操技能	元件检测	按要求对所有元件进行识别与检测	5			
	硬件电路制作	电路板测试成功	15			
	电路调试	能按要求调试电路	15			
	电路测试	正确使用示波器观察测量输出波形，能在坐标纸上绘制波形并标注相关参数	15			
工艺	元件布局	布局合理、美观	5			
	焊点	无虚焊、连锡、起刺	5			
安全文明操作	操作是否符合安全操作规程	每一处错扣 1 分，发生短路得 0 分	10			
学习态度	参与度	小组成员积极参与总结活动	10			
	团队合作	小组成员分工明确、合理、团队意识较强	10			
	汇报表现	总结汇报简明扼要、重点突出、表达流利、思路清晰	10			
学生姓名			小计			
评价教师			总分			

4. 学习任务综合评价

完成表 7-2-4 的填写。

表 7-2-4　任务综合评价表

评价内容	评分标准	评价等级			
		A	B	C	D
学习任务一	A. 学习任务评价成绩为 90～100 分 B. 学习任务评价成绩为 80～89 分 C. 学习任务评价成绩为 60～79 分 D. 学习任务评价成绩为 0～59 分				
学习任务二	A. 学习任务评价成绩为 90～100 分 B. 学习任务评价成绩为 80～89 分 C. 学习任务评价成绩为 60～79 分 D. 学习任务评价成绩为 0～59 分				
活动总结					

项目八　电机正、反转定时控制器的设计与制作

● 学习目标

(1)能按要求完成电机正、反转定时控制器的设计。
(2)能按要求选择适当的元件组装电机正、反转定时控制器。
(3)能检测开关二极管、发光二极管、三极管等元件的质量。
(4)能熟练写出电机正、反转定时控制器的工作过程和工作原理。
(5)能按照产品装配图、正确安装电机正、反转定时控制器。
(6)能熟练完成电机正、反转定时控制器的调试。

● 学习内容

(1)555集成电路的内部结构、电路符号及其工作原理。
(2)555集成电路在电机正、反转定时控制器中的应用。
(3)电机驱动电路的设计。
(4)电机正、反转定时控制器的焊接、安装与调试。

● 项目要求

用555集成电路、三极管、开关二极管、发光二极管和电解电容等元件设计和制作电机正、反转定时控制器,并能按照产品装配图正确安装和调试电机正、反转定时控制器。

● 项目分析

为完成电机正、反转定时控制器的设计与制作,首先要熟悉555集成电路的结构、符号及其工作原理。在本任务中,将重点应用到555集成电路的定时控制及电机正、反转的工作原理。在学习过程中,将此项目分解成两个学习任务:任务8—1　电机正、反转定时控制器的设计;任务8—2　电机正、反转定时控制器的制作与调试。

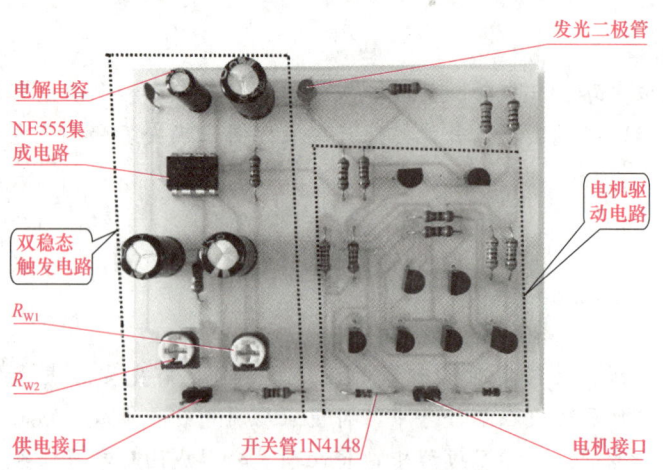

任务 8-1 电机正、反转定时控制器的设计

● **任务要求及实施**

➡ **一、任务要求**

能用 555 集成电路、三极管、开关二极管、发光二极管和电解电容等元件完成电机正、反转定时控制器的设计。

➡ **二、任务实施**

1. 引导问题

随着人们生活水平的提高，产品质量、性能、自动化程度等已是人们选择产品的主要衡量因素。直流电机正、反转的定时控制具有智能化、自动化程度高等特点，已广泛应用于生活中的很多产品，例如洗衣机的工作、遥控汽车的操作、DVD 的应用等。下面通过几个问题来认识电机正、反转定时控制器的电路结构。

（1）通过图 8-1-1 可以发现电机正、反转定时控制器由_____和_____两部分电路组成。

图 8-1-1 电机正、反转定时控制器的实物

（2）观察图 8-1-1，写出电机正、反转定时控制器由哪些元件组成：_____、_____、_____、_____、

_____、_____、_____、_____、
_____、_____、_____、_____、
_____、_____、_____。

(3) 电机正、反转定时控制器中双稳态触发电路的核心元件是_____。

(4) 通过现场观察，接通电源后，电机转动的变化规律是什么？请作简要描述。

_____
_____
_____
_____
_____
_____

(5) 请根据图 8-1-1 绘制电机正、反转定时控制器的电路方框图。

2. 完善电机正、反转定时控制器电路

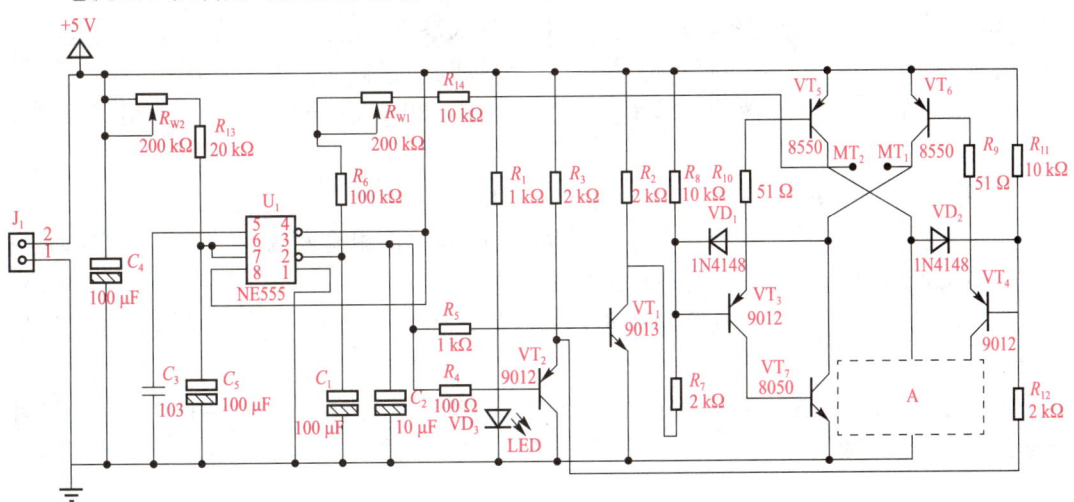

电机正、反转定时控制器电路如图 8-1-2 所示。

图 8-1-2　电机正、反转定时控制器电路

请根据任务的要求，结合电路特征，完善方框 A 中的电路，并标出相关参数，写出设计理由。

_____

_____

_____

_____

3. 电机正、反转定时控制器的分析

观察如图 8-1-2 所示的电机正、反转定时控制器电路，完成以下问题。

（1）定时控制器电路主要由哪些元件组成？并说明其在电路中的主要作用（写出各元件名称和参数）。

元件编号：_____，名称：_____，型号或参数：_____，作用：_____。
元件编号：_____，名称：_____，型号或参数：_____，作用：_____。
元件编号：_____，名称：_____，型号或参数：_____，作用：_____。
元件编号：_____，名称：_____，型号或参数：_____，作用：_____。
元件编号：_____，名称：_____，型号或参数：_____，作用：_____。
元件编号：_____，名称：_____，型号或参数：_____，作用：_____。
元件编号：_____，名称：_____，型号或参数：_____，作用：_____。
元件编号：_____，名称：_____，型号或参数：_____，作用：_____。
元件编号：_____，名称：_____，型号或参数：_____，作用：_____。
元件编号：_____，名称：_____，型号或参数：_____，作用：_____。
元件编号：_____，名称：_____，型号或参数：_____，作用：_____。
元件编号：_____，名称：_____，型号或参数：_____，作用：_____。
元件编号：_____，名称：_____，型号或参数：_____，作用：_____。
元件编号：_____，名称：_____，型号或参数：_____，作用：_____。

（2）在电路中 8550 三极管是属于_____型，8050 是属于_____型（NPN 或 PNP）。

（3）电路中 U_1 的型号是_____，其内部主要由_____、_____、_____等部分组成。其中_____脚是 R 端的正相输入端，_____脚是 S 端的反相输入端，_____脚是输出端。

（4）调节_____可以改变电机正转的时间，调节_____可以改变电机反转的时间。

（5）根据电机正、反转定时控制器电路，当 NE555 的 3 脚输出高电平时，哪些三极管导通？哪些三极管截止？

_____

_____

(6)根据电机正、反转定时控制器电路，当 NE555 的 3 脚输出低电平时，哪些三极管导通？哪些三极管截止？

_____
_____

(7)二极管 VD_1 和 VD_2 在电路中起什么作用？

_____
_____
_____
_____

(8)写出电机正、反转定时控制器的工作过程。

_____
_____
_____
_____

4. 记录在设计电路的过程中所存在的问题

_____
_____
_____
_____

> **小贴士**
>
> NE555 输出端的供给电流大，可直接推动多种自动控制的负载，在本任务中，主要应用到 NE555 定时器构成的双稳态触发电路，输出高、低电平来控制三极管的通和断，形成电机的正转回路和反转回路。

● 相关知识

➡ 一、NE555

1. 555 集成电路的含义

一般的集成电路型号中的数字仅是一种编号，可是 555 集成电路的 3 个 5 有具体的含义，它们代表基准电压电路是由 3 个 5 kΩ 电阻组成的，且要求它们严格相等。555 时基电路一般有两种封装形式：一种是金属圆管壳封装（现已少见）；另一种是双列 8 脚直插式封装

(如图8-1-4所示)。其上表面大多标有"555"字样，如：国产5G555、SL555、FX555等；国外NE555、LM555、MC14555、CA555、UA555、SN52555、LC555等。但需注意，并不是所有标"555"字样的都为时基电路，像MM555、AD555、NE5555、AHD555等就不是时基电路。

2. 555集成电路的特点

(1) 555集成电路在电路结构上由模拟电路和数字电路组合而成。它将模拟功能与逻辑功能兼容为一体，能够产生精确的时间延迟和振荡，拓宽了模拟集成电路的应用范围。

(2) 555集成电路采用单电源供电。双极型555的电压范围为4.5～15 V，CMOS555的电压范围为3～18 V，因此它可以与模拟运算放大器和TTL或CMOS数字电路共用一个电源。

(3) 555集成电路可独立构成一个定时器且定时精度高。

(4) 555集成电路的最大输出电流达200 mA，带负载能力强。可直接驱动小电机、扬声器、继电器等负载。

3. 555集成电路的内部结构和引脚排列

(1) 内部结构。如图8-1-3所示为NE555的内部电路框图，含有两个电压比较器、一个RS触发器、一只放电晶体管和3只全等5 kΩ电阻分压器。

(2) 引脚排列。NE555引脚排列如图8-1-4所示。

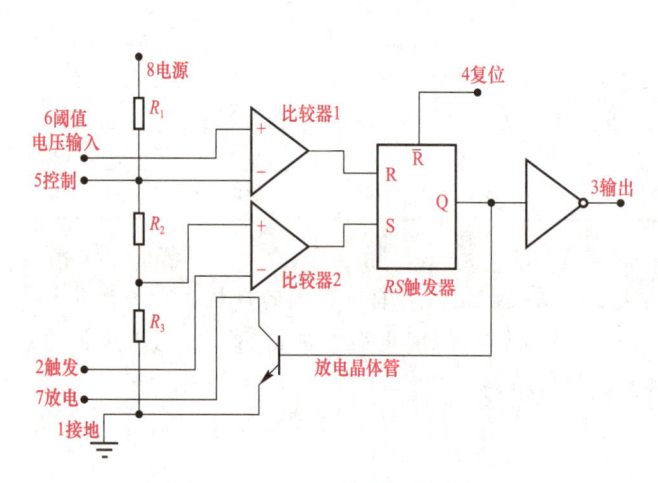

图8-1-3　NE555的内部电路框图 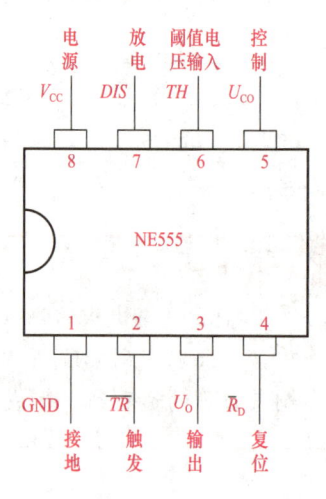　　　　图8-1-4　NE555引脚排列

1脚(接地)：地线(或共同接地)，通常被连接到电路的共同接地端。

2脚(触发)：触发NE555启动其时间周期。触发信号上缘电压须大于$\frac{2}{3}V_{CC}$，下缘须低于$\frac{1}{3}V_{CC}$。

3脚(输出)：时间周期开始后，555的输出为比电源电压低1.7 V的高电位；周期结束后，输出回到0左右的低电位。于高电位时的最大输出电流大约为200 mA。

4脚(复位)：当一个低逻辑电位送至时，会重置定时器并使输出回到低电位，通常被接到正电源或忽略不用。

5脚(控制)：允许由外部电压改变触发电压和门限电压。当计时器工作于稳定模式或振荡模式时，此引脚能用来调整输出频率。

6脚(阈值电压输入)：重置锁定并使输出呈低态。当此引脚的电压从 $\frac{1}{3}V_{CC}$ 以下移至 $\frac{2}{3}V_{CC}$ 以上时，可启动重置锁定。

7脚(放电)：与输出端有相同的电流输出能力，当输出低电平时，对地表现为低阻抗；当输出为高电平时，对地表现为高阻抗。

8脚(电源)：正电源输入端。供应电压的范围为 4.5～16 V。

各引脚功能总结如表8-1-1所示。

表 8-1-1 NE555 引脚功能表

引脚	功能
1 脚	接地端
2 脚	触发端，输入电压 $\leqslant \frac{1}{3}V_{CC}$
3 脚	输出端，最高达 200 mA
4 脚	复位端，低电平有效，不用时接 V_{CC} 或悬空
5 脚	控制端，调节基准电压，不需要时可悬空或通过 0.01 μF 电容接地
6 脚	阈值电压输入端，$\geqslant \frac{2}{3}V_{CC}$
7 脚	放电端
8 脚	电源端，接电源正极，电压范围为 4.5～16 V

4. 原理说明

(1)单稳态工作方式。

如图 8-1-5 所示为由集成定时器 NE555 构成的单稳态电路，其阈值电压输入端 6 脚与放电端 7 脚短接，并外接由 R_T 和 C_T 组成的定时网络，复位端 4 脚不使用(接 V_{CC})，触发端 2 脚接到由 R_D 和 C_D 组成的微分网络，输入的负极性触发信号经微分后去触发定时器，控制端 5 脚不使用，外接抗干扰电容到地端。

设初始状态时，触发端 2 脚无信号输入，输出端 3 脚输出电压 $u_O=0$，电路处于复位状态，此时芯片内放电管导通，定时电容 C_T 被短路，$U_{C_T}=0$，阈值电压输入端 6 脚被置 0，电路处于稳态。

若输入触发信号 u_i(负脉冲)，经 R_D、C_D 微分并由钳位二极管 D 削去正向微分脉冲后

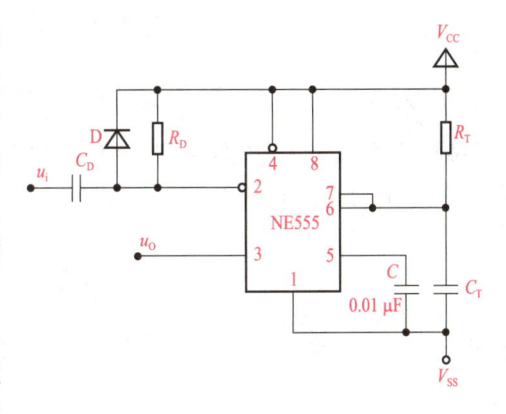

图 8-1-5 单稳态电路

加到 2 脚，只要负微分脉冲的幅度足够大，使 2 脚电压 $\leqslant \dfrac{V_{CC}}{3}$，定时器输出电压便由"0"跳变到"1"，同时放电晶体管截止，7 脚开路，电源经 R_T 对 C_T 充电，电路处于暂稳态。

当 C_T 充电到 $U_{C_T} \geqslant \dfrac{2V_{CC}}{3}$ 时，定时器输出电压又由高电平跳变到低电平。电路结束暂稳态状态，重新进入稳定状态。此时，放电晶体管导通，C_T 快速由 7 脚放电至 $U_{C_T} = 0$，电路等待下一次负脉冲的触发。

(2) 双稳态工作方式。

如图 8-1-6 所示为由集成定时器 NE555 构成的双稳态电路，复位端 4 脚接 V_{CC}，控制端 5 脚接抗干扰电容再接地，放电端无须使用，触发端 2 脚和阈值电压输入端 6 脚外加触发输入信号，定时器工作于双稳态工作方式。

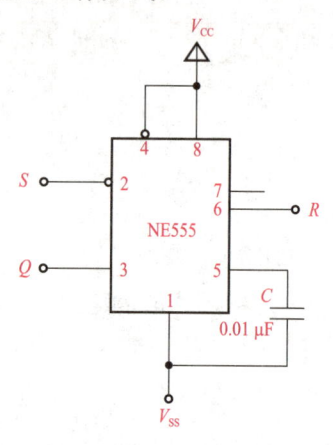

图 8-1-6　双稳态电路

电路中，可定义当阈值电压输入端的电平大于或等于 $\dfrac{2}{3}V_{CC}$ 时为高电平（逻辑"1"），小于 $\dfrac{1}{3}V_{CC}$ 时为低电平（逻辑"0"）；当触发端的电平小于或等于 $\dfrac{1}{3}V_{CC}$ 时为低电平（逻辑"0"），大于 $\dfrac{2}{3}V_{CC}$ 时为高电平（逻辑"1"）。如前所述，当阈值电压输入端为"1"时，若触发端为"1"，则定时器处于复位状态，输出"0"；若触发端为"0"，则输出端输出"1"；当阈值电压输入端为"0"且触发端为"1"时，输出端保持不变。可见，工作于双稳态方式的 NE555 定时器，相当于一个 RS 触发器，阈值电压输入端为复位端 R，触发端为置位端 S，其逻辑关系如表 8-1-2 所示。

表 8-1-2　*RS* 触发器真值表

R	*S*	*Q*	$\bar{Q}$
0	0	不定	不定
1	0	1	0
0	1	0	1
1	1	0	1

在电机正、反转定时控制器中，NE555 的电路连接如图 8-1-7 所示，此时 NE555 为双稳态工作方式。

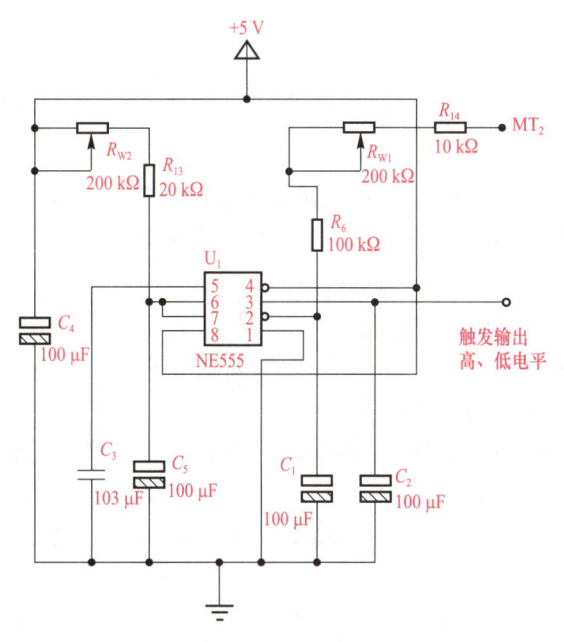

图 8-1-7 NE555 在电机正、反转定时控制器中的连接

6 脚作为 R 端为正相输入端和 7 脚放电端连在一起，为 RS 触发器翻转做好准备。2 脚作为 S 端为反相输入端，3 脚是输出端。初始状态时 RS 触发器的 Q 端输出低电平，放电管截止不放电，3 脚输出高电平。此时 R_{W2}、R_{13}、C_5 构成正稳态的延时电路，电源通过 R_{W2}、R_{13} 对 C_5 充电（调节 R_{W2} 可以调节 C_5 达到触发电平的时间）。当 C_5 两端的电压达到 $\frac{2}{3}V_{CC}$ 时，R 端比较器翻转输出高电平。此时 S 端电平基本不变从而致使 RS 触发器触发翻转进入另一个稳态，Q 端输出高电平，3 脚输出低电平，放电管导通，C_5 的电压瞬间被拉为低电平。因在正稳态时，MT_2 端为高电平对 C_1 充满电，2 脚一直处于高电平，当 RS 触发器触发翻转进入另一个稳态后，MT_2 变为低电平，此时 C_1 通过 R_{W1}、R_6、R_{14} 对地放电，调节 R_{W1} 可以调节放电的时间，当 C_1 两端的电压降到 $\frac{1}{3}V_{CC}$ 时，S 端比较器翻转致使 RS 触发器又进入正稳态，3 脚输出高电平，依次循环。分别调节 R_{W2}、R_{W1} 可以控制正、负稳态电路的延时长短。

(3) 无稳态工作方式。

NE555 工作于单稳态工作方式时有一个外触发信号输入端即触发端；工作于双稳态工作方式时有两个外触发信号输入端；而工作于无稳态工作方式时，不需任何触发信号，故不设任何触发端。定时器的阈值电压输入端、触发端及放电端均与定时网络相连接，依靠定时电容 C_T 上的电压变化来自行循环改变输出端 3 脚的输出状态，形成多谐振荡器。

二、电动机驱动电路

电动机在电路中用字母 M 表示,发电机在电路中用字母 G 表示。

直流电机的控制简单、性能出众,直流电源也容易实现。目前常用的电机驱动方案为直流电机的 H 桥驱动电路。

如图 8-1-8 所示电路为一个典型的直流电动机控制电路。电路得名于"H 桥驱动电路"是因为它的形状酷似字母 H。4 个三极管组成 H 的 4 条垂直腿,而电动机就是 H 中的横杠。

如图 8-1-8 所示的 H 桥驱动电路包括 4 个三极管和一个电动机。要使电动机运转,必须导通对角线上的一对三极管。根据不同三极管对的导通情况,电流可能会从左至右或从右至左流过电动机,从而控制电动机的转向。

要使电动机运转,必须使对角线上的一对三极管导通。例如,如图 8-1-9 所示,当 Q_1 管和 Q_4 管导通时,电流就从电源正极经 Q_1 从左至右穿过电动机,然后再经 Q_4 回到电源负极。按图中电流箭头所示,该流向的电流将驱动电动机顺时针转动(电动机周围的箭头指示为顺时针方向)。

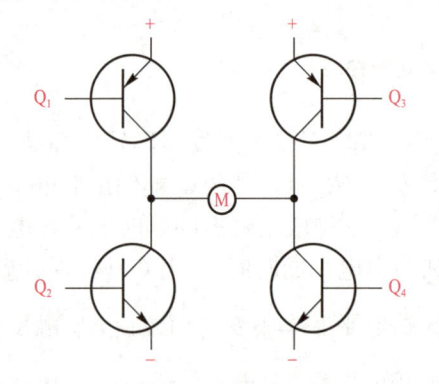

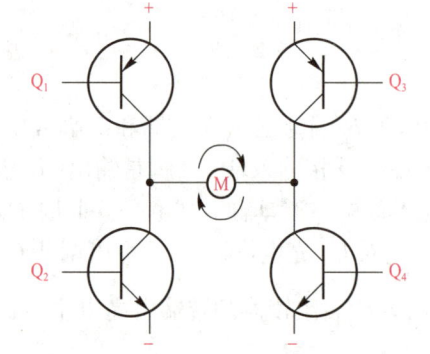

图 8-1-8　H 桥驱动电路　　　　图 8-1-9　H 桥驱动电动机顺时针转动

如图 8-1-10 所示为另一对三极管 Q_2 和 Q_3 导通的情况,电流将从右至左流过电动机,从而驱动电动机沿另一方向转动(电动机周围的箭头表示为逆时针方向)。

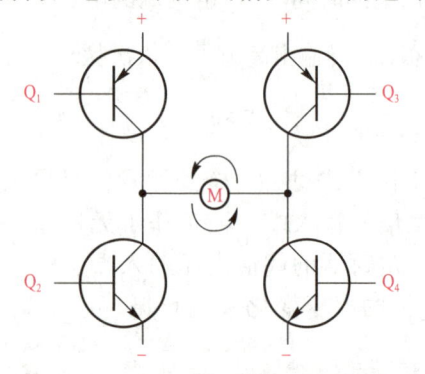

图 8-1-10　H 桥驱动电动机逆时针转动

项目八 电机正、反转定时控制器的设计与制作

驱动电动机时，必须保证 H 桥上两个同侧的三极管不会同时导通。如果三极管 Q_1 和 Q_2 同时导通，那么电流就会从正极穿过两个三极管直接回到负极。此时，电路中除了三极管外没有其他任何负载，因此电路上的电流就可能达到最大值（该电流仅受电源性能限制），甚至烧坏三极管。基于上述原因，在实际驱动电路中通常要用硬件电路方便地控制三极管的开关。

如图 8-1-11 所示就是在基本 H 桥驱动电路的基础上增加了 4 个与门和两个非门。4 个与门同一个使能信号相接，这样用这一个信号就能控制整个电路的开关。而两个非门通过提供一种输入方向，可以保证任何时候在 H 桥的同侧腿上都只有一个三极管能导通。

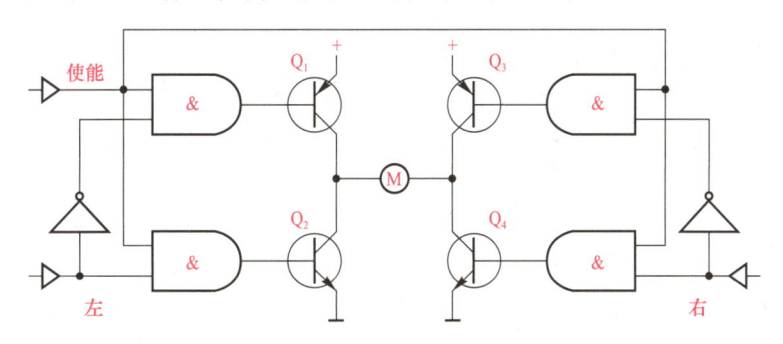

图 8-1-11　具有使能控制和方向逻辑的 H 桥驱动电路

采用以上方法，电动机的运转就只需要用 3 个信号控制，如图 8-1-12 所示。两个方向信号和一个使能信号。如果左信号为 0、右信号为 1，并且使能信号是 1，那么三极管 Q_1 和 Q_4 导通，电流从左至右流经电动机；如果左信号变为 1，而右信号变为 0，那么 Q_2 和 Q_3 将导通，电流则反向流过电动机。

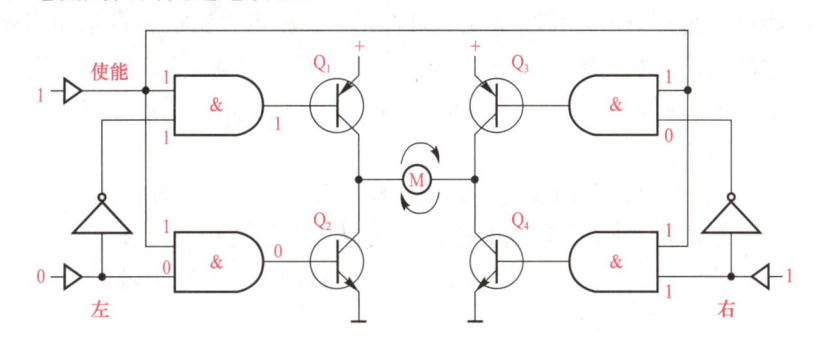

图 8-1-12　使能信号与方向信号的使用

在本任务中，电机驱动电路如图 8-1-13 所示：当 VT_1 和 VT_2 的基极输入高电平时，VT_1、VT_3 导通，从而 VT_5、VT_7 导通，其余三极管截止，电流通过 MT_2 经过电机后流经 MT_1，电机正转；当 VT_1 和 VT_2 的基极输入低电平时，VT_2、VT_4、VT_6、VT_8 导通，其余三极管截止，电流通过 MT_1 经过电机后流经 MT_2，电机反转。因电机内部是线圈相当于电感元件，断电瞬间会产生反向电动势，此时可通过二极管继流，避免损坏周围其他元件，起到保护作用。

185

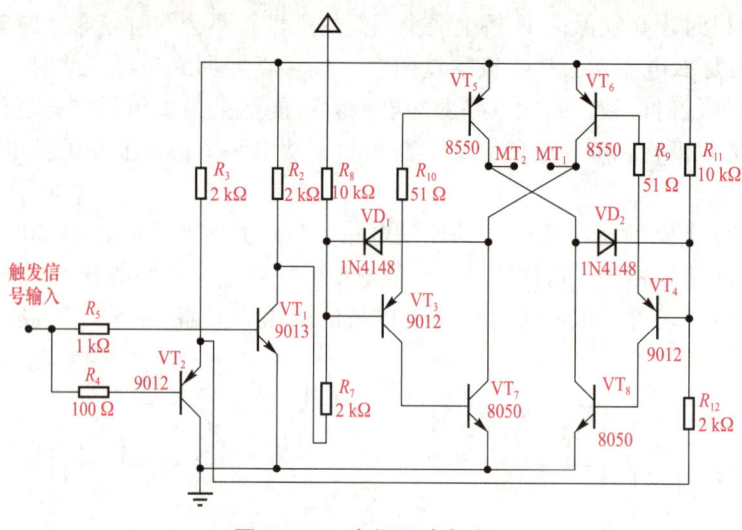

图 8-1-13　电机驱动电路

● 拓展知识

➡ 555 集成电路的典型应用

1. NE555 构成的多谐振荡器

555 集成电路，也称 555 时基电路，是一种中规模集成电路，具有功能强、使用灵活、适用范围宽的特点。通常只需外接少量几个阻容元件，就可以组成各种不同用途的脉冲电路。可用作脉冲波的产生和整形，也可以用于定时或延时控制。555 集成电路广泛地用于各种自动控制电路中。利用一块 555 集成电路和少量的外围元件就可做成一个既会打节拍又会闪光的多谐振荡器。

如图 8-1-14 所示为 NE555 构成的多谐振荡器电路。其工作原理简述如下：

本电路的核心器件是 NE555 集成电路，它接成典型的无稳态工作方式，1 脚接地，4 脚、8 脚接电源，5 脚通过一个 0.01 μF 的电容器（C_3）接地，2 脚、6 脚、7 脚的典型接法如图 8-1-14 所示，3 脚为输出端。

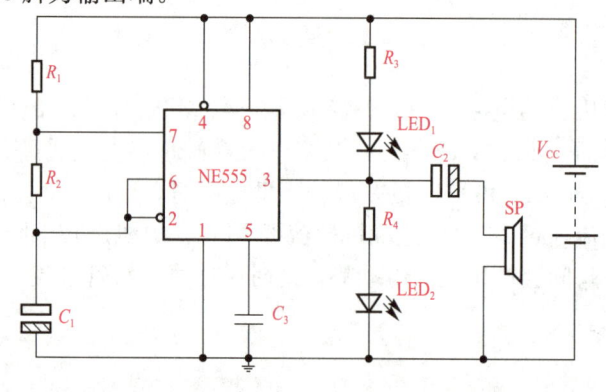

图 8-1-14　NE555 构成的多谐振器电路

186

接通电源的瞬间，电容 C_1 还未开始充电，NE555 集成电路的 2 脚电位为零，3 脚输出为高电平。电源经电阻 R_1、R_2 对电容 C_1 进行充电，充电回路如图 8-1-15 所示，随着电容 C_1 充电的进行，NE555 集成电路 6 脚的电压不断升高，一段时间后，6 脚（或 2 脚）的电压达到 $\frac{2}{3}V_{CC}$，此时 3 脚输出为低电平。

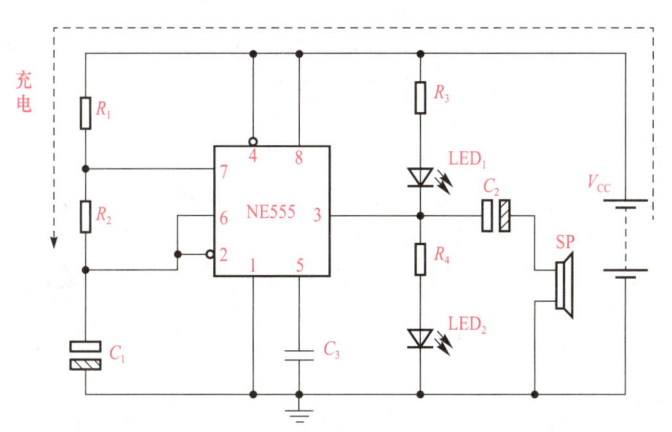

图 8-1-15　电容 C_1 的充电回路

NE555 集成电路的 3 脚一旦为低电平，电容 C_1 就通过电阻 R_2、NE555 集成电路的 7 脚开始放电，放电回路如图 8-1-16 所示。

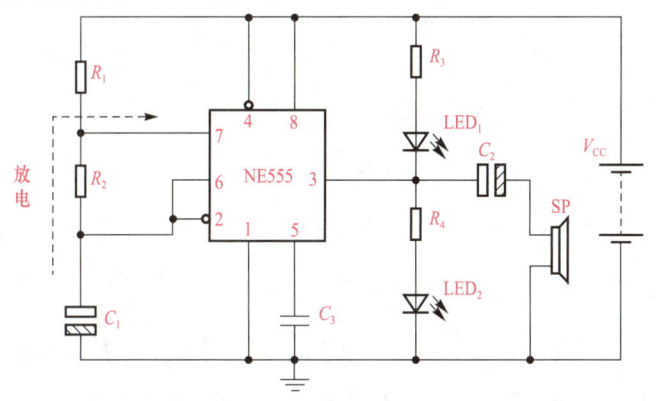

图 8-1-16　电容 C_1 的放电回路

接通电源后，NE555 集成电路的输出端 3 脚电平不断地出现高、低变化。当 3 脚为高电平时，LED_1 熄灭、LED_2 发光，同时电容 C_2 被充电，充电冲击电流通过扬声器 SP，从而发出"嗒"的响声。当 3 脚为低电平时，LED_1 发光、LED_2 熄灭，C_2 通过 SP 向 NE555 集成电路的 3 脚和 1 脚间放电，SP 又发出"嗒"的响声。所以发光二极管 LED_1、LED_2 交替发光，扬声器 SP 就发出"嗒嗒"的节拍声。

随着放电的进行，电容器 C_1 两端的电压不断下降，即 2 脚（或 6 脚）的电位不断下降，一旦下降到 $\frac{1}{3}V_{CC}$ 时，3 脚输出又为高电平。此时电容 C_1 通过 7 脚放电，如此循环，电路发生振荡，NE555 集成电路的输出端 3 脚的电位出现高、低变化，即产生一矩形脉冲。

NE555 构成的多谐振荡器的振荡频率与电容 C_1 的充、放电回路中的时间常数有关。其振荡周期等于电容 C_1 的充电时间常数 $\tau_充$ 和放电时间常数 $\tau_放$ 之和，即 $T=\tau_充+\tau_放$。

$$\tau_充 \approx 1.1(R_1+R_2)C_1$$
$$\tau_放 \approx 1.1R_2C_1$$
$$T \approx 1.1(R_1+2R_2)C_1$$

即 NE555 构成的多谐振荡器的振荡频率跟 R_1、R_2 和 C_1 有关，改变 R_1、R_2 和 C_1 的值，就可以改变 NE555 构成的多谐振荡器的振荡频率和脉冲的宽度。

2. NE555 构成的集成定时器

NE555 集成电路按图 8-1-17 所示的接法，可独立构成一个定时器。NE555 集成电路的 1 脚、4 脚、5 脚、8 脚的接法跟多谐振荡器的接法一样，1 脚接地，4 脚、8 脚接电源，5 脚通过一个 0.01 μF 电容器（C_3）接地。只是触发端 2 脚接按钮，6 脚、7 脚相连。

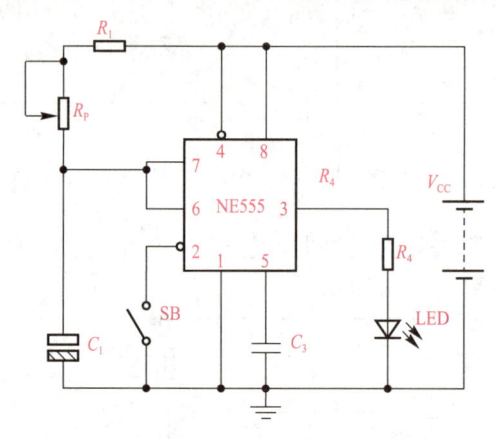

图 8-1-17　NE555 构成的定时器

接通电源，按下定时器开关 SB，触发端 2 脚就输入了一个小于 $\frac{1}{3}V_{CC}$ 的负脉冲，输出端 3 脚输出为高电平，发光二极管 LED 点亮。而定时器中的放电管则截止，电源 V_{CC} 通过 R_1 和 R_P 对电容器 C_1 充电。当电容器 C_1 上的电压升高到 $\frac{2}{3}V_{CC}$ 时，定时器翻转，3 脚输出为低电平，LED 熄灭，表示定时结束。调节 R_P 可改变电路的定时时间。发光二极管 LED 的亮、灭显示定时过程的开始和结束。

3. NE555 触摸定时开关

NE555 触摸定时开关电路如图 8-1-18 所示，在这里 NE555 接成单稳态电路。平时由于触摸片 P 端无感应电压，电容 C_1 通过 NE555 的 7 脚放电，3 脚输出为低电平，继电器 KS 释放，电灯不亮。

当需要开灯时，用手触碰一下金属片 P，人体感应的杂波信号电压由 C_2 加至 NE555 的触发端，使 NE555 的输出由

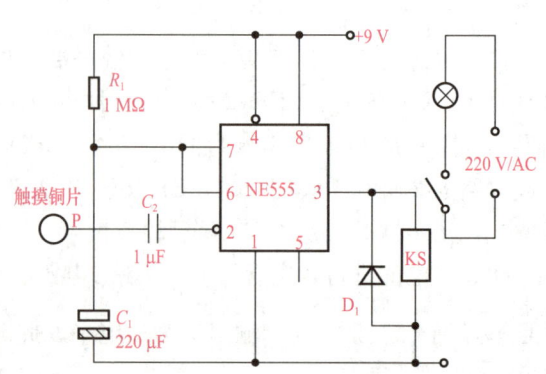

图 8-1-18　NE555 触摸定时开关电路

低电平变成高电平,继电器 KS 吸合,电灯点亮。同时,7 脚截止,电源通过 R_1 给 C_1 充电,定时开始。

当电容 C_1 两端的电压上升至电源电压的 2/3 时,7 脚开启使 C_1 放电,使 3 脚的输出由高电平变回低电平,继电器释放,电灯熄灭,定时结束。定时长短由 R_1、C_1 决定,即 $T=1.1R_1C_1$。按图中所标数值,定时时间约为 4 min。D_1 可选用 1N4148 或 1N4001。

成果展示与评价

由小组推荐代表就任务的完成情况作必要的介绍、成果展示和总结,然后以组为单位进行评价。

1. 小组成果设计方案

_____
_____
_____
_____
_____

2. 学习任务评价

完成表 8-1-3 的填写。

表 8-1-3　任务评价评分表

评价项目	项目内容	评分标准	分值	自我评价(20%)	小组评价(30%)	教师评价(50%)
实操技能	完善电路的方框图	能正确绘制电路的方框图	10			
	完善电路	电路设计正确	20			
	电路分析	能按要求正确分析电路	30			
学习态度	参与度	小组成员积极参与总结活动	20			
	团队合作	小组成员分工明确、合理、团队意识较强	10			
	汇报表现	总结汇报简明扼要、重点突出、表达流利、思路清晰	10			
学生姓名			小计			
评价教师			总分			

189

任务8-2 电机正、反转定时控制器的制作与调试

● 任务要求及实施

➡ 一、任务要求

(1)按照电机正、反转定时控制器的电路图,列出材料清单。
(2)遵循安装技术规范,安全用电,按照电路图和工艺要求在PCB板上安装并调试电机正、反转定时控制器。

➡ 二、任务实施

1. 电机正、反转定时控制器的制作

(1)根据图8-1-2列出材料清单并筛选正确的元件,填入表8-2-1中。

表8-2-1 制作电机正、反转定时控制器的材料清单

序号	名称	规格	数量/个	序号	名称	规格	数量/个
1				16			
2				17			
3				18			
4				19			
5				20			
6				21			
7				22			
8				23			
9				24			
10				25			
11				26			
12				27			
13				28			
14				29			
15				30			

其他材料和工具：
_____
_____
_____

(2)主要元件识别与检测。
①色环电阻。
电路符号：_____
读数值：_____
质量检测方法：_____
测量值：_____
②可调电位器。
电路符号：_____
读数值：_____
质量检测方法：_____
测量值：_____
③电解电容。
电路符号：_____
读数值：_____
正、负极判断方法：_____
质量检测方法：_____
④瓷片电容(无极性)。
电路符号：_____
读数值：_____
质量检测方法：_____
⑤发光二极管。
电路符号：_____
极性判断方法：_____
质量检测方法：_____
⑥开关二极管。
电路符号：_____
极性判断方法：_____
质量检测方法：_____
⑦三极管。
电路符号：_____
极性判断方法：_____
质量检测方法：_____
⑧NE555。
电路符号：_____
引脚功能：_____

(3)参照图 8-1-2 和图 8-2-1 进行组装。

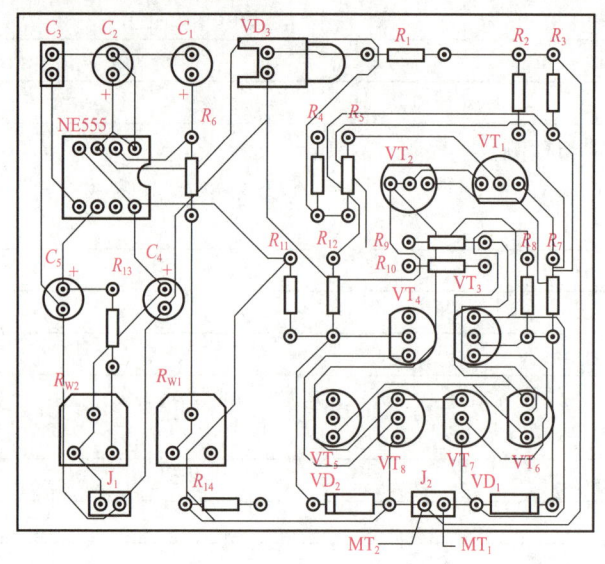

图 8-2-1　电机正、反转定时控制器的电路装配图

①准备好全套元件后,用万用表粗略地测量一下各元件的质量,做到心中有数。

②焊接时注意先焊小元件,再焊大元件,最后焊集成电路。在焊接无极性的阻容元件时,电阻采用卧装,电容采用直立装,并均紧贴电路板,在焊接有极性的元件如电解电容、开关二极管、发光二极管、三极管等时千万不要装反,注意极性的正确,否则电路不能正常工作甚至烧毁元件。由于集成电路 NE555 是采用双列 8 脚直插式封装,它的引脚排列比较密集,焊接时候请用尖烙铁头进行快速焊接,如果一次不成功,应等冷却后再进行下一次操作,以免烫坏集成电路,焊完后反复检查有无虚焊、假焊、错焊,检查有无拖锡短路以免造成故障。

③电机正、反转定时控制器的电路部分装配完成后再来焊接电机和电源部分的引线(电机引线焊在电机正、反转定时控制器电路板的 MT_1 与 MT_2 焊盘上,如图 8-1-2 所示)。

(4)焊接完成后,检查电路是否存在虚焊、短路等故障,并做好相关记录。

2. 声控电源的调试

(1)通电调试(顺时针为正转,逆时针为反转)。输入 5 V 电压,若电路工作正常,则电机将正、反转运行。调试的时候,可先搭载正转回路,观察电机是否转动,如果不转动,则按照电流流通的顺序检查三极管是否导通,再检查电机反转回路。

测试一:输入 5 V 电压,用万用表分别测量电机正转时三极管 $VT_1 \sim VT_8$ 的基极、集电极和发射极电压。

测试二:输入 5 V 电压,用万用表分别测量电机反转时三极管 $VT_1 \sim VT_8$ 的基极、集电极和发射极电压。

将测试结果填入表 8-2-2 和 8-2-3 中。

表 8-2-2 电机正转时三极管的各极电压

测试项目	基极电压	集电极电压	发射极电压
三极管 VT_1			
三极管 VT_2			
三极管 VT_3			
三极管 VT_4			
三极管 VT_5			
三极管 VT_6			
三极管 VT_7			
三极管 VT_8			

表 8-2-3 电机反转时三极管的各极电压

测试项目	基极电压	集电极电压	发射极电压
三极管 VT_1			
三极管 VT_2			
三极管 VT_3			
三极管 VT_4			
三极管 VT_5			
三极管 VT_6			
三极管 VT_7			
三极管 VT_8			

测试三：输入 5 V 电压，调节可调电阻 R_{W2}，让其阻值为 0、100 kΩ、200 kΩ，用秒表分别记录电机正转和反转的时间。

测试四：输入 5 V 电压，调节可调电阻 R_{W1}，让其阻值为 0、100 kΩ、200 kΩ，用秒表分别记录电机正转和反转的时间。

将测试结果填入表 8-2-4 和表 8-2-5 中。

表 8-2-4 测量电机正、反转的时间（改变 R_{W2}）

R_{W2} 的阻值/kΩ	电机正转时间/s	电机反转时间/s
0		
100		
200		

表 8-2-5 测量电机正、反转的时间（改变 R_{W1}）

R_{W1} 的阻值/kΩ	电机正转时间/s	电机反转时间/s
0		
100		
200		

提高篇

(2)根据表 8-2-4 所示的电机正、反转时间的测试结果，分析判断可调电阻 R_{W2} 的大小对电机正、反转时间长短的影响，并做简要描述。

_____
_____
_____

(3)根据表 8-2-5 所示的电机正、反转时间的测试结果，分析判断可调电阻 R_{W1} 的大小对电机正、反转时间长短的影响，并做简要描述。

_____
_____
_____

(4)记录在调试电路的过程中所遇到的问题及解决方法。

_____
_____
_____
_____
_____

小贴士

在焊接和通电的时候，一定要注意电源的极性，接反的话可能会烧毁元件。在通电运行的时候，用手感觉各个三极管的状态，如果太热，则应立即断电检查。

成果展示与评价

由小组推荐代表就任务的完成情况作必要的介绍、成果展示和总结，然后以组为单位进行评价。

1. 小组成果展示方案

_____
_____
_____
_____

2. 小组工作总结

_____
_____
_____
_____

3. 学习任务评价

完成表 8-2-6 的填写。

表 8-2-6　任务评价评分表

评价项目	项目内容	评分标准	分值	自我评价（20%）	小组评价（30%）	教师评价（50%）
实操技能	元件检测	按要求对所有元件进行识别与检测	5			
	硬件电路制作	电路板测试成功	15			
	电路调试	能按要求调试电路	15			
	电路测试	正确使用万用表测输出电压，并用示波器观察波形	15			
工艺	元件布局	布局合理、美观	5			
	焊点	无虚焊、连锡、起刺	5			
安全文明操作	操作是否符合安全操作规程	每一处错扣1分，发生短路得0分	10			
学习态度	参与度	小组成员积极参与总结活动	10			
	团队合作	小组成员分工明确、合理、团队意识较强	10			
	汇报表现	总结汇报简明扼要、重点突出、表达流利、思路清晰	10			
学生姓名			小计			
评价教师			总分			

4. 学习任务综合评价

完成表 8-2-7 的填写。

表 8-2-7　任务综合评价表

评价内容	评分标准	评价等级			
		A	B	C	D
学习任务一	A. 学习任务评价成绩为 90～100 分 B. 学习任务评价成绩为 80～89 分 C. 学习任务评价成绩为 60～79 分 D. 学习任务评价成绩为 0～59 分				
学习任务二	A. 学习任务评价成绩为 90～100 分 B. 学习任务评价成绩为 80～89 分 C. 学习任务评价成绩为 60～79 分 D. 学习任务评价成绩为 0～59 分				
活动总结					

项目九　TDA2030 双声道功放的设计与制作

● 学习目标

　　(1)能按照相关要求，画出并正确识读 TDA2030 双声道功放的电路，确定各元件的名称及作用。
　　(2)能按要求选择适当的元件组装 TDA2030 双声道功放。
　　(3)能正确识读集成功放 TDA2030 的引脚功能。
　　(4)能检测集成功放的质量。
　　(5)能理解集成功放的优、缺点并进行相关参数的测试和常见故障的维修。

● 学习内容

　　(1)单电源供电电路的结构。
　　(2)集成功放 TDA2030 的引脚功能及各项参数。
　　(3)识读 TDA2030 双声道功放的电路，并确定各元件的名称及作用。
　　(4)组装 TDA2030 双声道功放并测试功放工作在静态和动态时关键点电压的变化情况。
　　(5)了解功放前级放大器和末级放大器的作用及各自工作的特点及要求。
　　(6)集成功放 OTL 输出形式的特点及功率值的计算。
　　(7)双声道、声道平衡及音量控制的相关知识。

● 项目要求

　　在 PCB 板上安装并调试 TDA2030 双声道功放，安装前熟练使用指针万用表和数字万用表对相关元件进行性能测试，确保各元件的参数符合电路要求；安装后先对电路进行静态测试调试，再接入音频信号源和电路负载(音箱)，对电路进行动态测试调试，并记录相关数据。

● 项目分析

　　为完成 TDA2030 双声道功放的制作与调试，首先要为电路提供合适的 12～18 V 的工作电压，其次熟悉集成功放 TDA2030 及其组成的放大电路的工作过程，其中测试和调试是最关键的技能，所以该项目的知识量大，更加要求学生的动手能力，并且必须掌握相关的理论知识点。所以此项目分解成两个学习任务：任务 9－1　TDA2030 双声道功放的设计；任务 9－2　TDA2030 双声道功效的制作与调试。

任务 9-1　TDA2030 双声道功放的设计

● 任务要求及实施

➡ 一、任务要求

利用 TDA2030 功放原理，绘制电路方框图和电路装配图，分析各组成部分的功能及工作原理。

➡ 二、任务实施

1. 引导问题

功放就是功率放大，这里主要指低频（音频）功率放大，即 $P=UI$。从公式可以得出功放应该由两大部分组成：电压放大器和电流放大器，也就是常说的前置（前级）放大器和后置（后级）放大器。前置（前级）放大器主要是对信号电压进行放大和处理，高保真功放的输出前置（前级）放大器是最关键的技术，而现在这个项目暂时不对它做详细的学习（后面有专业系统的学习），现在主要学习比较简单的 TDA2030 功放。

（1）观察图 9-1-1，写出 TDA2030 功放由哪些部分组成：

_____、_____、_____、
_____、_____、_____、
_____、_____、_____。

图 9-1-1　TDA2030 功放的电路实物图

（2）按照任务要求，并结合图 9-1-1 绘制 TDA2030 功放的电路方框图。

2. 完善 TDA2030 双声道功放电路

请根据任务的要求，结合电路特征，完善如图 9-1-2 所示电路中方框 A 的电路，并标出相关参数，写出设计理由。

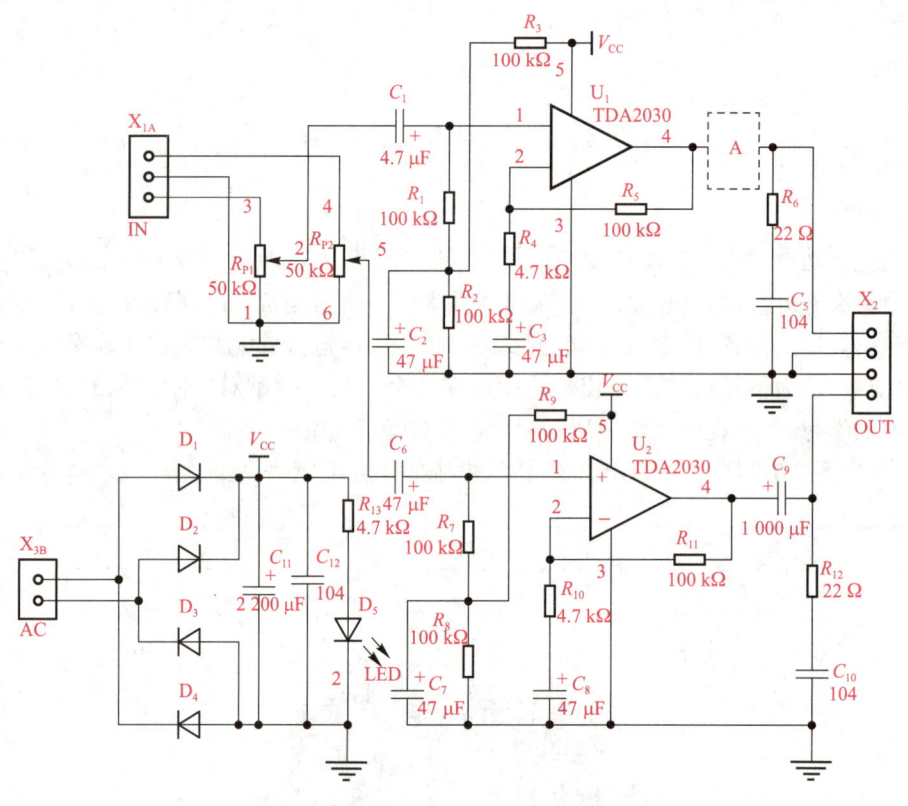

图 9-1-2　TDA2030 双声道功放电路

3. 分析 TDA2030 双声道功放

观察如图 9-1-2 所示电路，完成以下问题。

(1) TDA2030 双声道功放电路主要由哪些元件组成？并说明其在电路中的主要作用（写出各元件名称和参数）。

元件编号：_____，名称：_____，型号或参数：_____，作用：_____。

元件编号：_____，名称：_____，型号或参数：_____，作用：_____。

元件编号：_____，名称：_____，型号或参数：_____，作用：_____。

元件编号：_____，名称：_____，型号或参数：_____，作用：_____。

元件编号：_____，名称：_____，型号或参数：_____，作用：_____。

元件编号：_____，名称：_____，型号或参数：_____，作用：_____。

元件编号：_____，名称：_____，型号或参数：_____，作用：_____。

元件编号：_____，名称：_____，型号或参数：_____，作用：_____。

元件编号：_____，名称：_____，型号或参数：_____，作用：_____。

元件编号：_____，名称：_____，型号或参数：_____，作用：_____。

(2) 电路中的 TDA2030 是_____，它有_____个引脚，在电路中起到_____的作用。

(3) 对照电路图和相关知识，识别 TDA2030 各引脚的功能，并写在下面相应的空格处：1 脚：_____，2 脚：_____，3 脚：_____，4 脚：_____，5 脚：_____。

(4) 对照如图 9-1-2 所示的电路，并参照后面的相关知识，写出 TDA2030 双声道功放的工作过程。

_____
_____
_____
_____
_____

● 相关知识

➡ 一、功率放大器的基本要求

1. 输出功率要大

输出功率越大，扬声器发出的声音也就越大。

2. 效率要高

扬声器获得的功率与电源提供的功率之比称为功率放大器的效率，功率放大器的效率越高越好。

3. 非线性失真要小

由于功率放大器中信号的动态范围很大，功放管工作在接近截止和饱和的状态，超出了特性曲线的线性范围，因此必须设法减小非线性失真。

二、功率放大器的组成

功率放大器由前置放大器和功率放大器两部分组成，如图 9-1-3 所示。

(1)前置放大器的功能：将各种音源送出的较微弱的电信号进行电压放大；对重放声音的音量、音调和立体声状态等进行调控。

(2)功率放大器的功能：在信号电压经前置放大器放大的基础上，主要放大输出足够大的、不失真的信号电流，从而使电路负载得到足够大的信号功率($P=UI$)。

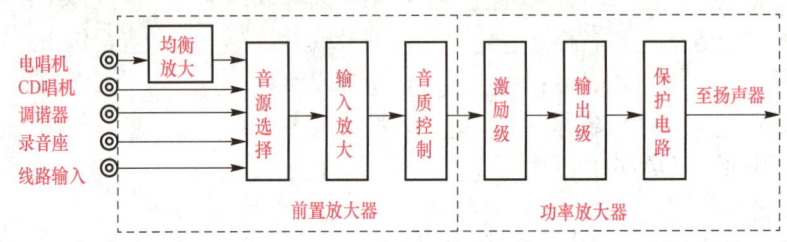

图 9-1-3　功率放大器的组成

三、功率放大器的主要性能指标

功率放大器最主要的性能指标有以下几项：
(1)过载音源电动势(越大越好)。
(2)有效频率范围(越宽越好)。
(3)总谐波失真(THD)(越小越好)。
(4)输出功率(越大越好)。

四、集成功放 TDA2030 的特性及其应用

音频集成功放 TDA2030 采用 5 脚单列直插式塑料封装结构，如图 9-1-4 所示，按引脚的形状引可分为 H 形和 V 形。该集成电路具有体积小、输出功率大、谐波失真小和交越失真小等特点，广泛应用于汽车立体声收录机、中功率音响设备中。并设有短路和过热保护电路等，多用于高级收录机及高传真立体声扩

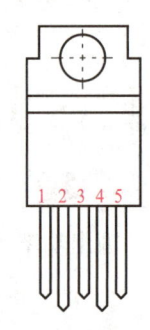

图 9-1-4　TDA2030 的封装结构

音装置。如意大利 SGS 公司、美国 RCA 公司、日本日立公司、NEC 公司等均生产同类产品，虽然其内部电路略有差异，但引脚位置及功能均相同，可以互换使用。

(1) TDA2030 的各引脚功能如表 9-1-1 所示。

表 9-1-1　TDA2030 的各引脚功能

引脚	功能
1	正相输入
2	反相输入
3	接地
4	驱动输出
5	电源供电

(2) TDA2030 的极限参数如表 9-1-2 所示。

表 9-1-2　TDA2003 的极限参数（$T_A=25$ ℃）

参数名称	符号	极限参数值	单位
电源电压	V_{CC}	±18	V
输入电压	u_T	±18	V
差分输入电压	u_I	±15	V
输出峰值电流	I_O	3.5	A
功耗	P_D	20	W
结温	T_i	−40～+150	℃
工作环境温度	T_{opt}	−30～+75	℃
贮存温度	T_{stg}	−40～+150	℃

(3) 电气参数如表 9-1-3 所示。

表 9-1-3　TDA2030 的电气参数（$V_{CC}=±14$ V，$T_A=25$ ℃）

参数名称	符号	测试条件	最小值	典型值	最大值	单位
电源电压范围	V_{CC}		±6		±18	V
静态电源电流	I_{CCQ}	$V_{CC}=±18$ V		40	60	mA
电源电流	I_{CC}	$P_O=14$ W，$R_L=4$ Ω $P_O=9$ W，$R_L=8$ Ω		900 500		mA
输入偏置电流	I_B	$V_{CC}=±18$ V		0.2	2	mA
输入失调电压	U_I	$V_{CC}=±18$ V		±2	±20	mV
输入失调电流	I_I	$V_{CC}=±18$ V		±20	±200	mA
输出功率	P_O	$T_{HD}=0.5\%$ $G_{vc}=30$ dB $f=40～15\,000$ Hz $R_L=4$ Ω $R_L=8$ Ω		12 8	15 10		W

续表

参数名称	符号	测试条件	最小值	典型值	最大值	单位
谐波失真度	T_{HD}	$G_{vc}=30$ dB $f=40\sim15\,000$ Hz $P_O=0.1\sim12$ W, $R_L=4\,\Omega$ $P_O=0.1\sim12$ W, $R_L=8\,\Omega$		0.1 0.1	0.5 0.5	%
输入灵敏度	U_{IS}	$G_{vc}=30$ dB, $f=1$ kHz $P_O=12$ W, $R_L=4\,\Omega$ $P_O=8$ W, $R_L=8\,\Omega$		215 250		mV
频带宽度	BW	$G_{vc}=30$ dB $P_O=12$ W, $R_L=4\,\Omega$		$10\sim14\,000$		Hz
输入阻抗	R_i	1 脚	0.5	5		MΩ
开环电压增益	G_{vo}			90		dB
闭环电压增益	G_{vc}	$f=1$ kHz	29.5	30	30.5	dB
输入噪声电压	U_{NI}	$BW=22$ Hz$\sim$22 kHz $R_L=4\,\Omega$		3	10	μV
输入噪声电流	I_{NI}	$BW=22$ Hz$\sim$22 kHz $R_L=4\,\Omega$		80	200	pA
电源纹波抑制比	K_{SVR}	$R_L=4\,\Omega$ $G_{vc}=30$ dB $R_g=22$ kΩ $U_{gp}=0.5V_{CC}$ $f_{ip}=100$ Hz	40	50		dB
过热截止时壳温	T_R	$P_D=12$ W	110			℃

五、TDA2030 双声道功放(OTL)的原理

TDA2030 双声道功放电路如图 9-1-2 所示，该电路是以 TDA2030 为中心构成的功率放大器，其特点有：失真小、外围元件少、装配简单、功率大、保真度高等。

1. 工作原理

电路中 $D_1\sim D_4$ 为整流二极管，C_{11} 为电源滤波电容，C_{12} 为高频信号滤波电容，R_{13} 和 D_5 组成电源指示灯电路，R_{P1} 为左、右声道音量调节电位器(调节输入音频电压的大小)，U_1、U_2 是两个声道的功放集成电路，R_1、R_2、$C_2(C_7$、R_8、$C_7)$组成两个功放输入端的偏置电路。由于本电路为单电源供电，因此功放输出端直流电压为 1/2 电源电压时电路才能正常工作。R_3、R_5、$C_3(R_{10}$、R_{11}、$C_8)$构成负反馈回路，改变 $R_4(R_{10})$的大小可以改变反馈系数(电阻值越小增益越大，但增益太大也容易导致信号失真)。$C_1(C_6)$是输入耦合电容，C_9 是输出耦合电容。在电路接有感性负载扬声器时，R_6、$C_5(R_{12}$、$C_{10})$对感性负载

（喇叭）进行相位补偿，用以消除自激，从而确保高频稳定性。

2. 工作流程

（1）电源供电：交流电源由 X_{3B} 端子输入，经 $D_1 \sim D_4$ 桥式整流后，由 C_{11} 滤波得到直流供电电压，点亮 LED 电源指示灯（D_5），为两功放 U_1、U_2 的 5 脚供电。

（2）信号流程：音频信号从 X_{1A} 端子输入，经音量电位器 R_{P1}（R_{P2}），再由 C_1（C_6）耦合，进入 U_1（U_2）的 1 脚，由集成功放放大后从 4 脚输出，再经方框 A 中的元件（输出耦合电容 C_9）到达扬声器。

（3）性能参数：①输入电压：AC≤18 V，DC≤24 V；

②输出功率：P_o＝15 W＋15 W（当 R_L＝4 Ω 时）；

③输出阻抗：4～8 Ω。

● 拓展知识

➡ 一、功率放大器的种类

（1）按输出级与扬声器的连接方式分类有：变压器耦合、OTL 电路、OCL 电路、BTL 电路等；

（2）按功放管的工作状态分类有：甲类、乙类、甲乙类、超甲类、新甲类等；

（3）按所用的有源器件分类有：晶体管功率放大器、场效应管功率放大器、集成功率放大器及电子管功率放大器等。

1. OTL 功放电路——无输出变压器功放电路

OTL(Output Transformer Less)功放电路是一种输出级与扬声器之间采用电容耦合而无输出变压器的功放电路。

（1）OTL 电路的特点。

①采用单电源供电方式，输出端直流电位为电源电压的一半；

②输出端与负载之间采用大容量电容耦合，扬声器一端接地；

③具有恒压输出特性，允许扬声器阻抗在 4 Ω、8 Ω、16 Ω 之中选择，最大输出电压的振幅为电源电压的一半，即 $\frac{1}{2}V_{CC}$，额定输出功率约为 $\frac{V_{CC}^2}{8R_L}$。

④输出端的耦合电容对频率响应也有一定影响。

（2）OTL 电路结构，如图 9-1-5 所示。

①VT_1 和 VT_2 配对，一只为 NPN 型，另一只为 PNP 型；

②输出端中点电位为电源电压的一半；

③功放输出与负载（扬声器）之间采用大电容耦合。

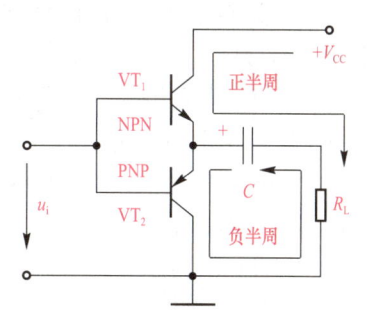

图 9-1-5 OTL 电路结构

(3) OTL 电路原理。

①在输入信号的正半周时，VT₁ 导通，电流自 V_{CC} 经 VT₁ 为电容 C 充电，经过负载电阻 R_L 到地，在 R_L 上产生正半周的输出电压。

②在输入信号的负半周时，VT₂ 导通，电容 C 通过 VT₂ 和 R_L 放电，在 R_L 上产生负半周的输出电压。只要电容 C 的容量足够大，可将其视为一个恒压源，无论信号如何变化，电容 C 上的电压几乎保持不变。

2. OCL(Output Condensert Less)功放电路——无输出电容功放电路

(1) OCL 电路的特点。

①采用双电源供电方式，输出端直流电压为零；
②由于没有输出电容，故低频特性很好；
③扬声器一端接地，一端直接与放大器输出端连接，因此须设置保护电路；
④具有恒压输出特性，允许选择 4Ω、8Ω 或 16Ω 负载；
⑤最大输出电压振幅为正、负电源值，额定输出功率约为 $\dfrac{V_{CC}^2}{2R_L}$。

(2) OCL 电路结构，如图 9-1-6 所示。

①采用双电源供电方式；
②省去了输出耦合电容。

(3) OCL 电路原理。

①在输入信号的正半周时，VT₁ 导通，电流自 $+V_{CC1}$ 经 VT₁，经过负载电阻 R_L 到地构成回路，在 R_L 上产生正半周的输出电压。

②在输入信号的负半周时，VT₂ 导通，电流自 $-V_{CC2}$ 通过 VT₂ 和 R_L 构成回路，在 R_L 上产生负半周的输出电压。

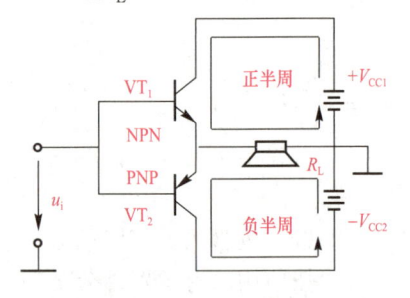

图 9-1-6　OCL 电路结构

3. BTL(Balanced Transformer Less)功放电路——平衡桥式功放电路

(1) BTL 电路的特点。

①可采用单电源供电，两个输出端直流电位相等，无直流电流通过扬声器；
②与 OTL、OCL 电路相比，在相同电源电压、相同负载的情况下，BTL 电路输出电压可增大一倍，输出功率可增大 4 倍，这意味着在较低的电源电压时也能获得较大的输出功率；
③一路通道要有两组功放对，且扬声器没有接地端，给检修工作带来不便。

(2) BTL 电路结构，如图 9-1-7 所示。

①电路由两组对称的 OTL 或 OCL 电路组成；
②扬声器接在两组 OTL 或 OCL 电路输出端之间，即扬声器两端都不接地。

(3) BTL 电路原理。

①VT₁ 和 VT₂ 是一组 OCL 电路输出级，VT₃ 和 VT₄ 是另一组 OCL 电路输出级；

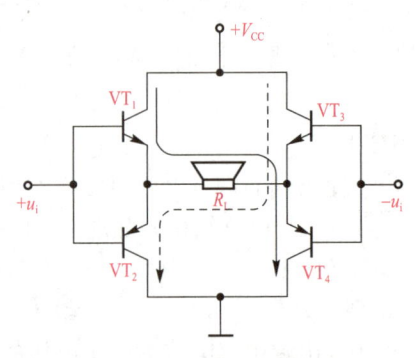

图 9-1-7　BTL 电路结构

②两组功放的两个输入信号的大小相等、方向相反；

③当输入信号$+u_i$为正半周，$-u_i$为负半周时，VT_1、VT_4导通，VT_2、VT_3截止，此时负载上电流通路的方向为从左向右；

④反之，VT_1、VT_4截止，VT_2、VT_3导通，此时负载上电流通路的方向为从右向左。

二、功率放大器保护电路

1. 功率放大器保护电路的作用

(1)防止在强信号输入或输出负载短路时，大电流烧坏功放的输出管。

(2)防止在强信号输入或开机、关机时，大电流冲击而损坏扬声器。

2. 保护电路的类型及工作原理

(1)切断负载式保护电路，如图 9-1-8 所示。电路主要由过载检测及放大电路和继电器两部分所组成。当放大器输出过载或中点电位偏离零点较大时，过载检测电路输出过载信号，经放大后启动继电器动作，使扬声器回路断开。

(2)分流式保护电路，如图 9-1-9 所示。在输出过载时，由过载检测电路输出过载信号，控制并联在两只功放管基极之间的分流电路，使其内阻减小、分流增加，从而减小了大功率管的输出电流，保护了功放管和扬声器。

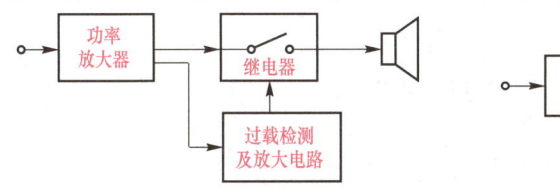

图 9-1-8　切断负载式保护电路

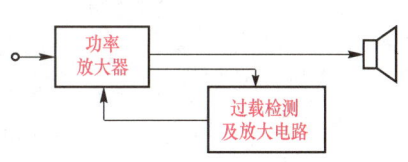

图 9-1-9　分流式保护电路

(3)切断信号式保护电路和切断电源式保护电路如图 9-1-10 所示。这两种电路与前两种电路的结构基本相同，不同的只是用过载信号去控制输入信号控制电路或电源控制电路，切断输入信号或电源。切断信号式保护电路只能抑制强信号输入引起的过载，对其他原因导致的过载则不具备保护能力；切断电源式这种保护方式对电路的冲击较大，因此这两种保护电路在实际中都使用得较少。

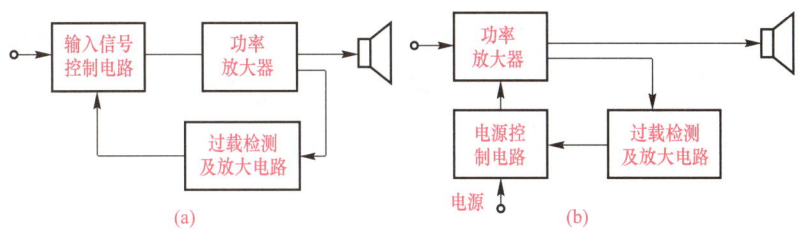

图 9-1-10　切断信号式保护电路和切断电源式保护电路

(a)切断信号式保护电路；(b)切断电源式保护电路

成果展示与评价

由小组推荐代表就任务的完成情况作必要的介绍、成果展示和总结，然后以组为单位进行评价。

1. 小组成果展示方案

_____

_____

2. 学习任务评价

完成表 9-1-4 的填写。

表 9-1-4　任务评价评分表

评价项目	项目内容	评分标准	分值	自我评价（20%）	小组评价（30%）	教师评价（50%）
实操技能	完善电路的方框图	能正确绘制电路的方框图	10			
	完善电路	电路设计正确	20			
	电路分析	能按要求正确分析电路	30			
学习态度	参与度	小组成员积极参与总结活动	20			
	团队合作	小组成员分工明确、合理、团队意识较强	10			
	汇报表现	总结汇报简明扼要、重点突出、表达流利、思路清晰	10			
学生姓名			小计			
评价教师			总分			

任务 9-2　TDA2030 双声道功放的制作与调试

● 任务要求及实施

➡ 一、任务要求

（1）在 PCB 板上安装和调试 TDA2030 双声道功放。

(2)元件排列整齐，不能错装和漏装任何元件，组装前必须对各种元件进行测试和筛选；焊接时注意防静电保护，注意人身安全，焊点的质量要达到相关标准。

(3)通电调试要注意用电安全，调试的效果必须使音质和功率达到相关要求。

(4)能够熟练使用万用表进行相关参数的测量。

二、任务实施

1. TDA2030 双声道功放的制作

(1)按照电路图领取相关元件。

参照图 9-1-2，列出所需的材料清单并填入表 9-2-1 中。

表 9-2-1　制作 TDA2030 双声道功放的材料清单

序号	名称	规格	数量/个	序号	名称	规格	数量/个
1				17			
2				18			
3				19			
4				20			
5				21			
6				22			
7				23			
8				24			
9				25			
10				26			
11				27			
12				28			
13				29			
14				30			
15				31			
16				32			

其他材料和工具：

_____

_____

(2)主要元件识别与检测(部分)。

①电位器。

电路符号：_____

引脚判断的方法：_____

测量值：_____

读数值：_____

②二极管。

电路符号：＿＿＿＿＿＿＿＿＿＿＿＿＿＿＿＿＿＿＿＿＿＿＿＿＿＿

引脚判断的方法：＿＿＿＿＿＿＿＿＿＿＿＿＿＿＿＿＿＿＿＿＿

质量检测方法：＿＿＿＿＿＿＿＿＿＿＿＿＿＿＿＿＿＿＿＿＿＿

③电阻。

电路符号：＿＿＿＿＿＿＿＿＿＿＿＿＿＿＿＿＿＿＿＿＿＿＿＿＿

读数值：＿＿＿＿＿＿＿＿＿＿＿＿＿＿＿＿＿＿＿＿＿＿＿＿＿＿

质量检测方法：＿＿＿＿＿＿＿＿＿＿＿＿＿＿＿＿＿＿＿＿＿＿

测量值：＿＿＿＿＿＿＿＿＿＿＿＿＿＿＿＿＿＿＿＿＿＿＿＿＿＿

④电解电容。

电路符号：＿＿＿＿＿＿＿＿＿＿＿＿＿＿＿＿＿＿＿＿＿＿＿＿＿

读数值：＿＿＿＿＿＿＿＿＿＿＿＿＿＿＿＿＿＿＿＿＿＿＿＿＿＿

正、负极判断方法：＿＿＿＿＿＿＿＿＿＿＿＿＿＿＿＿＿＿＿＿

质量检测方法：＿＿＿＿＿＿＿＿＿＿＿＿＿＿＿＿＿＿＿＿＿＿

⑤TDA2030。

引脚功能：＿＿＿＿＿＿＿＿＿＿＿＿＿＿＿＿＿＿＿＿＿＿＿＿

（3）参照图 9-1-1 和图 9-1-2，在图 9-2-1 中绘制 TDA2030 双声道功放的电路装配图，并在电路板上组装电路。

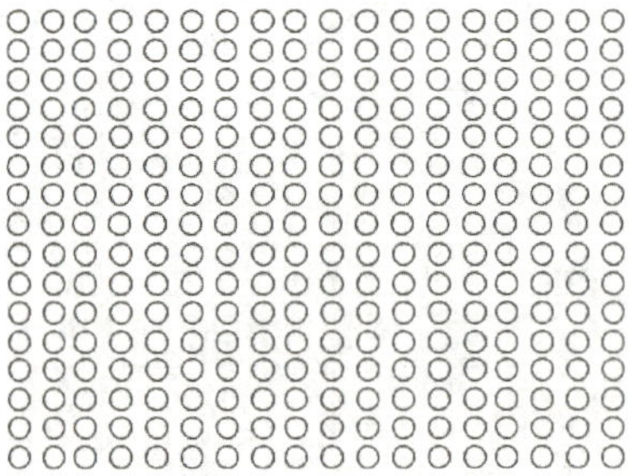

图 9-2-1　TDA2030 双声道功放的电路装配图

①核对电路图和装配图，各种电子元件必须依次对应位置进行安装。

②装配好的成品必须美观平整。

③焊点明亮、光滑，焊料均匀成锥形且无毛刺。

④两种装配方法：

部分装配方法：依电路图中各部分电路的不同功能分部分装配。

整机装配方法：不分功能，按照"先小后大，先里后外，先低后高"的原则进行整机装配。

（4）焊接完成后，检查电路是否存在虚焊、短路等故障，并做好相关记录。

＿＿＿＿＿＿＿＿＿＿＿＿＿＿＿＿＿＿＿＿＿＿＿＿＿＿＿＿＿＿＿＿＿＿＿＿

＿＿＿＿＿＿＿＿＿＿＿＿＿＿＿＿＿＿＿＿＿＿＿＿＿＿＿＿＿＿＿＿＿＿＿＿

＿＿＿＿＿＿＿＿＿＿＿＿＿＿＿＿＿＿＿＿＿＿＿＿＿＿＿＿＿＿＿＿＿＿＿＿

＿＿＿＿＿＿＿＿＿＿＿＿＿＿＿＿＿＿＿＿＿＿＿＿＿＿＿＿＿＿＿＿＿＿＿＿

2. 电路调试

步骤一：电路通电后，电源指示灯 LED 点亮，说明电路电源运行正常，否则依据电路结构进行故障排除。

步骤二：电路通电后，用万用表分别检测两个 TDA2030 的输出端 4 脚的输出电压值，若为 $\frac{1}{2}V_{CC}$ 左右，则说明电路工作基本正常。

步骤三：接入音频信号源和电路负载（音箱），对电路进行动态测试调试，并记录相关数据，直到声音无明显失真且音量足够大为止。

> **小贴士**
>
> 调试时必须先调试好电源，令其工作在正常范围内，再确保 TDA2030 的输出端 4 脚的电压为电源电压的一半左右，最后试听音质和功率的输出情况，进行统调。

（1）调试完成后把数据填入表 9-2-2 中。

表 9-2-2　TDA2030 双声道功放的测试表

参数名称	测试点	参数值	单位
输入电源电压(AC)			
工作电源电压(DC)			
公共端电压(DC)			
TDA2030 输出端电压(DC)			
功放静态电流(DC)			
功放动态电流(DC)			
输出峰值电流(AC)			
散热器温度(额定功率下)			

（2）常见小故障检修（将检修过程写在下面的横线上）。

①两个声道同时无声。

②只有一个声道没有声音。

（3）记录在调试电路的过程中所遇到的问题及解决方法。

成果展示与评价

由小组推荐代表就任务的完成情况作必要的介绍、成果展示和总结，然后以组为单位进行评价。

1. 小组成果展示方案

   _____

   _____

2. 小组工作总结

   _____

   _____

3. 学习任务评价

完成表 9-2-3 的填写。

表 9-2-3　任务评价评分表

评价项目	项目内容	评分标准	分值	自我评价（20%）	小组评价（30%）	教师评价（50%）
实操技能	元件检测	按要求对所有元件进行识别与检测	15			
	PCB板电路制作	电路组装整洁美观且电路板测试成功	15			
	电路调试	能按要求调试电路	10			
	电路测试	正确使用万用表测量各点电压	10			
工艺	元件布局	布局合理、美观	5			
	焊点	无虚焊、连锡、起刺	5			
安全文明操作	操作是否符合安全操作规程	每一处错扣1分，发生短路得0分	10			
学习态度	参与度	小组成员积极参与总结活动	10			
	团队合作	小组成员分工明确、合理、团队意识较强	10			
	汇报表现	总结汇报简明扼要、重点突出、表达流利、思路清晰	10			
学生姓名			小计			
评价教师			总分			

4. 学习任务综合评价

完成表 9-2-4 的填写。

表 9-2-4　任务综合评价表

评价内容	评分标准	评价等级			
		A	B	C	D
学习任务一	A. 学习任务评价成绩为 90～100 分 B. 学习任务评价成绩为 80～89 分 C. 学习任务评价成绩为 60～79 分 D. 学习任务评价成绩为 0～59 分				
学习任务二	A. 学习任务评价成绩为 90～100 分 B. 学习任务评价成绩为 80～89 分 C. 学习任务评价成绩为 60～79 分 D. 学习任务评价成绩为 0～59 分				
活动总结					

项目十　波形发生器的设计与制作

● 学习目标

(1)能熟练表述波形发生器的工作过程。
(2)能检测双向稳压管、集成运放 LM324 的质量。
(3)能按要求选择适当的元件组装波形发生器。
(4)能正确选用测量仪器并设定测量范围。
(5)能用示波器测量输出波形并在坐标纸上正确绘制波形。

● 学习内容

(1)双向稳压管的工作原理。
(2)双向稳压管的应用。
(3)集成运放 LM324 的检测。
(4)集成运放 LM324 的实际应用。
(5)电解电容在电路中的作用。
(6)集成电路 LM324、双向稳压管等元件的检测方法。
(7)用示波器测量关键波形。
(8)在坐标纸上绘制波形并记录频率、幅度等参数。

● 项目要求

　　用集成运放 LM324、双向稳压管、电位器和电解电容等关键元件在 PCB 板上安装和调试波形发生器，使波形发生器可以在不同触点短接的情况下分别在输出端输出方波、三角波、正弦波，调节电位器可以改变输出波形的频率及幅度。

● 项目分析

　　为完成波形发生器的设计与制作，首先要完成波形发生器的设计，在设计过程中熟悉波形发生器的工作过程及其工作原理；其次，完成波形发生器的组装，当波形发生器出现故障时能依据其电路组成及原理进行检测与维修，所以在此项目中分解成两个学习任务：任务10—1　波形发生器的设计；任务10—2　波形发生器的制作与调试。

项目十　波形发生器的设计与制作

任务 10-1　波形发生器的设计

● 任务要求及实施

➡ 一、任务要求

采用 LM324 集成运放，外加电阻、电容等元件便可构成简易的波形发生器，实现电压比较、积分运算、滤波等功能。该波形发生器具有效率高、体积小、重量轻、输出稳定等特点，能产生方波、三角波和正弦波等电子信号，可以作为其他电子系统的信号发生器。

➡ 二、任务实施

1. 引导问题

通过几个问题来认识波形发生器的电路结构。

(1)通过现场勘查可以发现波形发生器的组成部分(参见图 10-1-1)为：
_____、_____、_____、_____、
_____、_____、_____、_____、
_____、_____、_____。

图 10-1-1　波形发生器的实物

(2)观察图 10-1-1，写出方波发生电路由哪些元件组成：
_____、_____、_____、_____、
_____、_____、_____、_____。

213

(3)观察图 10-1-1，写出三角波发生电路由哪些元件组成：

_____、_____、_____、_____、
_____、_____、_____、_____。

(4)观察图 10-1-1，写出正弦波发生电路由哪些元件组成：

_____、_____、_____、_____、
_____、_____、_____、_____。

(5)根据任务要求，结合如下选项，绘制波形发生器的电路方框图。
①电源；②比较器；③积分器；④滤波器；⑤电压放大器。

2. 完善波形发生器电路

经过考察与分析，可知波形发生器利用 LM324 内部 3 个独立的运算放大器（IC_A、IC_B、IC_C）组成三级电路，由 IC_B 及其外围元件组成的电路为比较器，用于输出方波，输出幅度由双向稳压管 VS 的稳压值决定；由 IC_C、C_1 及其他外围元件组成的相关电路为积分器，用于输出三角波；由 R_{6B}、C_2 和 R_7、C_3 组成的滤波器，用于滤去高次谐波，把三角波转换成近似的正弦波，其电路如图 10-1-2 所示。

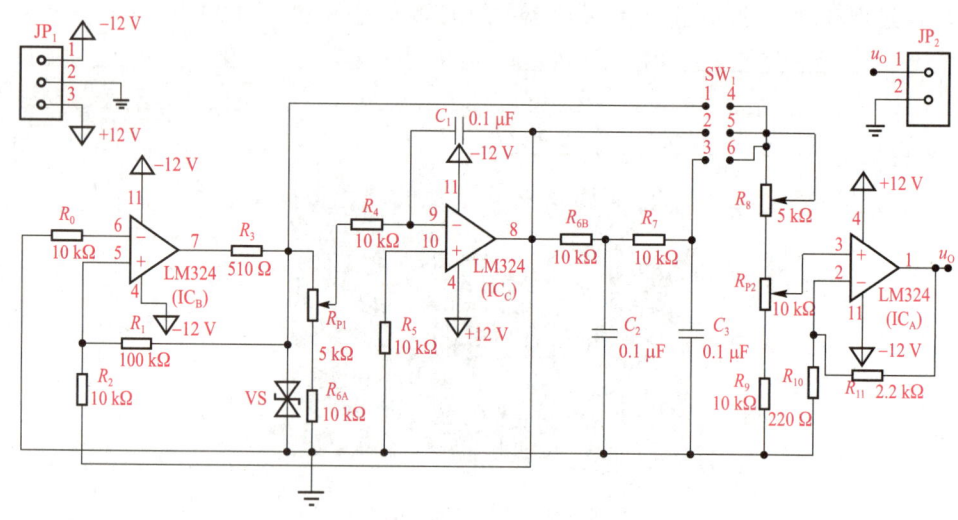

图 10-1-2　波形发生器电路

3. 分析波形发生器

根据如图 10-1-2 所示的波形发生器电路，完成以下问题。
(1)波形发生器电路主要由哪些元件组成？并说明其在电路中的主要作用(写出各元件

的名称和参数)。

　　元件编号：_____，名称：_____，型号或参数：_____，作用：_____。
　　元件编号：_____，名称：_____，型号或参数：_____，作用：_____。
　　元件编号：_____，名称：_____，型号或参数：_____，作用：_____。
　　元件编号：_____，名称：_____，型号或参数：_____，作用：_____。
　　元件编号：_____，名称：_____，型号或参数：_____，作用：_____。
　　元件编号：_____，名称：_____，型号或参数：_____，作用：_____。
　　元件编号：_____，名称：_____，型号或参数：_____，作用：_____。

　　(2)集成电路 LM324 内部包含 4 组形式完全相同的_____，除电源共用外，4 组_____相互独立。

　　(3)稳压二极管利用二极管的_____(单向导电/反向击穿)特性。在波形发生器电路中的元件 VS 是_____，外加_____电压和_____电压时都能起到稳定输出电压的作用。

4. 记录在设计电路的过程中所存在的问题

_____
_____
_____
_____
_____

相关知识

一、双向稳压管

　　双向稳压管内部结构就是两个稳压二极管以负极为公共端串联在一起，正极为元件两端，它对正向电压和反向电压都能起到稳定的作用，所以经常用在双向限幅电路中。常见的双向稳压管实物如图 10-1-3 所示，在电路中用字母 VS 表示，电路符号如图 10-1-4 所示。双向稳压管经常应用在方波、三角波和正弦波发生器中。

图 10-1-3　双向稳压管实物　　　　图 10-1-4　双向稳压管的电路符号

　　当双向稳压管的 A 端接电压正极，K 端接电压负极时，左边的稳压二极管是正向导

215

通，相当于一个普通二极管，在上面的压降是 0.7 V，而右边的才作为稳压二极管，所以这个双向稳压管所稳定的电压是 0.7 V+右边的稳压值。相反，当双向稳压管的 K 端接电压正极，A 端接电压负极的时候，右边的稳压二极管正向导通，左边的稳压二极管才作为稳压二极管。

在本任务的波形发生器电路中，VS 均选用 6.8 V 的稳压二极管，则它们的稳压幅度 U_Z 为 ±6.8 V。

二、集成电路 LM324

1. LM324 的结构及电路符号

LM324 是一种集成运算放大器，实物如图 10-1-5(a)所示，采用 14 引脚双列直插塑料（陶瓷）封装。内部结构如图 10-1-5(b)所示，有 4 个独立的运算放大器，除电源共用外，4 组运放相互独立，使用电源范围为 5～30 V。每一组运算放大器可用如图 10-1-5(c)所示的电路符号来表示。

LM324 有 14 个引脚，其中"＋""－"为两个信号的输入端，"V_{CC}""V_{EE}"为正、负电源端。两个信号输入端中，"－"为反相输入端，表示运放输出端的信号与该输入端的相位相反；"＋"为同相输入端，表示运放输出端的信号与该输入端的相位相同。LM324 的引脚排列如图 10-1-5(b)所示。

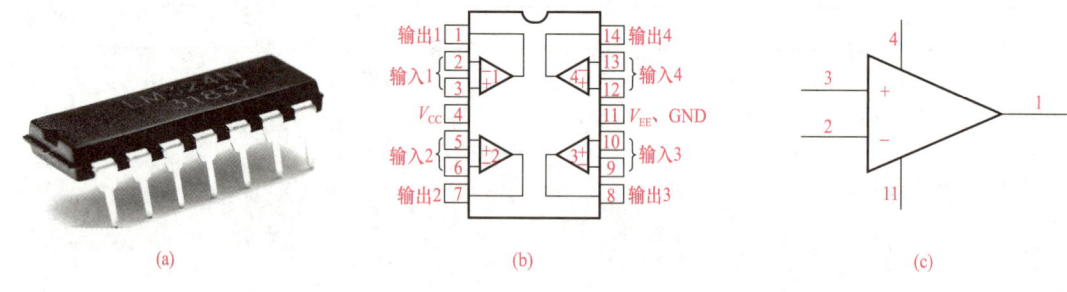

图 10-1-5　LM324 的实物、引脚排列及电路符号
(a)实物；(b)引脚排列；(c)电路符号

2. LM324 的主要参数

LM324 的主要参数如表 10-1-1 所示。

表 10-1-1　LM324 的主要参数

参数名称	测试条件	最小	典型	最大	单位
输入失调电压	$U_O≈1.4$ V　$R_S=0$	—	2.0	7.0	mV
输入失调电流	—	—	5.0	50	nA
输入偏置电流	—	—	45	250	nA
大信号电压增益	$U_+=15$ V, $R_L=5$ kΩ	88k	100k	—	—
电源电流	$U_+=30$ V, $U_O=0$, $R_L=∞$	1.5	3.0	—	mA
共模抑制比	$R_S≤10$ kΩ	65	70	—	dB

3. LM324 的检测

第一，选用万用表进行检测，并将万用表调至二极管挡位。

第二，参照表 10-1-2 中的电阻值，对比对应引脚的阻值，从而判别 LM324 的质量。只要各对应引脚之间的电阻值基本相同，就说明 LM324 质量良好。

表 10-1-2 LM324 参数对照表

红表笔	黑表笔	正常阻值/kΩ
V_{CC}	GND	10～17.5
GND	V_{CC}	4.5～6.5
V_{CC}	OUT	43～49.7
GND	OUT	5.9～6.7
IN+	V_{CC}	43～77
IN−	V_{CC}	43～77

4. 波形发生器的工作原理

在如图 10-1-2 所示的电路中 IC_A、IC_B、IC_C 分别为 LM324 内部的 3 个集成运算放大器，由 IC_B 和相关元件组成的电路为比较器；由 IC_C、C_1 和相关元件组成的电路为积分器；由 R_{6B}、C_2 和 R_7、C_3 组成的电路为滤波器，用于滤去高次谐波，把三角波转换成近似的正弦波；由 IC_A 组成的电路是电压放大器，R_{P2} 用于调节输出幅度，R_8 和 R_9 用于限制最大和最小输出信号幅值。

IC_B 的输出端把输出信号经 R_3、R_1 反馈到输入端，形成正反馈回路。IC_C 的输出端的输出信号经 R_2 同样输入到 IC_B 的输入端，控制 IC_B 的工作状态，由于在 IC_B 的输出端接有 VS 双向稳压管进行限幅，所以该点的波形为矩形波。

由 IC_C、C_1 和相关元件组成的电路为积分器，IC_C 的输出端输出三角波信号，调节 R_{P1} 可以改变该积分器的充、放电时间，从而改变三角波的频率，同样也可以改变矩形波的频率和正弦波的频率。也就是说，通过调节电位器 R_{P1}，就可以改变各波形的频率。

由 R_{6B}、C_2、R_7、C_3 组成的高通滤波器接在 IC_C 的输出端，把三角波中的高频谐波滤除，将三角波转换成正弦波。

在波形发生器电路中，由运算放大器构成的滞回比较器、积分器和二阶有源低通滤波器，通过控制不同输出触点的短接，控制 u_O 输出不同的波形信号。当触点 1、4 接通时，u_O 输出的是矩形波；当触点 2、5 接通时，u_O 输出的是三角波；当触点 3、6 接通时，u_O 输出的是正弦波。

电路的第一级是比较器，用于输出方波，输出电压的幅度由双向稳压管 VS 决定。任务中，VS 均选用 6.8 V 的稳压二极管，则它们的稳压幅度 U_Z 及第一级电路的输出电压幅度分别为：

$$U_Z = \pm 6.8 \text{ V}$$

$$U_{o1} = \pm U_Z = \pm 6.8 \text{ V}$$

电路的第二级是积分器，用于输出三角波。当电路的第一级输出的方波信号送入该级电路后，由该级电路对信号进行积分变换产生三角波信号。三角波信号分成两路，一路输入第三级电路，另一路反馈回滞回比较器，作为滞回比较器的基准电压 U_{REF}。第二级电路的输出电压幅度为

$$U_{o2}=R_2/R_1U_Z=0.1U_Z=\pm0.68\ (V)$$

第一级电路和第二级电路的振荡周期相同，当 R_{P1} 的滑片滑动到最上端时可以由以下公式求得

$$T=4R_2 \cdot R_4 \cdot C_1/R_1$$
$$T=4\times10\times10^3\times10\times10^3\times0.1\times10^{-6}/(100\times10^3)=0.4\ (ms)$$

则振荡频率为

$$f=1/T=1/0.4\times10^3=2.5\ (kHz)$$

当 R_{P1} 的滑片滑动到最下端时可以由以下的公式求得

$$T=4R_2 \cdot R_4 \cdot C_1/R_1$$
$$T=4\times10\times10^3\times15\times10^3\times0.1\times10^{-6}/(100\times10^3)=6\ (ms)$$

则振荡频率为

$$f=1/T=1/6\times10^3=0.2\ (kHz)$$

因此，该波形发生器的输出信号频率范围为 0.2～2.5 kHz。

第三级电路是低通滤波器，用于对第二级电路送来的信号进行滤波。三角波信号经过第三级电路的滤波之后，变换成正弦波信号输出。正弦波信号的周期与三角波信号的周期相同。3 种信号经不同的触点短接选择后通过 R_8 和 R_{P2} 的调节加到运放 IC_A，最后输出 u_O 信号。

三、波形变换电路

在项目六的扩展知识中已讲解过由集成运算放大器构成的微分电路及积分电路的原理和工作过程，其中微分电路利用电容的充、放电特性实现脉冲波形变换，可以把矩形波变为尖脉冲。积分电路和微分电路使用的元件形式是一样的，只是 R、C 调换了位置，电路原理很简单，都是基于电容的充、放电原理，输出信号取自电容器两端的电压，电容的充、放电如实地反映到输出端上。因此，本任务将针对波形变换重点介绍产生方波的电压比较器、限幅电路及钳位电路。

1. 电压比较器

在电压比较器中，集成运放接成开环或正反馈状态，工作于非线性区。输出电压只有两种情况：当 $u_->u_+$ 时，$u_O=+U_{OM}$；当 $u_-<u_+$ 时，$u_O=-U_{OM}$。

(1) 单门限电压比较器。电路如图 10-1-6(a) 所示，U_{REF} 为参考电压，加在集成运放的同相输入端，输入电压 u_1 加在反相输入端。

若 $U_{REF}>0$，则传输特性曲线如图 10-1-6(b) 所示。当 $u_1>U_{REF}$，即 $U_{REF}-u_1<0$ 时，$u_O=-U_{OM}$；当 $u_1<U_{REF}$，即 $U_{REF}-u_1>0$ 时，$u_O=+U_{OM}$。

若 $U_{REF}<0$，则传输特性曲线如图 10-1-6(c) 所示。

若 $U_{REF}=0$，则比较器称为过零比较器。

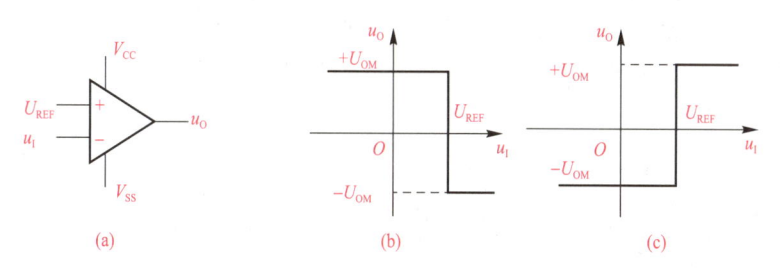

图 10-1-6 单门限电压比较器电路及其传输特性曲线

(a)电路；(b)当 $U_{REF}>0$ 时的传输特性曲线；(c)当 $U_{REF}<0$ 时的传输特性曲线

在上述比较器中，输入电压只跟一个参考电压相比较，故称其为单门限电压比较器。这种电路虽然结构简单、灵敏度高，但抗干扰能力较差，当输入电压因受干扰在参考值附近反复发生微小变化时，输出电压也会频繁地反复跳变，采用双门限电压比较器实现波形变换可以较好地解决这一问题。

(2)双门限电压比较器。双门限电压比较器又称迟滞比较器，也称施密特触发器。它是一个含有正反馈网络的比较器，其原理及传输特性曲线如图 10-1-7 所示。

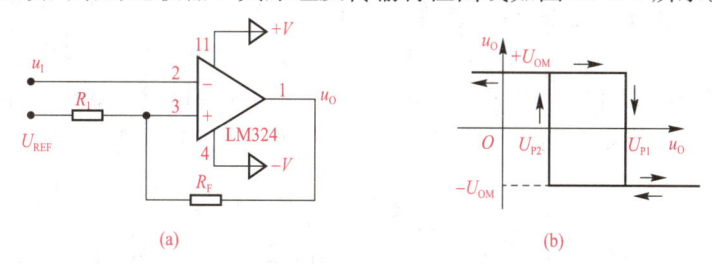

图 10-1-7 双门限电压比较器电路及其传输特性曲线

(a)电路；(b)传输特性曲线

输出电压经 R_F 和 R_1 分压后加到集成运放的同相输入端，形成正反馈。由于输出有两种可能的电压值，所以门限电压也有两个相应的值。

当 $u_O=+U_{OM}$ 时，门限电压用 U_{P1} 表示，根据叠加原理，可得

$$U_{P1}=\frac{R_F}{R_F+R_1}U_{REF}+\frac{R_1}{R_F+R_1}U_{OM}$$

当输入电压 u_I 逐渐增大至 U_{P1} 时，输出电压发生翻转，由 $+U_{OM}$ 跳变到 $-U_{OM}$，门限电压随之变为

$$U_{P2}=\frac{R_F}{R_F+R_1}U_{REF}-\frac{R_1}{R_F+R_1}U_{OM}$$

当输入电压 u_I 逐渐减小直至 U_{P2} 时，输出电压再度翻转，由 $-U_{OM}$ 跳变到 $+U_{OM}$。

两个门限电压之差称为回差电压，用 ΔU_P 表示，可得

$$\Delta U_P=U_{P1}-U_{P2}=\frac{2R_1}{R_F+R_1}U_{OM}$$

上式表明，回差电压与参考电压无关。

利用双门限电压比较器可以大幅提高电路的抗干扰能力。当输入信号受到干扰或含有噪声信号时，只要其变化幅度不超过回差电压，输出电压就不会在此期间来回变化，而保

持较稳定的输出电压波形。

由双门限电压比较器再加上 RC 反馈电路，便可组成方波发生器，产生的方波周期与电容 C 的充、放电有关。

2. 限幅电路

在实际的应用中，为了实现波形的变换，通常只取输入信号的一部分，所谓"限幅"就是将输入信号波形中多余的部分除去，只提取需要的部分。

限幅电路的作用是把输出信号的幅度限定在一定的范围内，即当输入电压超过或低于某一参考值后，输出电压将被限制在某一电压（称作限幅电压），且再不随输入电压变化。二极管限幅电路利用二极管的单向导电性实现限幅，根据输出端与二极管的连接方式的不同，限幅电路可以分为二极管串联型限幅电路和二极管并联型限幅电路；也可以根据被限幅的部位分为上限幅、下限幅和双向限幅电路。其中，上限幅电路在输入电压高于某一上限电平时产生限幅作用；下限幅电路在输入电压低于某一下限电压时产生限幅作用；双向限幅电路则在输入电压过高或过低的两个方向上均产生限幅作用。

（1）二极管下限幅电路。在图 10-1-8 所示的限幅电路中，因二极管是串在输入、输出之间，故称它为串联限幅电路。若二极管具有理想的开关特性，那么，当 u_I 低于 E 时，D 不导通，$u_O = E$；当 u_I 高于 E 以后，D 导通，$u_O = u_I$。可见，该电路将输出信号的下限电平限定在某一固定值 E 上，所以称这种限幅电路为下限幅电路。如将图中二极管极性对调，则可得到将输出信号上限电平限定在某一数值上的上限幅电路。

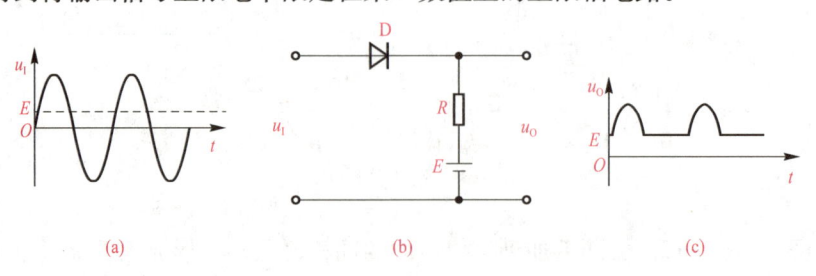

图 10-1-8 二极管下限幅电路的工作过程
(a) 输入信号的波形；(b) 电路；(c) 输出信号的波形

（2）二极管上限幅电路。在如图 10-1-9 所示的二极管上限幅电路中，当输入信号的电压低于某一事先设计好的上限电压时，输出电压将随输入电压增减；但当输入电压达到或超过上限电压时，输出电压将保持为一个固定值，不再随输入电压变化，这样信号幅度即在输出端受到限制。

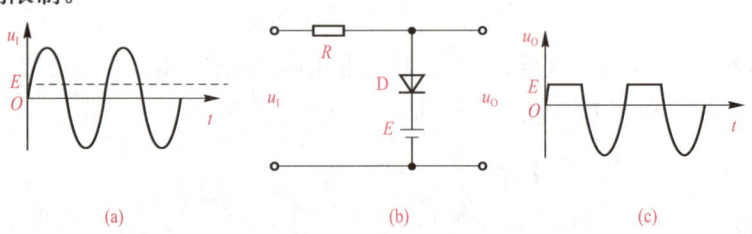

图 10-1-9 二极管上限幅电路的工作过程
(a) 输入信号的波形；(b) 电路；(c) 输出信号的波形

(3)二极管双向限幅电路。将上、下限幅器组合在一起，就组成了如图 10-1-10 所示的双向限幅电路。

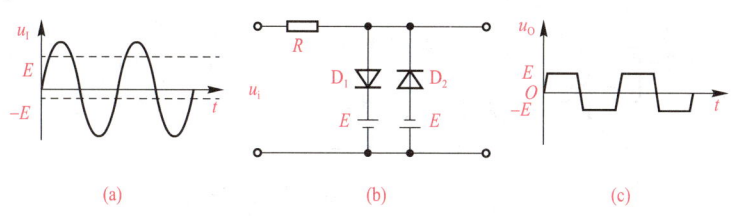

图 10-1-10　二极管双向限幅电路的工作过程
(a)输入信号波形；(b)电路；(c)输出信号波形

3. 钳位电路

钳位电路可将周期性变化的波形顶部或底部保持在某一个确定的直流电压上，即将输入信号的波形上移或下移，但并不改变输入信号的波形。二极管钳位电路由二极管 D、电容器 C 及电阻 R 组成。钳位电路可以分为正钳位电路和负钳位电路。

(1)负钳位电路。

①简单型。负钳位电路及其工作波形如图 10-1-11 所示。

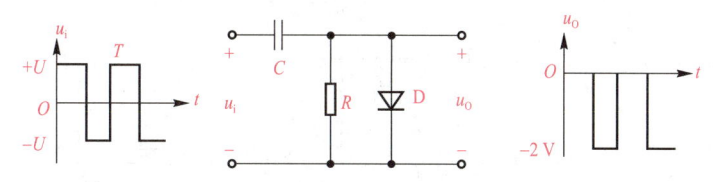

图 10-1-11　负钳位电路及其工作波形

u_i 正半周时，D 导通，C 充电至 u 值，$u_o=0$；u_i 负半周时，D 截止，$u_o=-2\text{ V}$。

②加偏压型。加正、负偏压后的负钳位电路及其工作波形如图 10-1-12 所示。

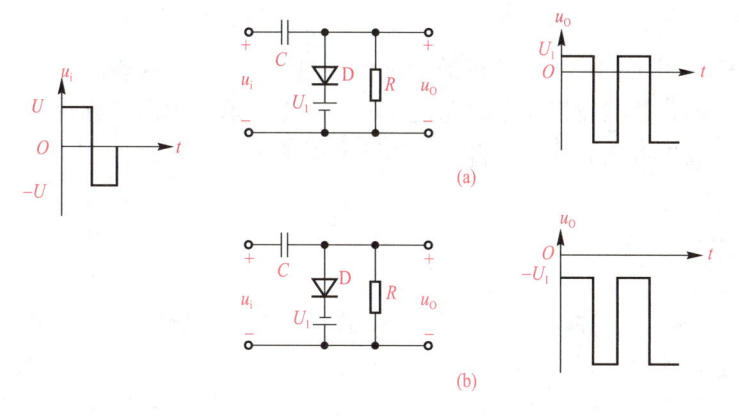

图 10-1-12　加偏压后的负钳位电路及其工作波形
(a)反向偏压型；(b)正向偏压型

工作原理：u_i 正半周时，二极管 D 导通，C 被充电至 U 值(左正、右负)，$u_o=+U_1$ 或 $-U_1$。u_i 负半周时，二极管 D 截止，RC 时间常数足够大，$u_o=U_C+u_i$(负半周)$=2\text{ V}$。

(2)正钳位电路。

①简单型。正钳位电路及其工作波形如图 10-1-13 所示。

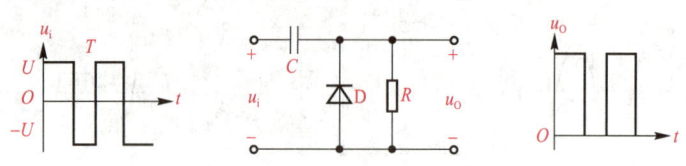

图 10-1-13　正钳位电路及其工作波形

u_i 负半周时，D 导通，C 充电至 U 值（左负、右正），$u_o=0$。u_i 正半周时，D 截止，$u_o=U_C+u_i$（正半周）＝2 V。

②加偏压型。加正、负偏压后的正钳位电路及其工作波形如图 10-1-14 所示。

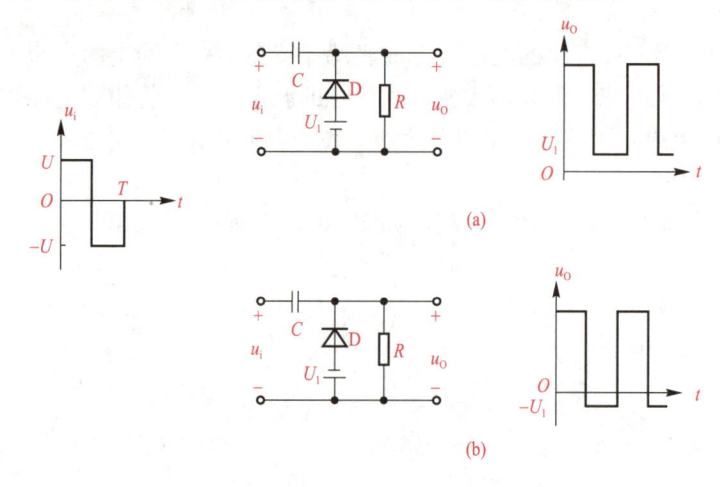

(a)

(b)

图 10-1-14　加偏压后的正钳位电路及其工作波形
(a)正向偏压型；(b)反向偏压型

判断输出波形的简易方法：第一，由参考电压 U_1 决定输出波形于坐标轴上的参考点。第二，由二极管 D 的方向决定原来的波形往何方向移动，若二极管的方向为负极朝上，则波形必须向上移动；若二极管的方向为正极朝上，则波形必须向下移动。第三，决定参考点与方向后，再以参考点为基准，将原来的波形画于输出坐标轴上，即为所求。

四、滤波知识

任何一个满足一定条件的信号，都可以看作由许多不同频率、不同相位和不同振幅的正弦信号的叠加，其中与叠加后信号频率相同且振幅最大的正弦波信号称为信号的基波，其他不同频率的正弦信号称为信号的频率成分或谐波成分。滤波是信号处理中一个重要的概念，只允许一定频率范围内的信号成分正常通过，而阻止另一部分频率成分通过的过程称为滤波，其电路称为滤波电路。

滤波的方法一般采用无源元件电阻、电容或电感，利用其对电压、电流的特性达到滤波的目的，这是滤波的一种方式，称为无源滤波。另一种是有源滤波，在滤波的过程中，

一定会对信号产生衰减，为了在滤波过程中补偿这一信号的衰减，常在滤波器电路中加入放大电路。

根据滤波器处理的信号类型，滤波器可分为模拟滤波器和数字滤波器；根据滤波器的选频作用，可以将其分为以下 4 种类型：

（1）高通滤波器：允许信号中的高频成分通过。
（2）低通滤波器：允许信号中的中、低频成分通过。
（3）带通滤波器：只允许信号中的某个范围内的频率成分通过。
（4）带阻滤波器：与带通滤波器相反，不允许信号中某个范围内的频率成分通过。

高通滤波器、低通滤波器、带通滤波器的电路及其通频特性如图 10-1-15 所示。

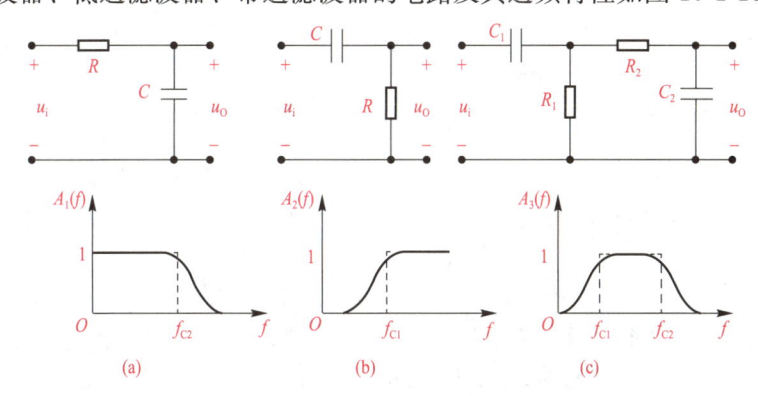

图 10-1-15　三种滤波器电路及其通频特性
（a）低通；（b）高通；（c）带通

● 拓展知识

由于 LM324 具有电源电压范围宽、静态功耗小、可单电源使用、价格低廉等优点，因此被广泛应用在各种电路中。

1. 反相交流放大器

此放大器可代替三极管进行交流放大，可用于扩音机前置放大等，电路无须调试。放大器采用单电源供电，由 R_2、R_3 组成 $\frac{1}{2}V_{CC}$ 偏置电路，C_2 是消振电容，电路如图 10-1-16 所示。

放大器电压放大倍数 A_u 仅由电阻 R_i 和 R_F 决定：$A_u = -R_F/R_i$。负号表示输出信号与输入信号相位相反。按图中所给数值，有 $A_u = -10$。此电路输入电阻为 R_i，一般情况下先取 R_i 与信号源内阻相等，然后根据要求的放大倍数再选定 R_F。C_1 和 C_3 为耦合电容。

2. 同相交流放大器

同相交流放大器的特点是输入阻抗高。其中 R_2、R_3 组成 $\frac{1}{2}V_{CC}$ 分压电路，通过 R_4 对运放进行偏置。电路的电压放大倍数 A_u 也仅由外接电阻决定，即 $A_u = 1 + R_F/R_4$，电路输入电阻为 R_4。R_1 的阻值范围为几千欧姆到几十千欧姆。电路如图 10-1-17 所示。

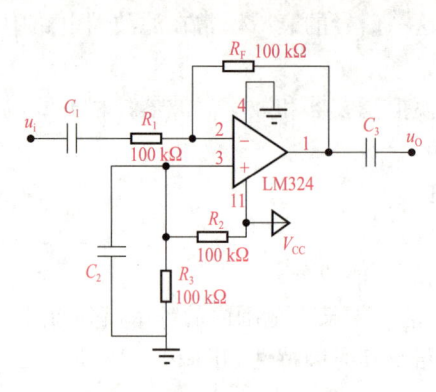

图 10-1-16　反相交流放大器 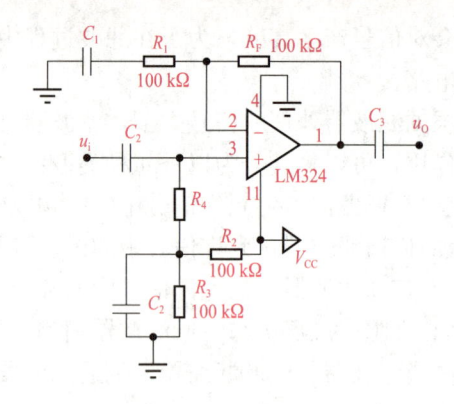　　　　　　　　图 10-1-17　同相交流放大器

3. 有源带通滤波器

许多音响装置的频谱分析器均使用如图 10-1-18 所示的电路作为带通滤波器，以选出各个不同频段的信号，再利用发光二极管点亮的多少来指示出信号幅度的大小。这种有源带通滤波器的中心频率 $f_0=\dfrac{1}{2\pi C}\sqrt{\dfrac{1}{R_3}\left(\dfrac{1}{R_1}+\dfrac{1}{R_2}\right)}$，品质因数 $Q_0=\dfrac{1}{2}\sqrt{R_3\left(\dfrac{1}{R_1}+\dfrac{1}{R_2}\right)}$，3 dB 带宽 $=1/(\pi R_3 C)$；也可根据设计确定的 Q、f_0、A_0 值，去求出带通滤波器的各元件参数值。$R_1=Q/(2\pi f_0 A_0 C)$、$R_2=Q/(2\pi f_0 C(2Q^2-A_0))$、$R_3=2Q/(2\pi f_0 C)$。上式中，当 $f_0=1$ kHz 时，C 取 0.01 μF。此电路亦可用于一般的选频放大。

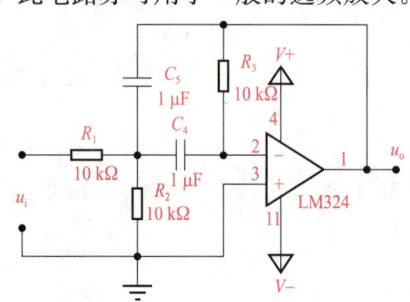

图 10-1-18　有源带通滤波器

4. 比较器

当去掉运放的反馈电阻时，或者说反馈电阻趋于无穷大时（即开环状态），理论上认为运放的开环放大倍数也为无穷大（实际上是很大，如 LM324 的开环放大倍数为 100 dB，即 10 万倍）。此时运放便形成一个电压比较器，其输出不是高电平（V_{CC}），就是低电平（接地）。当正输入端电压高于负输入端电压时，运放输出低电平。

如图 10-1-19 所示电路就是使用两个运放组成的一个电压上、下限比较器，电阻 R_1、R_1' 组成分压电路，为运放 A_1 设定比较电平 U_1；电阻 R_2、R_2' 组成分压电路，为运放 A_2 设定比较电平 U_2。输入电压 u_i 同时加到 A_1 的正输入端和 A_2 的负输入端之间，当 $u_i>U_1$ 时，运放 A_1 输出高电平；当 $u_i<U_2$ 时，运放 A_2 输出高电平。运放 A_1、A_2 只要有一个输出高电平，三极管 Q_1 就会导通，发光二极管 LED 就会点亮。若选择 $U_1>U_2$，则当输入电压 u_i 越出

$[U_2,U_1]$区间范围时，LED点亮，这便是一个电压双限指示器。若选择$U_2>U_1$，则当输入电压在$[U_2,U_1]$区间范围时，LED点亮，这便是一个"窗口"电压指示器。

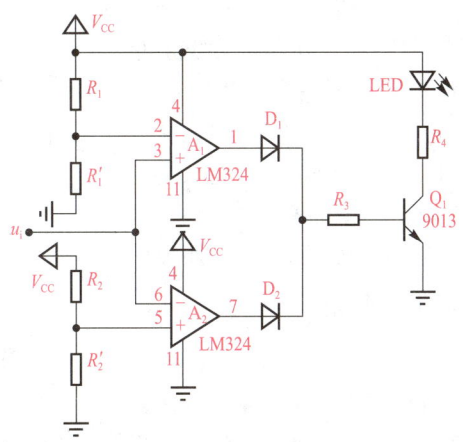

图 10-1-19　比较器

此电路与各类传感器配合使用，稍加变通便可用于各种物理量的双限检测、短路、断路报警等。

5. 交流信号三分配放大器

交流信号三分配放大器电路如图 10-1-20 所示，此电路可将输入交流信号分成三路输出，三路信号可分别用作指示、控制、分析等用途。而对信号源的影响极小。因运放 U_{1A} 输入电阻高，运放 $U_{1B} \sim U_{1D}$ 均把输出端直接接到负输入端，信号输入至正输入端，相当于同相放大状态时 $R_F=0$ 的情况，故各放大器电压放大倍数均为 1，与分立元件组成的射极跟随器作用相同，R_1、R_2 组成 $\frac{1}{2}V_{CC}$ 偏置，静态时运放 U_{1A} 输出端电压为 $\frac{1}{2}V_{CC}$，故运放 $U_{1B} \sim U_{1D}$ 输出端亦为 $\frac{1}{2}V_{CC}$，通过输入、输出电容的隔直作用，取出交流信号，形成三路分配输出。

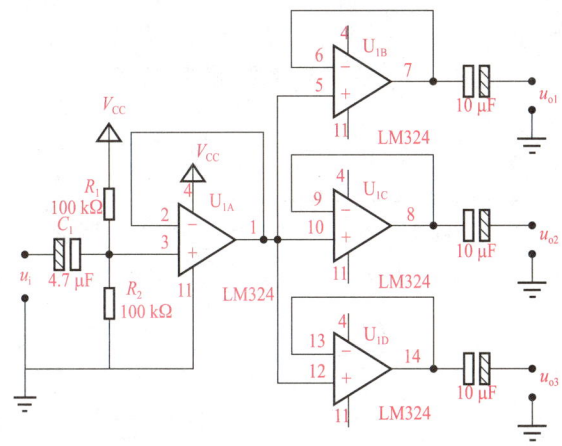

图 10-1-20　交流信号三分配放大器电路

6. 测温电路

测温电路如图 10-1-21 所示，感温探头采用一只硅三极管 3DG6，把它接成二极管形式。硅三极管发射结电压的温度系数约为 $-2.5\ \text{mV/℃}$，即温度每上升 1 ℃，发射结电压便会下降 2.5 mV。运放连接成同相直流放大形式，温度越高，三极管 BG_1 的压降越小，运放同相输入端的电压就越低，输出端的电压也越低，是一个线性放大的过程。在运放输出端接上测量电路或处理电路，便可对温度进行指示或进行其他自动控制。

7. 单稳态触发器

单稳态触发器及其工作波形如图 10-1-22 所示，此电路可用在一些自动控制系统中。电阻 R_1、R_2 组成分压电路，为运放的反相输入端提供偏置电压 U_F，作为比较电压的基准。静态时，电容 C_1 充电完毕，运放同相输入端电压 U_1 等于电源电压 V_{CC}，故输出高电平。当输入电压 U_I 变为低电平时，二极管 D_1 导通，电容 C_1 通过 D_1 迅速放电，使 U_1 突然降至低电平，此时因为 $U_F > U_1$，故运放输出低电平。当输入电压变高时，二极管 D_1 截止，电源电压通过 R_3 给电容 C_1 充电，当 C_1 上的充电电压 U_1 大于 U_F 时，即 $U_1 > U_F$，运放输出又变为高电平，从而结束了一次单稳态触发。显然，提高 U_I 或增大 R_2、C_1 的值，都会使单稳态延时时间增长，反之则缩短。

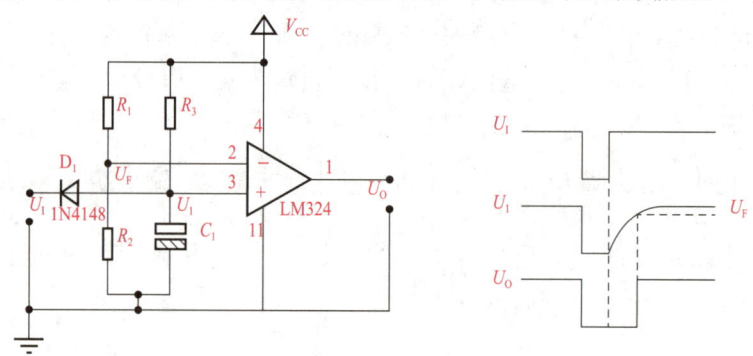

图 10-1-21 测温电路

图 10-1-22 单稳态触发器及其工作波形

成果展示与评价

由小组推荐代表就任务的完成情况作必要的介绍、成果展示和总结，然后以组为单位进行评价。

1. 小组成果展示方案

2. 学习任务评价

完成表10-1-2的填写。

表10-1-2　任务评价评分表

评价项目	项目内容	评分标准	分值	自我评价（20%）	小组评价（30%）	教师评价（50%）
实操技能	完善电路的方框图	能正确绘制电路的方框图	10			
	完善电路	电路设计正确	20			
	电路分析	能按要求正确分析电路	30			
学习态度	参与度	小组成员积极参与总结活动	20			
	团队合作	小组成员分工明确、合理、团队意识较强	10			
	汇报表现	总结汇报简明扼要、重点突出、表达流利、思路清晰	10			
学生姓名			小计			
评价教师			总分			

任务10－2　波形发生器的制作与调试

● 任务要求及实施

➡ 一、任务要求

依据提供的电路图及装配图，完成波形发生器的制作；制作完成后，在波形发生器的拨动开关 SW_1 与不同触点接通时，测试输出不同的波形信号。制作过程中熟悉波形发生器的工作过程及工作原理，学会检测核心器件集成运放 LM324、双向稳压管并了解相关应用电路。

➡ 二、任务实施

波形发生器由一块集成运放 LM324 和外围电阻、电容等组成。利用 LM324 内部 3 个独立的运算放大器（IC_A、IC_B、IC_C）组成三级电路，由 IC_B 及其他相关元件组成的电路为比较器，用于输出方波，输出幅度由双向稳压管的稳压值决定；由 IC_C、C_1 及其他相关元件组成的电路为积分器，用于输出三角波；由 R_{6B}、C_2 和 R_7、C_3 组成的电路为滤波器，用于滤去高次谐波，把三角波转换成近似的正弦波。该波形发生器具有效率高、体积小、重量轻、输出稳定等特点。

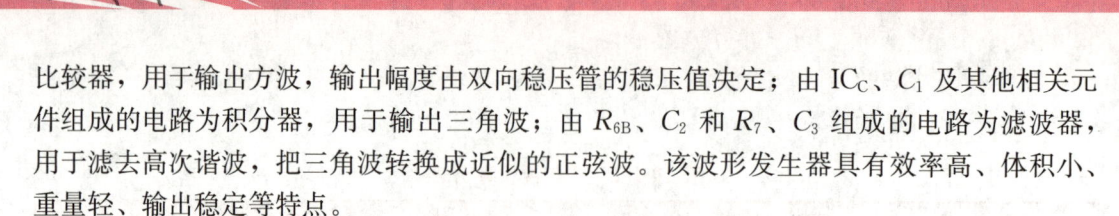

1. 组装波形发生器

(1) 按照电路图领取相关元件。参照图 10-1-2，列出所需的材料清单并填入表 10-2-1 中。

表 10-2-1　组装波形发生器的材料清单

序号	名称	规格	数量/个	序号	名称	规格	数量/个
1				9			
2				10			
3				11			
4				12			
5				13			
6				14			
7				15			
8				16			

其他材料和工具：
_____
_____

(2) 主要元件识别与检测。
① 双向稳压管。
电路符号：_____
正、负极判断的方法：_____
质量检测方法：_____
② 集成运放 LM324。
电路符号：_____
引脚判断方法：_____
质量检测方法：_____
③ 电阻。
电路符号：_____
读数值：_____
质量检测方法：_____
测量值：_____
④ 电容。
电路符号：_____
读数值：_____

正、负极判断的方法：_____
质量检测方法：_____

(3)参照图 10-1-2 和图 10-2-1，在 PCB 板上组装波形发生器电路。

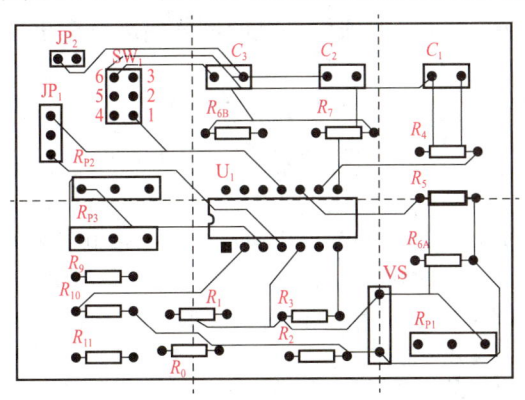

图 10-2-1　波形发生器的电路装配图

(4)焊接完成后，检查电路是否存在虚焊、短路等故障，并做好相关记录。

_____
_____
_____
_____
_____
_____

(5)记录在制作过程中所遇到的问题。

_____
_____
_____
_____
_____
_____

2. 调试波形发生器

1)调试前准备

(1)测量仪器的选用。要求测量输出端信号的波形、周期与幅度，所选用的仪器为示波器，型号为 AT7328 双踪示波器。

(2)正确连接测量仪器及测试点。依据图 10-2-1 所示的波形发生器电路，改变输出触点的不同短接情况即可令输出端输出不同的信号。当触点 1、4 接通时，输出的是方波信号；当触点 2、5 接通时，输出的是三角波信号；当触点 3、6 接通时，输出的是正弦波信号。

(3)正确选用仪器设备的测量范围。

调整水平位置调节旋钮，使信号波形出现在水平方向的中间位置。

调整垂直位置调节旋钮,使信号波形出现在垂直方向的中间位置。

调整水平扫描速度选择开关,使示波器屏幕上的信号稳定出现2~4个波形,这时开关位置为水平扫描的挡位,读成"**ms/div"。

调整垂直衰减调节开关,使示波器屏幕上的信号幅度稳定出现4~6个格,这时开关位置为垂直方向幅度开关的挡位,读成"**mV/div"。

旋转触发电平调节旋钮,使示波器屏幕的波形稳定。

反复按照以上步骤调整示波器,直到满足要求为止。

2)测量输出端的波形

(1)调整电位器R_{P1}为最大值,R_{P2}为最小值,测量电路输出端u_O的波形,记录周期和幅度。

①当短路帽接1、4端时,测量输出端u_O的波形。在表10-2-2中绘制输出波形,并记录周期和幅度。

表10-2-2　输出端波形测试表(一)

输出信号的波形	示波器读数		
	时间挡位	周期读数	峰峰值
	幅度挡位		

②当短路帽接2、5端时,测量输出端u_O的波形。在表10-2-3中绘制输出波形,并记录周期和幅度。

表10-2-3　输出端波形测试表(二)

输出信号的波形	示波器读数		
	时间挡位	周期读数	峰峰值
	幅度挡位		

③当短路帽接3、6端时,测量输出端u_O的波形。在表10-2-4中绘制输出波形,并记录周期和幅度。

表 10-2-4 输出端波形测试表(三)

输出信号的波形	示波器读数		
	时间挡位	周期读数	峰峰值
	幅度挡位		

(2)调整电位器 R_{P1} 为最小值，R_{P2} 为最大值，测量电路输出端 u_O 的波形，记录周期和幅度。

①当短路帽接 1、4 端时，测量输出端 u_O 的波形。在表 10-2-5 中绘制输出波形，并记录周期和幅度。

表 10-2-5 输出端波形测试表(四)

输出信号的波形	示波器读数		
	时间挡位	周期读数	峰峰值
	幅度挡位		

②当短路帽接 2、5 端时，测量输出端 u_O 的波形。在表 10-2-6 中绘制输出波形，并记录周期和幅度。

表 10-2-6 输出端波形测试表(五)

输出信号的波形	示波器读数		
	时间挡位	周期读数	峰峰值
	幅度挡位		

③当短路帽接3、6端时，测量输出端u_O的波形。在表10-2-7中绘制输出波形，并记录周期和幅度。

表10-2-7　输出端波形测试表(六)

输出信号的波形	示波器读数		
	时间挡位	周期读数	峰峰值
	幅度挡位		

3) 记录在调试电路的过程中所遇到的问题及解决方法

_____

_____

_____

成果展示与评价

由小组推荐代表就任务的完成情况作必要的介绍、成果展示和总结，然后以组为单位进行评价。

1. 小组成果展示方案

_____

_____

_____

_____

2. 小组工作总结

_____

_____

_____

_____

_____

3. 学习任务评价

完成表10-2-8的填写。

表 10-2-8　任务评价评分表

评价项目	项目内容	评分标准	分值	自我评价（20%）	小组评价（30%）	教师评价（50%）
实操技能	元件检测	按要求对所有元件进行识别与检测	5			
	硬件电路制作	电路板测试成功	15			
	电路调试	能按要求调试电路	15			
	电路测试	正确使用万用示波器测量输出波形，并记录相关参数	15			
工艺	元件布局	布局合理、美观	5			
	焊点	无虚焊、连锡、起刺	5			
安全文明操作	操作是否符合安全操作规程	每一处错扣 1 分，发生短路得 0 分	10			
学习态度	参与度	小组成员积极参与总结活动	10			
	团队合作	小组成员分工明确、合理、团队意识较强	10			
	汇报表现	总结汇报简明扼要、重点突出、表达流利、思路清晰	10			
学生姓名			小计			
评价教师			总分			

4. 学习任务综合评价

完成表 10-2-9 的填写。

表 10-2-9　任务综合评价表

评价内容	评分标准	评价等级			
		A	B	C	D
学习任务一	A. 学习任务评价成绩为 90～100 分 B. 学习任务评价成绩为 80～89 分 C. 学习任务评价成绩为 60～79 分 D. 学习任务评价成绩为 0～59 分				
学习任务二	A. 学习任务评价成绩为 90～100 分 B. 学习任务评价成绩为 80～89 分 C. 学习任务评价成绩为 60～79 分 D. 学习任务评价成绩为 0～59 分				
活动总结					